华章图书

一本打开的书,一扇开启的门,
通向科学殿堂的阶梯,托起一流人才的基石。

www.hzbook.com

数据化运营
系统方法与实践案例

赵宏田　江丽萍　李宁 ◎ 著

DATA-DRIVEN OPERATION
Systematic Methods and Practical Cases

图书在版编目（CIP）数据

数据化运营：系统方法与实践案例 / 赵宏田，江丽萍，李宁著 . —北京：机械工业出版社，2018.7（2022.1 重印）

（产品管理与运营系列丛书）

ISBN 978-7-111-60451-8

I. 数⋯ II. ① 赵⋯ ② 江⋯ ③ 李⋯ III. 电子商务 – 企业管理 - 产品管理 IV. F713.36

中国版本图书馆 CIP 数据核字（2018）第 156325 号

数据化运营：系统方法与实践案例

出版发行：机械工业出版社（北京市西城区百万庄大街 22 号	邮政编码：100037）
责任编辑：李　艺	责任校对：李秋荣
印　　刷：北京市荣盛彩色印刷有限公司	版　　次：2022 年 1 月第 1 版第 11 次印刷
开　　本：170mm×230mm　1/16	印　　张：21
书　　号：ISBN 978-7-111-60451-8	定　　价：79.00 元

凡购本书，如有缺页、倒页、脱页，由本社发行部调换
客服热线：（010）88379426　88361066　　　投稿热线：（010）88379604
购书热线：（010）68326294　88379649　68995259　读者信箱：hzjsj@hzbook.com

版权所有 • 侵权必究
封底无防伪标均为盗版
本书法律顾问：北京大成律师事务所　韩光 / 邹晓东

前言

为什么要写这本书

作为互联网大数据行业的从业者,笔者将自己在这个行业中所掌握的知识、在日常工作中遇到的问题以及积累的项目经验整理成书,在这里和大家分享。希望通过本书能给读者一些新的理解和应用的思路,如果书中的内容能让你有些许收获,能够解决你工作中的一两个问题,那将是笔者的荣幸。

本书特色

本书从实践出发,结合工作中数据运营经验,以应用案例为主线,通过业务分析+代码实践这种更"接地气"的方式讲述数据的应用。书中对搭建数据监控指标体系、数据分析、数据挖掘、AB Test、埋点策略、用户画像建模等常见数据运营方式做了详细介绍。

根据读者的阅读习惯,本书由浅入深地分为基础篇、应用篇和提高篇三部分。

- ❏ 基础篇讲解数据运营常见场景、运营方式与数据运营人员的工作职责。

- 应用篇讲解数据分析方法与应用方式，并通过 5 个实际数据分析挖掘案例帮助读者深入理解数据运营方式。在内容编排上先提出案例应用背景和目标，再阐述分析方法和建模流程，最后完成数据的处理和业务上的应用。
- 提高篇讲解当下热门的"用户画像建模"，从建模流程、标签开发到画像应用，并辅以案例，讲解如何用 HQL 语言建立一个图书电商场景的用户标签体系，以帮助读者更深入地理解用户画像是如何建模打标签的。

本书没有过多复杂的理论公式，所讲案例操作步骤详细，可作为数据分析运营人员在解决实际问题中参考的"action book"。

本书适用对象

- 对数据分析及数据挖掘感兴趣的大专院校师生及其他初学者
- 对互联网行业数据分析、用户画像建模感兴趣的数据运营人员
- 互联网行业的产品运营人员及产品经理
- 各行各业的数据分析师

如何阅读本书

本书以互联网企业中常见的数据运营场景为切入点，以工作中实际面临的问题为案例，从方法、技术、业务、实践 4 个维度讲述数据运营的场景及应用方式。全书共分 10 章，各章的主要内容如下：

- 第 1 章介绍企业中数据的应用方式、企业数据职能架构与组成、数据运营人员的工作职责和应掌握的技能。
- 第 2 章介绍数据运营规划，常见的运营场景以及如何结合数据展开用户运营和流量运营工作。
- 第 3 章讲述如何结合业务搭建数据监控指标体系，从搭建模板到自动化数据报表，做好日报、周报、月报、专题分析报告等日常数据运营工作。
- 第 4 章是本书的重点章节，讲述了数据分析中常用的方法及其应用场

景，包括常见营销理论、数据分析思路、AB Test 分析以及埋点策略与分析。对数据分析感兴趣的人员可着重看此章节。

❏ 第 5~9 章是数据分析挖掘中的几个具体案例，从数据运营的实际应用场景出发，以案例的形式讲述了如何在某些常见的业务需求背景下，分析项目需求，厘清思路，展开数据分析并输出报告和结论。案例中的关键步骤都附上了详细的代码说明。

❏ 第 10 章是本书的重点章节，先介绍了什么是用户画像、应用场景、开发流程，然后以案例的形式讲解了用户画像建模过程中的需求分析、建立模型、打标签、计算标签权重、画像数据管理、用户画像应用等环节，并为案例附上了详细的代码说明。想要了解如何在用户画像建模过程中建模打标签的人员可着重看此章节。

勘误和支持

由于笔者水平有限，书中难免会出现一些错误或者不准确的地方，恳请读者批评指正。为此，读者可通过邮箱（892798505@qq.com）或微信（administer-00001）反馈有关问题，笔者将尽全力为读者提供解答。书中的源代码可以从 Github 网站（https://github.com/HunterChao/book）下载。

致谢

在本书的编写过程中，得到了许多朋友的帮助，感谢天善智能创始人梁勇的支持与帮助，感谢为本书撰写推荐的朋友们，感谢你们的支持及专业的建议。

感谢机械工业出版社华章公司的杨福川副总编，本书从 2017 年 4 月开始筹划，从确定基本框架到后期的写作，杨总编不断地给笔者以指导，感谢杨总编的帮助与支持，与他的合作总是十分愉快！感谢机械工业出版社编辑李艺老师，李艺老师用严谨的态度孜孜不倦地帮助我们修改稿件。

谨以此书献给众多互联网运营人员和数据分析师们！

目 录

前言

基 础 篇

第1章 **概述：数据运营基础** 002
    1.1 大数据时代 002
    1.2 企业数据应用方式 004
    1.3 数据运营的岗位职责 007
    1.4 数据运营应掌握的技能 009
    1.5 本章小结 013

第2章 **业务：数据驱动运营** 014
    2.1 如何用数据驱动运营 014
        2.1.1 定义数据分析目标 014
        2.1.2 目标分解与聚焦 016
        2.1.3 数据运营重点 019
    2.2 流量运营分析 021

2.2.1 流量运营规划 021
  2.2.2 流量分析 023
  2.2.3 解读 PV、UV 027
  2.2.4 跳出率分析 029
  2.2.5 漏斗图分析 030
  2.2.6 A/B 测试 032
 2.3 用户运营分析 033
  2.3.1 用户分群 034
  2.3.2 用户行为分析 040
  2.3.3 用户生命周期价值 047
 2.4 本章小结 051

第3章 报表：数据管理模板 052

 3.1 个性化数据管理报告——Excel 054
  3.1.1 创建报告的准备工作 054
  3.1.2 报告自动化步骤 055
  3.1.3 从数据源表到数据转化表 056
  3.1.4 报告正文展示 062
  3.1.5 自动化报表脚本 064
 3.2 搭建数据分析报告模板——PPT 066
  3.2.1 业务指标梳理（搭建运营监控指标体系） 067
  3.2.2 分析思路与框架 078
  3.2.3 图表展现 079
  3.2.4 数据与结论 080
  3.2.5 报告布局与排版 081
  3.2.6 PPT 随 Excel 模板自动更新 084
 3.3 本章小结 085

应 用 篇

第4章 理论：数据分析方法　　088
4.1 数据分析理论模型　　088
　　4.1.1　4P 营销理论　　089
　　4.1.2　5W2H 分析法　　090
　　4.1.3　PEST 分析方法　　092
　　4.1.4　SWOT　　093
　　4.1.5　逻辑树　　095
4.2 数据分析方法与运用场景　　095
　　4.2.1　多维分析　　095
　　4.2.2　趋势分析　　097
　　4.2.3　综合评价法　　101
　　4.2.4　转化分析　　103
　　4.2.5　数据挖掘方法　　106
4.3 可视化：常用图表的特点及适用场合　　106
　　4.3.1　环形图　　107
　　4.3.2　矩阵图　　108
　　4.3.3　组合图　　112
　　4.3.4　文字云　　118
4.4 AB Test 的原理与实现　　125
　　4.4.1　AB Test 的原理　　126
　　4.4.2　AB Test 的埋点与报表部署　　128
　　4.4.3　AB Test 的分析方法　　129
　　4.4.4　AB Test 的常见误区　　132
4.5 埋点策略与实现　　134
　　4.5.1　utm 来源埋点　　135

	4.5.2	页面 PV 埋点	137
	4.5.3	单击埋点 native	139
	4.5.4	单击埋点 hybrid	141
	4.5.5	业务埋点	142
	4.5.6	曝光埋点	144
	4.5.7	埋点常见问题	145
4.6	本章小结		146

第5章 案例：竞品数据对标分析 148

- 5.1 网络爬虫基础知识　148
  - 5.1.1 开发环境准备　149
  - 5.1.2 Web 前端基础　149
  - 5.1.3 解析网页　152
  - 5.1.4 数据存储　159
- 5.2 网站结构分析　166
- 5.3 Scrapy 爬虫架构　168
  - 5.3.1 items 模块　170
  - 5.3.2 pipelines 模块　171
  - 5.3.3 settings 模块　172
  - 5.3.4 爬虫模块　173
- 5.4 数据爬取与解析　174
- 5.5 项目优化与改进　177
  - 5.5.1 爬虫脚本部署在服务器端　178
  - 5.5.2 分布式爬虫的实现　178
- 5.6 反爬手段及应对机制　179
  - 5.6.1 禁止 IP 请求　180
  - 5.6.2 禁止非浏览器访问　180

	5.6.3 ajax 加载目标数据	181
	5.6.4 需要登录后才能访问	182
	5.6.5 手机 App 页面数据抓取	182
5.7	本章小结	184

第6章 案例：某互联网医疗产品用户特征分析 185

6.1	应用背景与分析维度	185
6.2	基于用户细分的行为分析	186
6.3	用户来源渠道分析	190
6.4	基于前端展示的用户行为分析	191
6.5	产品改进与运营建议	195
6.6	本章小结	195

第7章 案例：RFM用户价值模型应用 196

7.1	应用背景与目标	196
7.2	基于规则的划分	198
7.3	基于聚类方法的划分	203
7.4	本章小结	209

第8章 案例：用户流失分析与预测 210

8.1	应用背景与目标	210
8.2	问题分析与模型构建	211
8.3	数据处理与结果	212
	8.3.1 确定用户流失周期	212
	8.3.2 抽取训练数据建立决策树模型	214
	8.3.3 线上部署脚本定期监测流失用户	221

		8.3.4 流失用户分析	224
	8.4	问题定位与解决方案	226
	8.5	本章小结	229

第9章	案例：站内文章自动分类打标签		230
	9.1	应用背景与目标	230
	9.2	问题分析与模型构建	231
	9.3	案例中主要应用的技术	232
		9.3.1 数据预处理	232
		9.3.2 TF-IDF 词空间向量转换	233
		9.3.3 文章关键词提取	234
		9.3.4 朴素贝叶斯分类	235
	9.4	数据处理与模型检验	235
		9.4.1 文本分词处理（数据分类与数据预处理）	236
		9.4.2 数据结构处理	238
		9.4.3 计算文本的 TF-IDF 权重矩阵	240
		9.4.4 用朴素贝叶斯方法分类文章	242
	9.5	本章小结	245

提 高 篇

第10章	应用：用户画像建模		248
	10.1	用户画像简介	248
		10.1.1 什么是用户画像	249
		10.1.2 用户画像模型及应用场景	250
		10.1.3 数仓架构及项目流程	254
	10.2	用户画像管理	257

	10.2.1	模块化开发	257
	10.2.2	存储方式	259
	10.2.3	更新机制	259
10.3	业务背景		262
	10.3.1	案例背景介绍	262
	10.3.2	数据仓库相关表介绍	262
10.4	用户画像建模		267
	10.4.1	业务需求梳理	267
	10.4.2	用户标签体系及开发内容	268
	10.4.3	用户画像开发流程	274
	10.4.4	时间衰减系数	279
	10.4.5	标签权重配置	280
10.5	用户画像数据开发		282
	10.5.1	建立用户属性画像	283
	10.5.2	建立用户行为画像	289
	10.5.3	建立用户偏好画像	303
	10.5.4	建立群体用户画像	308
	10.5.5	画像效果验收	313
	10.5.6	画像数据质量管理	314
10.6	用户画像应用方式		317
	10.6.1	业务精细化运营	317
	10.6.2	数据分析	319
	10.6.3	精准营销	319
	10.6.4	用户个性化推荐	322
10.7	本章小结		323

基 础 篇

- 第1章 概述：数据运营基础
- 第2章 业务：数据驱动运营
- 第3章 报表：数据管理模板

第 1 章

概述：数据运营基础

1.1 大数据时代

随着信息化时代的来临和全球经济化的发展，数据存储成本的不断下降，企业数据的总量正在以惊人的速度增长，这些数据是企业的重要资源。随着近几年移动互联网和物联网的兴起，信息传播技术和传播渠道得到了极大的发展，数据的涌现呈"爆炸"形式增长。如图 1-1 所示，从百度指数中搜索"大数据"可以看到该关键词自 2013 年起的关注度呈逐年上升趋势，各行业已逐渐意识到数据在企业经营发展中的重要作用。

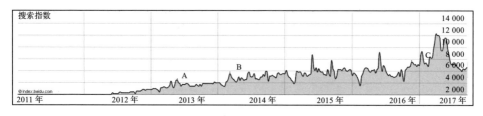

图 1-1　百度指数 – 大数据趋势图

注：图截取自百度指数，图中相关内容的著作权归原著作人所有

从电商网站的"看了又看""猜你喜欢"等个性化推荐，商家促销活动的

精准营销，到智慧城市建设的一站式服务等应用场景，大数据已逐渐渗透、应用、影响到我们的工作、生活中，成为提高我们生活、工作质量的重要组成部分。

各行业产生的海量数据只有通过技术手段进行存储、分析、挖掘才能创造出价值。大数据领域涵盖了数据采集、数据存储、数据处理、数据挖掘、数据分析、数据呈现等一系列的技术手段，随着技术的不断成熟，并逐渐被更多富数据的行业和企业所应用，各个行业在得到大数据带来收益的同时，也在推动大数据技术的快速发展。下面简要介绍几个行业中大数据的应用。

- 互联网行业：互联网行业的主要特征之一就是各种类型的数据都呈爆炸式增长。用户在互联网上的丰富行为都能被网站日志所记录，网站可以利用大数据技术从海量用户数据中挖掘出有价值的信息，建立用户模型，针对性提供产品和服务，提高用户体验。
- 零售行业：零售企业需要根据销售有特色的本地化商品并增加流行款式和生命周期短的产品，零售企业需要对大量的用户消费行为进行分析，预测出未来的消费需求，迅速提供有针对性的个性化服务。零售行业需要增强产品流转率，实现快速营销。
- 保险行业：保险机构依托互联网和移动通信等技术，通过自营网络平台和第三方平台等订立保险合同，提供保险业务服务。依托互联网大数据的优势实现差异化产品和服务，在提升用户黏性和品牌认知度的同时促进了客户价值转化。
- 制造业：采集产品研发、投放、销售、购买、评论等全流程数据，在融合内外部数据的基础上建立用户画像，让用户需求成为产品设计导向，使新产品更符合用户习惯和期望，实现大数据驱动的产销模式。

本书主要站在互联网行业大数据处理、分析、运用的角度，以分析方法、实践案例、辅助代码详解的方式讲述了大数据在企业运营与决策中的应用方式。

1.2 企业数据应用方式

数据激增是当今企业的一大特性，如何有效地利用企业经营过程中产生的数据，从海量信息中提取出有用的模式并对其进行分析、挖掘、应用已成为人们的迫切需求。企业正不断将数据分析、数据挖掘视为重要部分，将数据转化为商业智能，提高企业的核心竞争力。企业中数据从产生到应用依次需要经过数据源层、数据仓库层、数据建模层，最后到数据应用层，经过层层加工，从原始的海量数据经过各层的清洗、建模、挖掘之类的加工后逐渐支持到上游的应用环节。企业数据应用流程如图 1-2 所示。

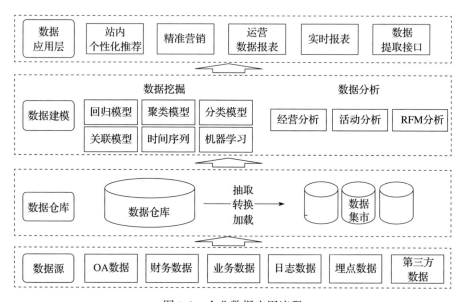

图 1-2　企业数据应用流程

1. 数据源

数据是商务智能的基础，数据种类通常包括企业内部的 OA 数据、财务数据、BD 数据、业务数据、日志数据、埋点数据和外部第三方数据。数据需要经过抽取、转换和装载，即经过 ETL 后才可以存储在数据仓库中心，为数据分析奠定基础。

- OA 数据：企业内部办公系统相关数据。
- 财务数据：包括现金流、资产、负债、成本等数据，财务数据是企业数据的重要部分。
- 业务数据：即用户在 Web、App、H5 三端与产品发生操作行为而产生的业务类数据，如下单、收藏、支付等行为。
- 日志数据：用户访问 Web、App、H5 三端过程中留下的行为日志，例如用户在某个时间访问了 Web 上的一篇帖子，即留下该条行为日志。
- 埋点数据：用户在 Web、App、H5 三端单击行为带来的相关数据，例如用户在 App 端单击了某个页面的某个 banner 位，即上报该条行为日志。
- 外部第三方数据：包括爬虫得到的外部第三方数据和政府、行业等公开的市场数据。

2. 数据仓库

数据仓库建立在数据源之上，通过 ETL 对数据进行加工并存储到数据仓库中。数据仓库是一个面向主题的、集成的、相对稳定的，反映历史变化的数据集合。数据仓库的数据包括元数据和经过 ETL 的业务数据。元数据是关于数据的数据，主要包括数据源的描述。操作型环境到数据仓库的数据更新同步在夜间完成。

数据仓库一般采用分层设计，具体包括 ODS 层、DW 层、DM 层数据，如图 1-3 所示。数据经过一层层加工屏蔽掉了底层负责的业务逻辑，将尽可能简单、完整地在接口层呈现业务数据，最终为业务人员的数据提取和分析提供支持。下面分别介绍各层的数据来源及应用方式：

- ODS 层（Operation Data Store）：原始数据层，数据来源是各业务系统的源数据，是操作型环境与数据仓库的隔离。在从操作型环境到数据仓库环境抽取的过程中会对数据做格式解析、多数据源的合并、设置字段默认值等 ETL 操作。

- DW 层（Data Warehouse）：数据仓库层，对 ODS 层数据做进一步的建模加工，提供统计汇总数据，是根据企业信息需求而非部门业务需求而建立的。数据仓库为非常大的群体提供服务，因此在面向业务主题层面而言，性能和便捷性不如数据集市层。
- DM 层（Data Market）：数据集市层，该层数据来自 DW 层，为各业务单元定义的集市，输出相关的主题宽表。提供各主题业务的明细层数据主要用于数据分析人员查询、数据分析。

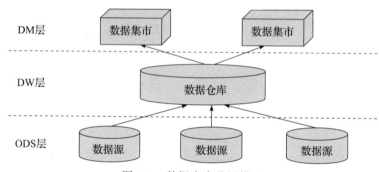

图 1-3　数据仓库分层模型

数据仓库的每一层都有其作用域，方便使用者在使用时的定位和理解。

一般企业的数据部门为了方便经营分析人员对业务各版块分析、为了搭建大数据管理平台，会对散落在数仓中各业务线的有价值的表进行梳理，整理出一份数据字典。该数据字典中明确了每个业务主题所包含的表，以及各张表的业务含义、获取方式和关联规则。数据分析人员借助数据字典可以更好地了解公司的全景数据，明确数据的分布和蕴含意义，有助于将大数据引导到运营工作中来。

3. 数据建模

数据经过数据仓库的层层清洗、加工，经过资深 BI 人员整理出一份数据字典后，就可以方便地对数据分析人员对数据进行查询与分析、企业 BI 系统报表的实时展现以及数据挖掘人员对数据的深度建模与挖掘提供支持。数据建模层需要对数据进行深度的价值挖掘。

4. 数据应用层

数据应用层是数据价值产生的出口，在数据分析层经过数据挖掘人员对数据进行数据挖掘、用户画像建模、推荐算法的制定，可以支持业务应用层面向用户的智能营销和个性化内容推荐的功能。

数据驱动企业的运营需要成熟的方法论来进行支持，这些支持工作需要通过日常各业务线报表、专题分析挖掘、用户画像建模等方式展开。

1.3 数据运营的岗位职责

谈到数据运营的岗位职责，首先要谈谈数据部门在互联网企业中处于什么位置。常见的职能架构包括分散型数据架构（各业务中心下单独设立数据部门）和集中型数据架构（企业数据工作集中在一个中心部门）。集中型数据架构可有效解决数据源和数据口径的一致性问题，保证数据质量和及时性，因此这种架构在企业中较为常见。

钟华曾在其著作《企业IT架构转型之道：阿里巴巴中台战略思想与架构实战》中提到："在灵活的'大中台，小前台'组织机制和业务机制中，作为前台的一线业务会更快速适应瞬息万变的市场，而中台将集合整个集团的运营数据能力、产品技术能力，对前台业务行为强力支撑。"由此可见企业的业务架构更应是基于共享服务体系构建，通过将相关业务领域的业务功能和数据模型在业务层汇聚到一起，从而避免重复功能建设和维护带来成本浪费的弊端。

在这种"大中台、小前台"的组织架构下，处于中台的产品运营部门需要为前台提供用户群和产品环境，支持前台业务群实现各自的业务及团队架构。而在中台的产品运营部门下面又可细分为流量运营、用户运营、商业运营、数据支持、产品设计等团队（图1-4）。数据支持团队作为产品运营部门中的一员，除了要对前台各事业群提供数据支持，还需要为中台内的主线运营、动线运营、商业运营等团队提供数据分析、数据方案、用户画像、推荐算法等方面支持。由于所有的数据需求都汇总到一个中心进行集中统筹和分配，因此集中型数据架构有效地解决了数据源不一致问题和数据口径定义问题。

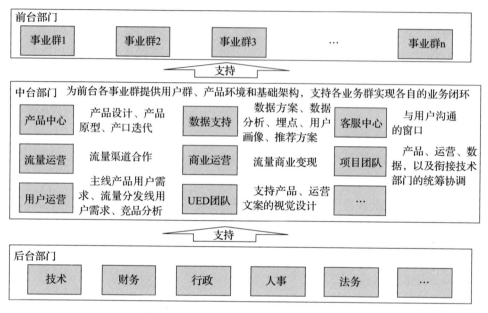

图1-4　中台部门在企业架构中的位置

随着精细化运营的理念不断深入人心，"数据运营"这一岗位得到了大家越来越多的重视。从工作岗位上看，数据团队作为各业务部门的支持方，团队内成员主要从事数据采集、清理、分析、策略、建模等工作，支撑整个运营体系朝精细化方向发展。常见的岗位包括：数据分析师、算法工程师、爬虫工程师、ETL工程师、数据挖掘工程师等。从其工作内容来分，我们将其归纳为数据治理、数据分析挖掘、数据产品三个层次：

❑ 数据治理：优质的数据是应用的前提。数据治理负责数据系统的架构规划、数据的标准和规范化作业、数据的权限管理，保证数据的安全性和可用性，定义各业务口径的数据标准，构建数据集市和底层数据架构，输出支持到分析人员应用的数据字典。
- 数据分析挖掘：数据分析是数据运营的重点工作，其核心是业务方向的数据分析支持。主要包括：①对业务活动进行效果评估以及异常分析，如异常订单分析、异常流量分析，挖掘业务机会点，给予运营方建议及指导；②收集整理各业务部门的数据需求，搭建数据指标体系，定期向业务部门提交数据报表，包括日报、周报、月报等；③数据价值挖掘，如基于用户行为数据建立用户画像、建立 RFM 模型对客群进行聚类营销；④辅助管理层决策，对问题进行定位，输出可行性建议，辅助管理层进行决策。
- 数据产品：负责梳理各部门对数据产品的需求，规划报表并优化报表，协调数据仓库的开发资源保证项目按时上线。将数据分析部门建立的挖掘模型、用户画像等数据模型做成可视化产品输出。企业内部常见的数据产品包括数据管理平台和自助数据提取平台。其中数据管理平台支持运营日报查看、实时交易数据查看、业务细分数据查看；自助数据提取平台满足业务方对更细纬度业务数据的需求，解放数据提取人员的重复性工作。

1.4 数据运营应掌握的技能

"工欲善其事，必先利其器"，日常工作中数据运营人员主要对接运营、客服、BD 等部门人员的数据提取、分析、挖掘方面的需求，需要掌握以下几方面的技能：Excel、SQL、Python、PPT 以及业务理解能力。

1. Excel 数据处理与绘图

Excel 的重要性不言而喻，日常数据处理、分析、作图、数据透视、报表管理模板都离不开 Excel。其中，需要熟练运用数据透视表和常用函数。

数据透视表：可以快速完成对待分析数据的汇总、筛选、排序等功能，如图 1-5 所示。

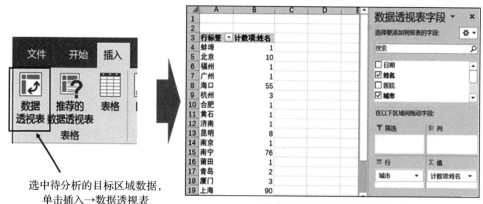

图 1-5 数据透视表处理数据

常用函数：熟练掌握 Excel 的函数不仅有利于日常处理数据，同样有利于快速搭建数据管理报表。常用的函数包括关联匹配类函数、计算类函数和逻辑运算类函数。

（1）关联匹配类函数

❑ VLOOKUP（查找目标，查找范围，查找范围中包含返回值列号，精确匹配或模糊匹配）：用于按行查找表或区域中的内容。

❑ INDEX（单元格区域，选择数组中某行，选择数组中某列［可选］）：用于返回表格或区域中的值或值的引用。

❑ MATCH（待匹配的值，查找区域）：用于在单元格区域中搜索某项，然后返回该项在单元格区域中的相对位置。

❑ OFFSET（单元格引用，左上角单元格引用的向上或向下行数，左上角单元格引用的从左到右的列数，需要返回的引用的行高，需要返回的引用的列宽）：从给定引用中返回引用偏移量。

（2）计算类函数

❑ SUM（要相加的第一个数字，要相加的第二个数字）：求参数的和。

❑ COUNT（单元格引用区域）：计算参数列表中数字个数。

❑ MAX（单元格引用区域）：返回参数列表中最大值。

- MIN（单元格引用区域）：返回参数列表中最小值。
- RAND()：返回0和1之间的一个随机数。
- ROUND（要四舍五入的数字，要进行四舍五入的位数）：将数字按指定位数舍入。

（3）逻辑运算类函数

- IF（要判断逻辑，结果为真返回值，结果为假返回值）：指定要执行的逻辑检测。
- IFERROR（检查是否存在错误，公式计算错误时返回值）：如果公式计算错误，则返回指定的值，否则返回公式结果。
- AND（逻辑条件1，逻辑条件2 [可选]）：如果所有参数均为TRUE，则返回TRUE，常用于扩展执行逻辑测试的其他函数调用。

熟练掌握上面几个常用函数可以满足日常工作中的大部分需求。

2. SQL类语言

数据运营人员对数据进行分析时需要从数据仓库中提取。无论是PostgreSQL、Hive SQL、impala还是MySQL，它们的SQL语法是相通的。熟练掌握SQL语言对于数据提取、数据建模、数据分析是非常有帮助的。

3. Python语言

Python在数据运营中的应用非常广泛，爬取竞品数据、自动化任务脚本、数据建模与分析都离不开对Python语言的熟练运用。由于本书不是讲解Python语言的书籍，在这里只提出做好数据分析需要掌握的一些Python工具。

- Pandas：一款针对数据处理和分析的工具包，其中实现了大量便于数据读写、清洗、填充以及分析的功能。可以帮助数据挖掘人员节省大量用于数据预处理工作的代码。
- NumPy：除了提供一些高级的数学运算机制以外，还具备非常高效的向量和矩阵运算功能。这些功能对于机器学习的计算任务尤为重要。
- SciPy：是在NumPy的基础上构建的，更为强大，应用领域也更为广泛的科学计算工具。包含的功能有最优化、线性代数、积分、插值、拟合、常微分方程求解、快速傅里叶变换、信号处理和图像处理等。SciPy 的安装依赖于 NumPy。

❑ Scikit-learn：著名的机器学习库（http:// scikit-learn.org/stable/），它封装了大量经典以及最新的机器学习模型，接口封装非常完善，几乎所有机器学习算法的输入输出部分格式都一致。网站首页截图如图 1-6 所示。

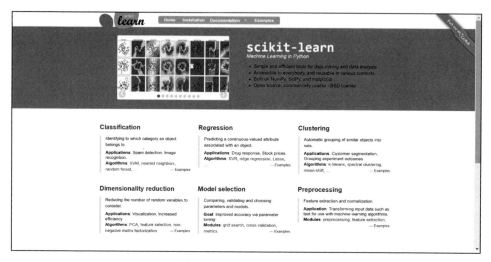

图 1-6　Scikit-Learn 主页

4. PPT 制作能力

在数据分析完成后，如何制作 PPT 将分析结论形象、具体地展现出来，直观地将信息传递给需求方或管理者，是数据分析师必须要掌握的技能。

5. 业务理解能力

数据运营本身就是从业务中来，再指导到业务中去。无论是简单提取业务数据，结合业务的经营分析，还是用户画像建模，对业务的理解始终贯穿其中。数据运营人员需要学习业务逻辑、业务背景和业务知识，这样提交的分析报告或做出的解决方案才能真正回答出业务方需要的答案。

1.5 本章小结

本章介绍了企业中大数据的主要应用方式、企业数据职能架构与组成、数据运营的岗位职责。作为一名优秀的数据分析师，不仅需要掌握结构化的数据分析思维、数据挖掘方法、Python 和 SQL 等数据分析语言，更重要的是能够将自己业务数据上反映出来的问题以及解决方案传递给运营人员，优化运营策略。

第 2 章

业务：数据驱动运营

2.1 如何用数据驱动运营

数据驱动运营是个很泛的概念，与其说是数据驱动运营，不如说是让公司所有员工都养成看数据的意识，让任何一个岗位的任何一名员工都能用数据来管理自己的本职工作。这是一个很大的工程。首先需要公司高层有数据意识，他们要会通过数据来定位问题，不断用数据来说话。其次数据化运营一个跨部门合作非常多的工作，业务部门和数据部门需要紧密联系，不断沟通，业务上的任何调整都需要及时同步，这样数据才能反映真实业务，而真实反映业务的数据才有意义。

接下来我们主要讲一下在数据驱动运营中，数据分析师如何做好分析，以辅助运营决策。

2.1.1 定义数据分析目标

在数据分析日常工作中经常会存在这种情况，老板说需要看一下某新上线业务的情况，数据分析师接到需求之后也不沟通老板想看的具体是什么，匆匆写完 SQL 脚本把一堆业务数据提取出来并简单展示一下交给老板，然后被打回来重做。报告被打回来的时候老板说，新业务上线之后我想看一下用户活跃，和老业务XXX的对比情况。或者这种情况，运营同事提了一个数据提取的需求，在数据分析师费了很大力气把相关数据的表从线上业务数据库抽取到数据仓库，并把相关数据提取出来之后运营却说我要改需求。于是所做的事情需要重新再来一遍。

这是数据分析新手常犯的错误，归根究底就是没有和看报告的人进行有效的沟通，先明确分析的目标。

说到明确目标，这又会涉及看报告的人的身份。

❏ 对于管理层来说，他们最为关心自己最近做的重大决策最终反映在了哪些指标上？这些指标的相互关系是怎样的？业务的全局变化如何？与过去相比有哪些进步？目前哪些执行动作需要调整，对应的指标是什么。

❏ 对于运营方来说，他们想看的是最近做的活动效果怎么样？banner位怎么定价比较合理？一些运营活动是否可以持续提升效果，是否需要将运营方法持续固化为产品模块等一些和运营举措比较相关的。

❏ 对于产品方来说，他们关心的是上线的功能或者设计对用户有没有用，用户有没有去使用；如果用户使用了，如何让产品变得更好用；如果用户没有用，分析没有用的原因，是产品设计有问题流程走不通还是用户不明白怎么用。

明确目标，需要数据分析师在分析之前就进行有效的沟通。先明确这次的分析到底需要达成什么目的，在了解业务的基础上，明确应该从什么角度去切入，应该从哪些指标着手，再去确认哪些数据现阶段已经有，哪些指标现阶段需要推动去建设，然后统筹规划，根据目前已经有的指标，故事线应该如何铺设。

说到底，常见的数据分析目标主要分三大类，即解决是什么、为什么、做什么的问题。解决是什么的问题，一般用描述性统计方法就可以解决；解决为什么的问题，则需要能用严谨的逻辑思维对具体的问题做数据分析，找出原因；解决做什么的问题，则需要通过具体的分析，提供可选的建议，最后交给运营或管理层来拍板选择相关可行方案。这三大类分析目标最终都会聚焦到一点，对业务及业务流程的了解，只有对业务完全清楚，才知道如何描述是什么，才知道应该从什么角度去切入分析为什么，才知道提供的解决方案能解决业务流程的哪个问题，最终如何影响全局，达到效果。

2.1.2 目标分解与聚焦

在明确数据分析目标后，接下来我们通过两个案例来看如何实现目标。

案例一：付费用户客单价下降原因定位

在互联网医疗行业中有一个业务是在线问诊，在线问诊是指借助互联网平台，医生可以在线通过图文、视频、电话等形式为有看病需求的用户提供线上问诊服务。该业务通过互联网将医疗资源进行重新配置，在解决用户就医效率问题的同时，提高了医生的名誉和成就。假设有这样一个场景，某一段时间内在线问诊订单的客单价下降了，管理层想知道为什么降了，想让数据的同学做一个分析，这是一个典型的"为什么"的问题。

假设我们对数据源及数据的统计口径已经非常清楚，对应的下降的时间点也非常清晰，所以直接从原因来定位问题，而在线问诊是平台上医生给用户提供的虚拟服务，故我们从医生、用户、平台三块展开分析。医生和用户层面先对齐做细分，再看细分群体的表现，如果用户画像对群体做了细分，可以对用户画像群体做细分维度。比如分慢病群体、肥胖群体、青少年群体、抑郁症群体、准妈妈群体等。再根据数据表现看可能的原因（原因已举例说明，可能是多个原因组合造成的客单价下降，也可能是单个原因造成的客单价下降，具体分析时仅供参考）。根据业务定位可能的原因，再构建合适的指标对原因进行定位。

看完用户及医生，我们再细分看平台的表现，平台的表现主要从流量来源、产品本身、运营策略及竞品角度来展开。流量来源上，我们需要分析流量的渠道质量，在时间维度上是否有变更；产品上，看是否近期有调整，比如是否调整了入口，调整了搜索逻辑等，这些调整对转化节点的转化率的影响如何等；运营策略上，看近期的运营活动对客单价的影响路径如何，近期竞品是否有做什么活动吸引了目标用户。每一个可能的原因都可以做成一个小专题分析。下面再聚焦回来看对客单价的影响情况。

客单价下降原因多维分析示例详见图 2-1。

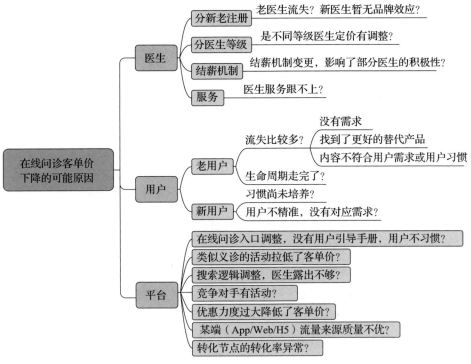

图 2-1 客单价下降原因多维分析

案例二：预算超支解决方案

财务预算是企业经营中的重要环节，某天老板给数据组的同学派下来一个任务，问预算超了 200 万，怎么办。这个时候首先要明白这是一个"做什么"的问题，进一步要明确这需要经过数据分析论证最后给老板提供可行的参考建议。

在展开分析前，我们要先从数据的源头抓起，讨论数据一般会涉及三点：数据来源、统计口径、统计周期。

首先确认这 200 万是谁提供的，是财务分析人员分析出来的结果还是估算出来的结果；这个预算指的是什么的预算，是某个部门的预算，某个业务的预算；还是某项活动的预算；超支指的是预算中成本超了还是收入 cover 成本之后超了，超支的部分是否含了税金。

其次，要了解这些细节，预算是什么时候超了，是这个月还是这周，或者具体到其他什么日期，如老板答复，是上个月的成本预算（不考虑税金）超了 200 万。然后我们要继续问，成本预算有多少，全年的成本预算有多少，与财务申请具体的成本明细数据做对比，并结合投入产出比，看上个月的 ROI。然后问清楚老板的目标是什么。是想削减成本预算还是想找合适的策略来优化成本预算，或是想根据目前的投入产出比来调整下一季度预算。

不管哪一点都需要从问题的重要性和紧迫性来考虑。比如正好到了季度预算小结及下季度预算调整的时候，预算调整既要考虑整体年度预算，又需要根据具体的业务方向及已经达成及将要达成的效果来加以调整。那这个时候我们需要分析具体是哪个部门的成本预算超了，要和具体的业务部门沟通，是因为什么原因超了预算，达到了什么效果，效果能否用 KPI 来衡量。接下来的工作安排，包括了解从预算开始执行到现在整体的预算执行情况是怎么样的，占整体年度预算指标的情况如何等，以往预算执行情况及产出情况是怎么样的，宏观经济形势如何，宏观经济形势对投入产出的影响如何等，待所有细节在和业务方确认及经过严谨的数据分析之后，我们再向老板提供参考建议。

比如上个月是因为某渠道活动导致预算超支，某活动带来营收 XX 万，虽然成本预算超了，但投入产出比保持在正常的增长幅度，整体的利润率也保持在正常的增幅。下一季度的预算可在整体协调的基础上按以往年度的投入幅度，考虑宏观经济的影响，以一定比率来调整，所有的指标从输入到输出都必须逻辑严谨，并附上相应公式，方便老板调整，供老板参考。

第二个案例更偏向于数据化管理。这个例子有几点需要强调，一是我们在分析中一定要从数据的源头抓起，弄清楚数据的来源、统计口径及统计周期；二是我们要时刻保持和业务方及需求方的沟通，确保分析的思路和需求方在一条线上，确保分析的每一个细节都能真实反映业务；三是要明确分析师的定位，重在分析，而不是拍板事情的做法。但这个度非常难把握，因为在具体的分析过程中，很容易一不小心就变成了提数方，而这个显然无法体现数据分析师的价值，对于数据分析部门的领导来说，也绝对不会只想做业务部门的提数支持或"人肉报表机"。

分析师在具体的分析中，弄清楚问题是首要的，其次是数据论证，最后才是提供建议。尤其是在数据化运营的过程中，更是需要时时刻刻和运营方保持沟通，当运营方有具体的方案时，去论证方案的可行性；当运营方没有具体的方案时，从各个角度去提供可供参考的方案供运营方选择。

2.1.3 数据运营重点

数据驱动运营，我们首先得了解运营是什么？从广义来说，一切能够进行产品推广、促进用户使用、提高用户认知的方法与活动都是运营。运营的终极目标是使产品能持续稳定地、更好地生存下去。好的运营是通过推广、引导、活动等一系列举措让产品的各个指标得到提升。

数据驱动运营，指的是通过数据分析和用户行为研究让产品的功能不断完善，适用性不断提升，使产品有更长的生命周期。

产品（或网站）存在的目的除了要创造社会价值，更主要的是为了实现盈利，那么如何实现盈利的目标呢？这是一个很大的目标，我们首先要将目标进行拆解，分成很多小的可执行的目标。

我们根据AARRR增长模型（图2-2），将产品的营收路径拆分为激活→注册→留存→下单→传播。其中激活主要是流量运营在负责，用户运营会贯穿接下来的流程，内容运营主要负责生产优质的内容来提高用户的黏性，从而提高留存，主线运营主要负责主营业务的产品路径，优化转化节点，提高转化。

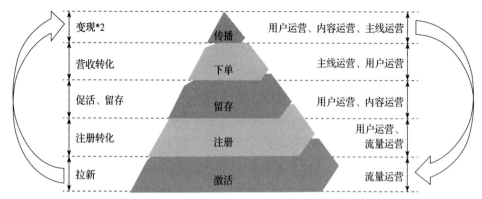

图 2-2 AARRR 模型及运营重点

下面对 AARRR 模型中各渠道的定义及运营方式做详细讲解：

- 激活：这是流量来源的必经动作，只有有足够多的用户来，才能对这些用户进行转化。而我们都知道，互联网新客的获客成本是比较高的，如果不清楚渠道的流量质量，很有可能花了钱，却没有获取到质量较好的用户。对于这一块，用户触达的基本分析就是对用户来源渠道进行分析，在不依靠自然流量的情况下，哪些合作、投放渠道对我们 App、Web 产品更合适。

- 注册：流量激活之后，如果用户只是点进来就走了，则这个流量对产品并没有什么作用。只有通过高质量的内容，合适的产品功能切合用户的需求，用户才会有进一步了解产品的欲望，才会有转化的下一步操作——注册。因此通过渠道将用户引入平台后，还是远远不够的，需要进一步关注用户是否进一步注册转化，从注册流程上看是否存在需要优化的细节点。

- 留存：前面我们提过，新用户的获客成本是比较高的，因此不可能一味花钱去不断获取新的流量，同时也需要维系老用户，让进来的用户能对产品形成依赖，产品能契合用户需求，让用户持续不断地来用我们的产品。因此提升留存一方面需要满足用户需求，另一方面需要优化用户体验。在优化过程中可通过用户分群进行精细化运营，将精准内容推送给有特定需求的用户，提高用户对产品的满意度。数据可以通过追踪用户行为，来分析哪些行为可以激发用户持续访问产品，如何促使这些行为的发生等，并通过用户生命周期的研究，对沉默用户进行识别，让运营通过运营手段对这批用户进行唤醒；对流失用户进行标记，让运营通过推送、发放优惠等方式进行召回。

- 营收：用户是收入的前提。只有产品足够满足用户的需求，使用户认同产品的价值，才会促使用户向付费转化。要让产品持续稳定地运营下去，就需要通过一系列运营手段，让新用户持续地向付费转化，让老用户持续付费。用户运营的基础，是对用户足够了解，足够熟悉，而数据能做的，是帮助运营了解用户的所有属性，让用户不断向营收进行转化。
- 传播：只有用户对产品高度认可及对产品功能高度依赖，才会愿意将产品分享或推荐给其他人。而在分享或推荐的过程中，又扩大了流量的来源，形成了良性的循环，最终源源不断地将用户往营收用户进行转化，达到价值 ×2 的目的。

通过上面的分析可以看出，在激活、注册、留存、营收、传播过程中，流量运营及用户运营始终贯穿其中，是最终促进营收转化的重要手段，下面主要就流量运营和用户运营展开详细讲解。

2.2 流量运营分析

流量运营，指的是通过各种推广活动、营销方式提升网站的流量。流量的作用非常重要，产品要赚钱，就需要足够多的转化用户，而每一个转化用户，都需要一定的流量来提供潜在的用户，流量越大，潜在的用户基数才会越大。当产品的转化率达到稳定期时，持续不断的流量会成为产品能够稳定存活的重要因素之一。

2.2.1 流量运营规划

流量运营需要拆解目标，我们要先清楚流量运营一般包含哪些内容？从流量营销的角度来看，主要分析对象是访问用户，它们能帮助了解用户的量级、用户的偏好、用户的来源及去向，能帮助我们了解访问用户在流量中的行为及不同流量渠道之间的关系；从分析对象的逻辑结构来看，我们主要看产品的健康状况，页面的表现，注册到下单的流程是否顺畅；从流量运营的角度来看，主要看产品表现来进行资源及预算的合理分配，而产品的表现需要通过一系列指标来追踪。这其中的每一个小点都能拿出来作为一个独立的分析主题。在本节中讲述的内容将会贯穿这三个分析方向。

在明确流量运营的整体规划之后，我们可以先把营收作为最终目标对其进行拆解，首先需要有足够的优质目标用户来访问网站，这就细分了不同流量来源渠道的质量，需要查看用户的来源及去向，总结用户对产品的需求；然后需要有合理的产品结构及合理的页面布局来吸引用户，满足用户需求，这里可以看用户的具体行为，如访问路径等。通过追踪用户的一系列行为，在转化的每个过程都设立合适的指标追踪，并通过分析找出有问题的环节进行迭代与优化。以上环节持续不断地进行，量变累积之后慢慢往质变靠拢，不断提高投资回报率，推动营收的达成。流量详细规划详见图2-3。

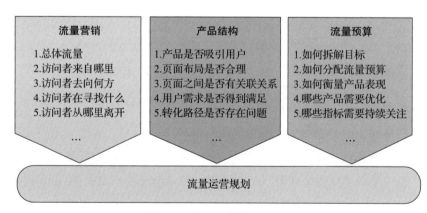

图2-3 流量运营分析规划

总之，通过不同视角来对流量进行分析，对以下方面会有所助益：①观察流量规律，区分不同流量的质量，关闭异常渠道，优先选择优质渠道，节约渠道推广成本；②根据用户路径分析，寻找产品存在问题的环节及改进的节点，及时迭代及优化；③对不同流量的用户进行细分，进行精准的市场定位；④通过设定指标，追踪流量情况，衡量流量推广活动效果或者渠道优化效果分析。

2.2.2 流量分析

流量是所有用户的归口，是所有后续行为的源头。流量的质量及量级直接关系到后续的转化好不好，用户规模怎么样，用户层级如何，因此流量分析非常重要。这一节我们主要就流量的来源、虚假流量的区分、流量异常波动原因分析来展开。在日常运营中，会通过流量报表监控每天的流量运营情况，关于流量监控指标部分在 3.2.1 节中有讲解。

1. 流量来源分析

在我们分析 Web、App 上每天的 PV、UV 时，若发现某天的流量增长明显，则需要找出是什么原因导致的流量突然增长。这个时候我们需要先了解流量来源的分类。流量主要可以分为广告流量、SEO 流量、搜索流量、直接流量及其他流量来源，详见图 2-4。广告流量主要指的是访问者通过单击其他网站的链接来访问我们的网站的流量；SEO 流量指的是通过网站排名技术（网站 Web 结构调整、网站内容建设、网站代码优化和编码等），把网站排名提前，被用户搜索到带来的免费流量；SEM 流量指的是搜索引擎营销带来的流量，即搜索引擎根据用户使用习惯，根据用户搜索的信息推送营销信息带来的流量；直接流量指的是用户直接输入域名访问网站产生的流量。

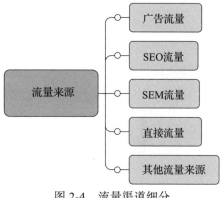

图 2-4　流量渠道细分

这些流量在埋点日志中都会有相应记录，方便分析师识别。

比如我们对比发现某天的流量上涨了，想定位具体是哪些流量变化，这时可以根据埋点区分的字段来将流量分类，用圆环图来表示各个模块的流量，并和前一天或者前一个时期做比较，从而得出是哪一类流量发生了变化，影响了总量，如图2-5所示。

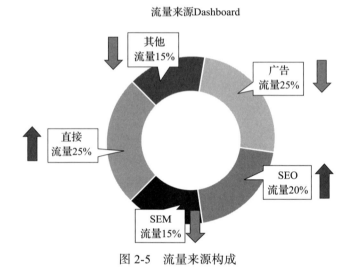

图2-5　流量来源构成

2. 虚假流量区分

流量来源中有几类来源都需要花钱购买，涉及成本，所以评估付费流量的效果，评估付费流量对ROI的影响非常重要。流量的付费方式一般分为按单击付费，按用户激活付费，按用户注册付费，按用户下单付费等多种付费方式。

比如按单击付费的广告流量，这个时候我们如何评估流量的效果呢？首先我们需要识别虚假流量，那么什么是虚假流量呢？一般是指合作方为了骗取广告费而人为操作产生的流量。这些流量一般有一定的规律性。数据需要做的事情是找出这些虚假流量的规律性，提供给运营做参考。

一般虚假流量可以从以下几个维度来看：

1）分时分布。可以看一下各个渠道流量来源的分时分布，正常来说，一般的网站会有一个时间段的明显区分，比如白天流量多，晚上流量少，或者在上下班时间或者午休时间会有流量高峰期。而虚假流量如果是用程序控制带来的单击，可能不会考虑分时的影响，这种没有明显时间分布排列的流量需要重点关注。

2）页面的跳出率。跳出率是衡量页面质量的指标，这里也可以借用来衡量渠道的流量质量。比如若某个时间段或某个渠道的跳出率非常高，那这部分流量需要重点关注。

3）流量的用户留存。若用户的留存率非常不理想，则这部分流量也极有可能是虚假流量。

4）风控规则。如若同一个设备某一段时间内登录了5个以上账号，这些流量需要细查。

5）对营收的转化。如果一个渠道引入的流量对营收的转化率非常小，但流量居高不下，这部分流量也需要重点关注。

6）其他。虚假流量的识别方法非常多，但因为虚假流量也在不断模仿真实流量，所以虚假流量的识别方法可能需要多次校验，多维度一起分析，方法也不局限在这几种。

3. 流量波动常见原因分析

对于流量来说，经常会存在流量变化的情况，而追踪流量变化的原因，对于后续的流量运营能更有的放矢。下面我们根据流量的分类来分别看一下不同场景下相关流量类型的流量变化因素。

（1）广告流量

广告流量是通过广告合作，比如在合作产品有广告位或其他引流合作模式带来的流量。这一块流量变化的主要原因为：①广告位置变化，比如合作方原来是把产品放在角落里，但增加广告费之后将产品放在了首页的最显眼位置，用户能够一眼就看到产品，这一块吸引的转化用户可能会比较多；②在合作产品内嵌的入口文字或内容变化，比如我原来可能只是单纯地做了一个入口，后续我针对合作网站的用户群体，将产品入口设置成了符合用户群体习惯的界面，或者加了文字进行引导，导致合作方转化增加，流量加大；③合作方本身流量基数增大，虽然转化率没有变化，但流量基数增大，使得访问的用户增多；④链接形式变化，图片链接和文字链接带来的转化是有区别的，这个需要通过埋点日志细分看一下；⑤其他。

（2）SEO流量

SEO流量及SEM流量可以统称为搜索流量，区分方式是，一个是免费的搜索关键词带来的，一个是付费的搜索关键词带来的。SEO流量变化原因主要有：①关键词，比如产品业务的核心关键词和拓展关键词增加，或者关键词更符合用户的搜索习惯了，则关键词带来的流量会相应增加；②排名与外链，排名的变化直接影响流量的变化，比如我们搜索时一般会直接选top多少的页面点进去，很少会一页一页翻，去看不是首页的内容，所以一般企业都会提升关键词排名，而影响排名的主要因素是外链，这些外链都需要在日志中有记录，好追踪不同外链的质量；③竞争对手：竞争对手的优化策略也会影响我们的流量；④网站内部调整，比如流量增加可能是网站进行了优化，包括网站结构、URL、内链布局、SEO基本元素、用户体验优化等；⑤SEM的策略：因为SEO与SEM都属于搜索引擎导流流量，对于同一个关键词而言，SEM的排名会高于SEO，SEM流量增加了，SEO的流量会相应下降；⑥其他。

（3）SEM流量

SEM流量是通过购买关键词及对搜索结果竞价而从搜索引擎获取的流量。影响SEM流量波动的因素主要有：①关键词的定价策略，关键词的价格会直接影响广告的排名及位置，从而影响流量；②关键词的匹配方式，关键词的匹配方式分精准匹配、词组匹配、模糊匹配，SEM的关键词的匹配方式会直接影响流量，比如搜索女装，若匹配方式是精准匹配，那么只有搜索词为女装时方可对应到广告位；③投放时间，一般凌晨一点至次日八点，访问者在休息，其他时间才是用户比较活跃的时间。故选定的投放时间会对流量影响比较大；④广告投放地域：一般而言，投放的地区越多，和单独投放某个地区相比，引流效果肯定是不一样的，因为增加投放区域会有新的流量池来转化引流；⑤竞争对手 SEM 策略：当竞争对手也购买了和我们一样的关键词时，会影响流量的转化；⑥其他。

由于 SEM 流量需要付费投放，公司一般会针对 SEM 渠道流量搭建日常专题分析报表持续跟踪投放效果，这块在 3.2.1 节中会有讲解。

（4）直接流量

如果直接流量在某一段时间内变化比较大（此处的变化比较大需要结合产品整体流量，及长期时间趋势来看，比如流量每周的环比增速为 3%～5% 之间，突然有一周增长了 10%），此时我们需要定位具体的流量来源及流量时区分布，可能的原因一般有：①产品请了流量大 V 来代言，吸引用户来访问了产品；②有特殊热点事件，比如很多品牌会追着热点发布自己产品的文案，吸引用户关注；③营销活动事件，比如发红包、做测试、送优惠券、打折促销等活动，若这些活动的影响力足够大，会对产品或网站整体的流量有比较大的影响；④其他。

2.2.3　解读 PV、UV

PV（Page View）即页面浏览量，在 GA 中的解释是：由浏览器加载的网页综合情况，可以是浏览器加载的执行跟踪代码的 H5 或者 Web 页面，或分析报告中为模拟浏览量创建的追踪事件。简而言之，PV 就是页面被加载的总次数，每一次页面被加载，PV 就会加 1。比如你访问淘宝，看了某笔记本的页面 A，点了刷新，然后看到了旁边另一款笔记本的推荐，点了页面 B，看完之后发现 B 不合心意，再返回到页面 A，发现另一款也不合心意，直接关闭离开了，则你这次的 PV 是 4 次。

UV（Unique Visitor）即唯一身份访问者。在 GA 中的定义是：在指定时间内不重复的访问者人数，即某段时间内去重的用户数。该指标主要由以下因素影响：① JavaScript 被禁用时，GA 的代码无法工作，无法识别这个用户；

② cookie，cookie 被清除之后，会再记录成为一个 UV。

PV 及 UV 一般用来衡量网站的流量情况，数据大，说明流量多，人均 PV 越大，说明每个用户来到对应渠道之后流量页面增多，用户对内容越发感兴趣。

从 A 网站流量示意图（图 2-6）可以看出，A 网站的页面访问量及独立访问用户自 2017 年以来连续半年增长，人均 PV 也在不断上升，由此可见，该网站的内容是日渐吸引用户的，而这批用户的质量如何，转化如何，需要进一步分析。

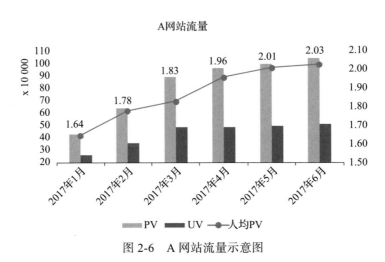

图 2-6　A 网站流量示意图

要统计流量数据，先要了解埋点日志结构，及日志中的一些常用指标及常用指标的作用范畴。埋点日志经过解析，会完全记录用户的每一次操作。经过解析日志数据后，主要得到以下字段用于经营分析：

1）时间戳：埋点日志里会记录用户的访问时间，这个时间记录了用户进入产品或网站的所有时间点，通过时间的限定，可以看出流量的不同时间分布，及用户的按时间先后顺序的访问路径。

2）url：当前页面的链接。

3）referral_url：上一级页面链接，通过该参数可以分析用户单击跳转的路径。

4）session_id：设备 id，用于标识用户登录设备的 id 号。当用户作为游客登录时，由于没有注册账号，因此使用设备 id 用于标识用户身份。

5）user_id：用户 id，用于标识用户在该产品平台上的唯一身份。

2.2.4 跳出率分析

跳出指产品（或网页）的单页访问，跳出率指的是某一段时间内只访问了一页就离开的访问量与所产生的总访问量的百分比。该指标一般用来衡量流量来源用户与网站内容的匹配程度，内容的匹配程度和跳出率成反比，即内容匹配程度越高，跳出率越低。举例来说，某用户通过某广告链接进入产品的页面，看到第一个页面就非常反感立马退出了，这就是一次跳出访问。当有比较多的用户重复"该用户"的行为，则会形成较高的跳出率。

既然跳出率一般是用来衡量来源用户与网站内容的匹配程度的，对于像这种需要靠转化来提升营收的网站来说，高跳出率是个负面指标。这个指标在侧面也显示出用户的流失率。

这个指标可以细分不同的渠道，来看不同渠道的跳出率，并针对性地做出优化。也可以用来看不同流程的关键节点的跳出率，看是否哪个流程有问题，是否可以优化。

比如某网站出于安全考虑，在开启实名认证之后方可进行大额交易，每一个注册的用户都需要输入真实姓名及身份证号，且上传真实的身份证照片之后才能进行下一步操作。这种强迫用户的行为给用户带来了什么影响，我们可以看实名前后的跳出率情况。从图 2-7 某网站跳出率变化示意图可以看出，在 12 日时跳出率陡增，经过和运营及产品的沟通，确认是某页面增加了实名认证的流程。该流程要求用户必须进行实名。但从跳出率情况来看，用户并不是很能接受这个改动。于是产品调整了策略，在实名认证页面新增了一个功能键——"若单日业务额小于 10 000 元，可跳过实名"，于是跳出率慢慢下降了。

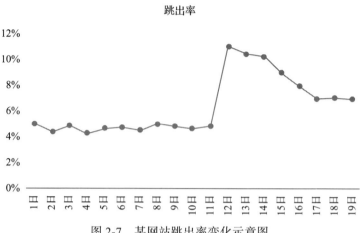

图 2-7 某网站跳出率变化示意图

2.2.5 漏斗图分析

漏斗图是通过对业务的各个关键环节的描述，来衡量各个环节的业务表现。从漏斗图可以非常直观地看到各个业务的转化程度。从某种意义来说，漏斗图是路径分析的特殊应用，主要针对的是关键路径的转化分析。由于互联网行业的日志数据记录了用户的所有访问行为，因此漏斗转化分析在互联网行有着广泛的应用，主要包括以下两个方面：

1. 业务的关键节点分析

以某一互联网医疗的 App 的问诊业务为代表用户完成一笔问诊订单需要经过五个步骤，提交主诉→付款→问诊→结束问诊→评价，这些步骤一路走下来，势必用户越来越少。下面我们追踪这些关键步骤看一下流量的转化情况。

从图 2-8 业务流程漏斗图来分析，从提交主诉的用户群体中，有多少用户参与了付款，之后医生响应参与问诊的用户有多少，再到之后结束问诊的用户群体比率，评价比率，在问诊的关键业务环节上，各个指标均直观展示出来了。之后可以长期追踪这些指标，如果异动较大，说明哪个环节的漏斗转化出了问题，这个时候可以定位具体的环节，再细分涉及环节的影响，追踪原因，给运营提供参考。

第 2 章 业务：数据驱动运营

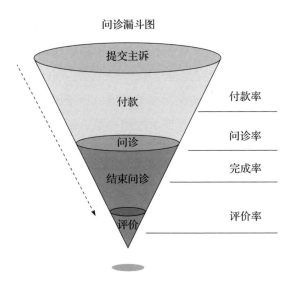

图 2-8 业务流程漏斗分析

2. 用于追踪流量运营转化率

在流量导入→营收转化的过程中，漏斗图可追踪各个节点的转化情况，定位异常转化节点，及时调整运营策略，如图 2-9 所示。

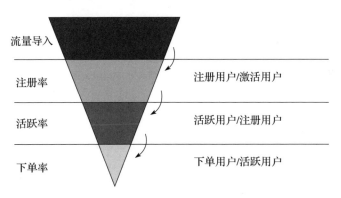

图 2-9 转化率漏斗分析

比如某一周发现导入的流量在正常的增长范围，注册率也在正常的增长范围，但活跃率下降得很厉害，这个时候需要下钻看具体的渠道的活跃率，结合渠道获客成本结算方式（比如是按激活来结算的，还是按注册来结算的，是按订单来结算的，还是其他方式，若是按注册之前的流程来结算的，那么根据风控规则来看一下渠道的登录设备是否存在作弊的情况）定位具体的原因。

或者分析每一个转化节点转化减少的原因，尽量提高每一步的转化。比如下单率，可以看一下活跃的但没有下单的用户都去做什么了，有没有可能从这部分感兴趣的内容上往下单引导，从而提高转化。比如某电商平台入驻了很多商家，部分用户进入商家页面之后会转去内容平台看用户分享的内容，此时如果在用户分享的内容内嵌相关商品的购买界面，用户有兴趣的话可以一键跳转，然后用数据追踪，调整之后转化率的变化情况。

2.2.6 A/B测试

A/B测试也称分离测试、对照试验。现在一般指的是在网页优化中的一种比较策略，分离测试最开始的用法是对于同一种功能，设计两个或者多个页面并同时发布。让用户随机接触到页面，通过对日志的埋点记录访问目标页面的人数，并计算相应节点的转化率或单击率，来对不同页面进行效果评估。从统计学角度来看，A/B测试实质是一种先验的实验体系，其目的在于通过科学的实验设计，流量分割测试来获取样本代替总体的科学结论。

A/B测试主要应用在如下场景：

1）产品页面或功能控件的调整：比如通过用户路径发现用户在下单前的一个主要流量来源是用户关注对应的商家，那可以将商家有露出的某一个界面的"下单"直接改成"关注"，这个时候我们可以关注一下，改动之后是否比原来好，当然如何评判"好"，需要数据分析人员和运营及产品沟通，确认相关指标，比如是单击这个功能键的UV增加了，还是对应的商户的转化率提升了等，确定后就追踪相关指标的变化。比如某个免费产品原来是和付费产品放在单独的产品位置的，但领导希望通过免费产品引导用户向付费转化，此时将付费产品的入口内嵌在了免费产品的入口内，设定一定的规则，在适当的时候将免费用户往付费用户引导。通过追踪入口改变之前与改变之后总体营收的变化，以及参与入口调整的商户对应接单率与相应营收的变化来评判调整入口之后的优劣。这些也是数据化运营的常规应用。

2）运营策略的调整：比如运营做了运营活动，想看运营活动的运营效果。这时可以选定两组用户特征一模一样的用户群体，一组进行活动运营，一组保持原样，或一组用 A 活动进行运营，另一组用 B 活动进行运营。然后设定关键指标对两组用户进行追踪，比如用户的活跃、下单、付费等转化行为。或者运营想看产品定价在什么区间用户比较能够接受，也可以先用小流量测试来进行灰度发布，看不同价格的用户接受度。可能单个产品定价 2.99 还是 3.00 差别不大，但在巨大流量的转化下，这个不同价格对营收的整体影响还是非常巨大的。

A/B 测试需要注意的点：

1）每次测试有且只有一个目标，其他变量的选取都是围绕这个目标进行的；如果有多个目标，可以进行多变量测试，或者进行多组 A/B 测试。

2）做 A/B 测试有个前提是流量要足够大，且参与测试的流量要能够反映整体的实际情况。

3）A/B 测试是一个长期的过程，经过长时间的足够样本的测试结果才能逼近真实结果。

在 4.4 节中将会对 AB 测试展开详细介绍。

2.3 用户运营分析

有了流量和用户之后，如何持续稳定地提升用户的活跃和留存，并对有价值甚至高价值的用户有针对性地进行运营，让这些用户持续稳定地为产品带来营收，这就是用户运营需要做的事情。用户运营的工作内容主要是扩大用户规模，减少用户流失，促进活跃及提高留存，增加付费转化。在用户运营的过程中数据组人员要做的事情就是根据每一个模块追踪相应的指标，并设立下钻指标，清楚每一个指标之间的关系与影响，让每一个模块的指标不管是升了还是降了，都能找到具体的原因，让运营有的放矢。

用户规模常用的落地指标一般是激活量与注册量，细分会有来源渠道及注册转化率。

用户流失模块主要需要定义流失，通常的做法是先对产品的用户构建生命周期模型，看多长时间用户没有登录即为流失。比如有些游戏定义标准是用户 90 天或者 180 天没有登录过即为流失，而有些低频产品，如旅游类，有可能一年没登录才定义为流失。对于如何帮助运营减少用户流失，这时需要数据根据相应指标，构建模型，弄清楚用户是在什么情况下流失的，当用户有类似行为时提前告知运营，针对这批用户调整相应的运营策略，预防用户流失；针对已经流失的用户，设定特殊的策略，挽回用户。

促进活跃及提高留存方面数据需要做的事情是：①设定指标，比如根据产品的高频属性将每天使用产品的用户来定义活跃或者低频产品一周使用为活跃，要给到运营可量化的指标，哪些行为是可以衡量用户活跃的，哪些是行为可以促使这些行为的发生；②设定留存指标，需要加入对比指标，比如时间趋势的对比，或者同类产品的对比，细分留存的渠道等，让运营有针对性地设定运营策略来提升留存。

增加转化，数据可以做的事情非常多，比如筛选合适的指标，将高价值用户的特征归纳出来，并根据特征提取这批用户给到运营，让运营提供合适的运营手段来抓住这批用户的需求，让他们为产品付费，并想办法提高复购率，让他们持续稳定的付费。换句话说就是精准营销，将合适的产品推荐给合适的人。主要有两块：①未付费的用户，但有付费特征的，促进转化；②已付费的用户，让他们从低频产品转向高频产品，对产品产生依赖，持续不断地优化产品，提高复购率。

2.3.1 用户分群

为什么要对用户进行分群运营？①因为不管是一个人还是一家公司，一个网站还是一个产品，所拥有的资源都是有限的，而投资回报率需要最大化，否则就会影响企业持续稳定的发展。数据的精细化运营其实就是个性化运营，但由于资源及服务效率的限制，实际运用中我们不可能真的做到一对一的个性化服务。但针对不同细分群体的运营还是十分必要的。因此合理有效地对用户群体进行细分，是数据化运营的基本要求。②运营的过程是在用户对产品本身有需求产生的内在驱动不够的情况下，通过外在的辅助手段来增加用户体验产品的次数，或者把用户使用产品的惯性培养起来增强内在驱动，按用户分级可减少对忠诚用户的打扰，将黏性较差的用户挑选出来。③通过对细分群体用户进行分析，了解用户每个细分群体的变化情况，进而了解用户的整体现状及发展趋势。

对于用户细分，首要任务是根据具体的业务场景，确定不同的分类规则及指标，给出清晰的定义。

可以通过简单的指标筛选或条件限定来确认不同的用户分类，比如借鉴AARRR模型（Acquisition用户获取、Activation用户活跃、Retention用户留存、Revenue用户回报、Refer用户传播），根据用户生命周期的几个重要模块，将用户拆解为如下分类，如图2-10所示。

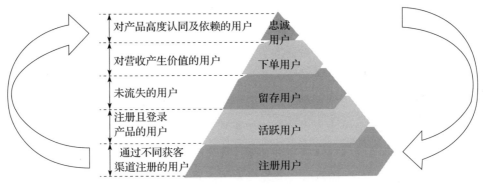

图2-10 用户分群示意图

我们按业务的关键流程将用户群体细分为注册用户、活跃用户、留存用户、下单用户及忠诚用户。每一个用户群体的细分都有其独特的分析意义，下面对各用户群体的定义及运营方向展开详细讲解。

❑ 注册用户：看的是用户的体量，这里以注册用户为基数，是基于一个假设前提，注册是营收转化的首要路径。产品营收要达成，需要这些用户循环不断进行转化。

- 活跃用户：该口径的定义非常多，一般是以用户有某个关键动作或达到某个条件的用户。这里我们暂时定义为登录产品的注册用户。活跃用户是产品的核心用户，因为后续一系列的行为只有用户活跃才能参与，才能为产品带来价值。

- 留存用户：一段时间登录或访问过产品的用户，在某段时间内又访问了产品；或访问了产品某模块的用户，也访问了其他的业务模块；或在产品的某一端的用户，迁移到了另外的端，比如从 Web 迁移到了 App。留存用户看的是产品用来保留用户的能力。

- 下单用户：下单用户是真正给我们平台营收带来价值的用户。下单用户还可以细分为新用户和老用户。新用户一定程度上反映的是产品的推广能力，也是产品发展的状况的重要衡量指标，是产品发展的动力。老用户一般是平台的忠诚用户，有比较大的黏性，是产品生存的基础。所以产品持续发展的战略一般是在不断用户留存的基础上来增加新用户。

- 忠诚用户：忠诚用户是黏性比较大的用户，且这部分用户非常认同产品的定位，会主动将产品推荐给身边的朋友。忠诚用户的定义可以是多次下单的用户，及主动分享的用户。这部分用户带来的价值是无法估量的，可以从点到面，从面到空间不断辐射出去，吸引更多的用户来使用产品。在产品运营战略中，也可以用一系列的举措引导用户转化为忠诚用户。

复杂一点的可以通过统计分析方法（如聚类、决策树等）总结特征来显著区别不同用户群体。也有比较成熟的分析方法，如 RFM 模型。下面将结合传统行业中比较成熟的分析方法——RFM 模型来做详细的示例应用。

传统行业对用户分类最常用的方法是 RFM 模型。什么是 RFM 模型？RFM 分别是三个英文单词的首字母。R（Recency）代表消费新鲜度。理论上，最近一次消费时间越近，说明此用户相对来说是比较优质的用户，对提供即时的商品或者服务，他们是最可能及时响应的。F（Frequency）代表消费频率，是用户在某段时间内购买商品或服务的次数。一般来说，消费频率越大，顾客忠诚度越高。M（Monetary）代表消费金额。消费金额体现用户的消费能力。

这三个指标可以反映用户的价值。由此可见，传统行业的 RFM 模型是针对付费用户的，而迁移到互联网的其他场景一样适用。比如将该方法迁移到产品的某个高频内容模块。我们假设 R 为用户的最近一次登录，F 为一段时间内的登录次数，假设为一个月内，M 为创建内容（文章或帖子）的数量。借鉴美国数据库营销研究所 Arthur Hughes 用户五等分模型，将指标按下列规则分类：

1）查询近一个月（查询时间往前推 30 天）所有内容创建者最近一次的登录时间。

2）按最近一次登录时间距离查询当日的时间排序：前 20% 标记为 R5，记为 5 分；前 20%～40%，标记为 R4，记为 4 分；前 40%～60%，标记为 R3，记为 3 分；前 60%～80%，标记为 R2，记为 2 分；前 80%～100%，标记为 R1，记为 1 分。依此类推，将创建内容的用户分成五等分。

3）查询出内容用户在一个月内登录的天数，及创建的内容数，按同样的方法五等分进行标记。

4）将 R5、F5、M5 等同于 5 分，R4、F4、M4 等同于 4 分，R1、F1、M1 等同于 1 分，将每个顾客对应的三个数字相加，作为内容提供用户价值的得分。

在对用户分群建立规则之后，可以做以下几方面应用。

1. 细分用户群分析

通过对 R1、R2 的用户进行建模，看能否找出活跃用户的共性，从而反推用户不活跃或者流失的原因。针对 R5 用户，做一些推广活动，看他们是否愿意来平台产生一些内容。对 F5 级别的用户进行研究，能否发现用户持续登录的原因；对 F3、F4 级别的用户进行研究，能否找到产品对于用户的价值；对于 F1、F2 的用户选取样本进行调研，看能否了解他们不登录的理由，是否可以找到产品可以改良的地方，从而指导运营。再看 M 级别的分类，此时仍然可以提供一些运营方向给到运营提供参考，比如用某种激励措施让 M5 级别的用户来参与社区运营,邀请他们成为种子用户,体验新功能,给予反馈;对筛选出来的 M3 及 M4 级别的用户进行用户研究,寻找社区可以改进的点;对 M1 及 M2 的用户进行用户研究,看能否找出共性及用户沉默的原因。

2. 顾客价值模型

基于上述建立的用户打分规则,将用户在各维度下的得分做加总,划分用户价值(如表 2-1 所示)。

表 2-1 用户价值划分

得分	用户分类
14～15 分	高价值用户
10～13 分	优质用户
6～9 分	一般用户
3～5 分	低贡献用户

不同分类的用户投入相同的资源回报是不一样的。资源有限的情况下,应该先满足高价值用户的需求,优质用户次之,低贡献用户放最后。当然,有的同学会说那这不是会造成马太效应吗?这个时候可以推用户等级体系,给每个用户进行评分并归类,每个类别的用户都可以享有不同的权益,如果用户想达到一定的等级来享有特定的权益,可以,你来完成相应的任务,提升自己的等级,同时提升自己的权益。这样就能推动整个体系往良好的方向发展。

3. 流失用户监控模型

针对最近登录时间距今的天数 R 的分类得分及创建内容数据 M 的分类得分,画象限图,按如下规则(规则可根据实际业务场景及分析目的来调整)给用户打上标签,如图 2-11 所示。

1)R ≥ 3 且 M<3,打上标签:低价值忠诚用户。

2)R ≥ 3 且 M ≥ 3,打上标签:高价值忠诚用户。

3)R<3 且 M<3,打上标签:低价值流失用户。

4)R<3 且 M ≥ 3,打上标签:高价值流失用户。

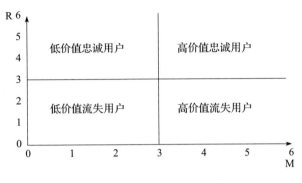

图 2-11　流失用户群分类示意图

根据常识，我们知道对于高价值流失用户应尽快弄清原因，进行挽救，并对有可能是高价值流失用户的群体构建流失预警模型，在恰当的时候找出这群用户，用消息推送、精准营销等模式唤醒用户，将损失降到最小。

将低价值忠诚的用户筛选出来，提供给运营，让运营对这批用户进行调研，了解他们的兴趣点及对产品的改良意见，并鼓励他们在社区发文。

4. 用户分类模型

根据用户一个月内登录的天数 F 及用户发文数量 M 构建象限图，给用户按如下原则（规则可根据实际业务场景及分析目的来调整）打上标签，如图 2-12 所示。

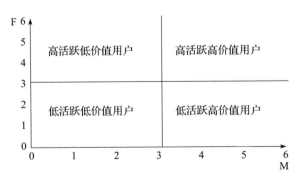

图 2-12　用户活跃度分类示意图

1）F ≥ 3 且 M<3，打上标签：高活跃低价值用户。

2）F ≥ 3 且 M ≥ 3，打上标签：高活跃高价值用户。

3）F<3 且 M<3，打上标签：低活跃低价值用户。

4）F<3 且 M ≥ 3，打上标签：低活跃高价值用户。

将打好标签的用户提供给运营，让运营根据不同的需求来调整运营策略。

2.3.2 用户行为分析

用户行为分析，是指在获得网站访问量基本数据的情况下，对有关数据进行统计、分析，从中发现用户访问网站的规律，并将这些规律与网络营销策略等相结合，从而发现目前网络营销活动中可能存在的问题，并为进一步修正或重新制定网络营销策略提供依据。

行为分析是高速增长的互联网公司对数据驱动运营的精细化需求。古话说，积形成习，积习成性，积性成命。通过用户的行为分析我们不能说可以推测出用户的命运，但能通过行为数据的分析，对用户构建精细的、完整的用户画像，从而判断用户对产品（网站）的期望和喜好。关于如何构建完整的用户画像，给用户行为打上标签，在后面的第 10 章有详细阐述。

说到用户行为，我们得从记录用户行为的数据源开始说起。互联网行业与传统行业最大的一点不同就是互联网行业除了有业务数据之外，还有相关的日志数据，该日志体系里记录了用户在产品（网站）每一步的浏览及访问行为，这些浏览及访问行为数据整合起来形成了海量的日志数据。由于日志数据存储的都是非结构化数据，为了方便日志数据被相关分析师应用，需要先对日志数据进行解析，将非结构化数据转化成结构化数据。每当一个新业务上线时，业务方会和埋点组的数据同事一起沟通，将所有业务流程上的数据都一一记录下来，或者用无痕埋点的方式，将所有的用户行为做记录，再根据相应的 url、埋点参数等字段从解析过的日志中获取用户的相关数据。接下来将主要从用户行为的指标及应用来铺开陈述。

埋点日记几乎记录了用户的所有行为，其中有些指标是通用的，比如用户的访问频率、平均停留时长等；有些指标是特定场景适用的，比如盈利平台的下单行为、社区的内容发布行为等。用户行为的相关指标可分为黏性指标、参与度指标、转化类指标，接下来详细介绍一下。

1. 黏性指标

第一类指标，如访问频率，选取活跃用户每周的活跃天数，并按活跃天数对用户分类，用累加百分比柱形图来对四周的数据作图展现，方便对比（注：数据均为虚构数据），如图 2-13 所示。从图中我们可以看出活跃 1 天的用户是最多的，可总结这部分用户的规律，定位这部分用户活跃天数少的原因，然后制定合适的运营策略，尽量提升他们的活跃天数。而针对每周活跃大于等于 6 天的用户，可以将这个指标拆分出来，看平台的忠实用户大致情况及忠诚度比例。

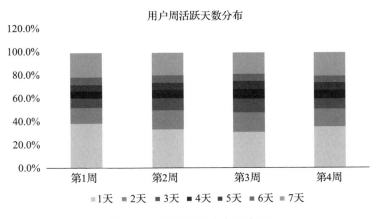

图 2-13　用户活跃分布示意图

图 2-14 是带平滑曲线的散点图，显示的是近 60 天中访问的用户的最近一次访问距离当前时间的间隔天数的用户分布图，横轴表示的是最近一次访问的间隔天数，纵轴表示的是对应间隔天数的用户比例，从图 2-14 中可以直观地看出各个时间间隔对应的用户活跃情况，结合用户的生命周期一起看，我们可以将访问天数大于 10 天的用户定义为沉默用户。可针对这部分用户细分

来看用户为何相隔这么久都没有访问，比如看他们最后一次访问看了什么内容，再或者对这批用户的特征进行分析，将精准优质的内容推送给这批用户看挽回的用户比率，再或者选取部分用户进行调研，寻找产品的哪些部分可以优化。

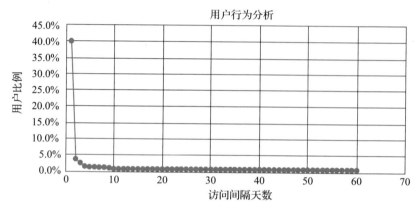

图 2-14　用户访问周期示意图

接下来看用户的留存，用户留存的本质是产品（网站）满足用户需求。要分析留存我们首先要弄清楚留存的定义，留存是活跃用户在下一个时间段有多少用户仍旧活跃的比例。按时间分类有次日留存、七日留存、十五日留存、周留存、月留存、季度留存等；按渠道分类有 App 留存、H5 留存、Web 留存等；按用户类型分有新用户留存、老用户留存等。一般来说，老用户的留存会高于新用户的留存，这个可以用来数据校验。新用户的留存主要取决于用户的来源渠道和产品引导。对新老用户细分的留存分析就是数据驱动运营的典型应用，比如对老用户留存的分析可以对运营质量进行监控，对新用户留存的分析可以筛选出优质的渠道。

图 2-15 以细分渠道留存来举了一个例子，从图中可以看出，对某产品而言，App 的留存要优于 H5 及 Web，这和智能手机的普及是分不开的。还可以细分看三端留存的新老用户的占比、各端迁移用户的留存，及各端细分渠道的留存对比，评估渠道质量。

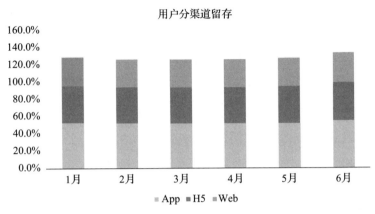

图 2-15　各渠道用户留存示意图

2. 参与度指标

第二类需要关注的指标是用户的参与度。活跃度作为评判用户参与度的一个关键指标，并没有标准定义。通常指的是完成某一关键动作的用户，或者参与情况满足某一条件的用户。比如电子商务网站的下单、社交类的互动、视频类产品的播放视频，或者登录、消费、使用等均可定义为活跃。活跃用户关键在定义，只有准确定义了活跃用户，我们才能清楚地了解活跃用户的情况。比如产品初期，为了数据看起来好看，数据可能会定义比较宽，比如激活就算活跃，而有些产品对活跃用户的定义比较严谨，比如只有消费过的用户才算活跃，这样数据出来虽然会比较小，看起来产品的活跃用户比较低，但是这样定义的活跃用户都是企业的盈利用户，用该指标来反映问题会比较灵敏。

我们以定义为登录产品（网站）称为活跃来举例，按时间分类可以拆分为日活（日活跃用户量，DAU—Daily Active User）、周活（周活跃用户量，WAU—Weekly Active User）、月活（月活跃用户量，MAU-Monthly Active User），一般会用 DAU/MAU 来作为产品或网站的打开率指标，该指标越大说明产品或网站的打开率越高。

活跃用户的分析主要有对比分析及细分。对比分析主要可以看时间变化趋势及竞品数据对比。这个分析能比较直观地反映产品的用户活跃趋势，也能清楚比对自己产品在同类产品中的大致情况，更好地制定产品下一步的目标及走向。如果 DAU 有一段时间涨得明显，此时并不是数值越大越好，需要细分看这批用户的留存及其转化情况。因为很有可能是做活动拉了一批用户，但这批用户具体质量如何，需要进一步分析。

表示用户参与度的另外两个指标是用户的停留时长及用户的访问页面数。为什么要用这两个指标来表示用户的参与度呢？因为用户的停留时长可以间接反映页面对用户的吸引程度，可以间接反映产品是否满足用户的需求，及产品页面的设计是否合理。对于盈利性产品来说，目标就是为了转化，让用户下单，如果用户在下单前的任何一个页面就走了，那这个用户就没有完成转化。从图 2-16 来看，用户只有经过页面 A、B、C，才能到达目标页，完成转化。用户在页面 A 的停留时长为用户离开页面 A 的时间 - 用户进入页面 A 的时间，用户到达目标页前共访问了 3 个页面，这三个页面分别是页面 A、页面 B、页面 C，如图 2-16 所示。

图 2-16　用户访问页面示意图

比如我们随机生成一组数据，如图 2-17 所示，看下用户的平均访问时长及平均访问页面，发现在第三周的时候这两个指标急剧下降。事出必有因，此时需要详细定位原因，是埋点数据没有上报？还是日志解析出了问题？如果数据没有问题，那么是产品改版，没有引导机制，用户找不到入口了？还是产品改版，比如新加了某个流程，比如实名等强制性措施，用户对新产品不满意？这些都需要数据团队根据一系列逻辑设定及指标跟踪来具体定位。

3. 转化类指标

第三类需要用户关注的指标是用户的转化。分析用户的路径转化主要有三个作用：一是通过数据追踪用户的访问细节，访问细节反应的是用户的行为特征，通过追踪访问细节来推测用户的心理活动；二是通过用户的访问行为来追踪用户在走流程中可能碰到的困难，看整个路径和运营之前定的设想是否一致，如果不一致，是哪个环节不一致，定位具体的原因，调整页面布局；三是在追踪用户的访问路径的过程中，寻找有价值的可迭代路径，对产品进行优化。

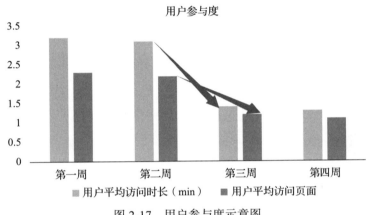

图 2-17　用户参与度示意图

要分析用户的转化情况，不仅需要熟知业务流程，也需要熟知数据流程，即将业务流程转化成数据流程。由于互联网行业独有的日志数据能记录用户的所有访问行为，故我们只需要熟悉业务的设计流程，对业务的细节和流程及数据上的记录、获取、埋点字段都了然于胸，将业务流程转化为数据流程，再将数据和业务结合，抓住业务产品的关键路径，层层剥离拆解再组合，即可形成业务转化的完整分析。对于 App 类产品可用 Charles 或 Fiddler 抓包工具测试埋点关键点。

分析用户的转化情况有两个大的方向可以着手：一是从产品的整体运营情况来看，用户从激活到下单的整个流程；二是从细分产品的关键路径来看，用户接触产品到完成转化经历的步骤，这个会在 2.2.5 节中的漏斗图中详细阐述。下面分别就第一个应用场景来举例说明。

在 2.3.3 节我们列举了产品运营场景中的所有转化节点，如图 2-18 所示。

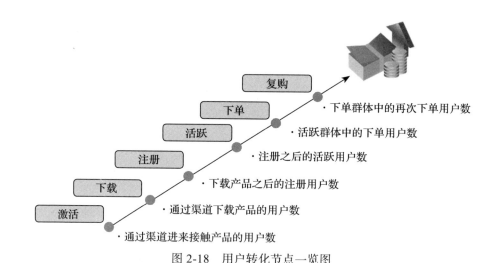

图 2-18 用户转化节点一览图

通过对这些关键节点的数据监控，我们可以从整体及细分渠道，细分时间段、细分活动来看不同的转化情况，如表 2-2 所示。找出有问题的转化节点。比如细分渠道的场景下，假设渠道都是按激活用户付费，从两个渠道进来的用户后续的转化行为如下，若是来评判这两个渠道的质量优劣，在激活同等用户的情况下，我们应怎么判断呢？

表 2-2 各个渠道质量监控

合作渠道	获取成本（万）	下载率	注册率	活跃率	下单率	复购率
渠道 1	3	30%	65%	70%	30%	29%
渠道 2	4	35%	65%	65%	25%	25%
平均成本	3.5	33%	65%	68%	28%	27%

假设激活用户为10000，将各个转化节点的指标转化为成本绝对值，如表 2-3 所示。

表 2-3 各个渠道成本监控

合作渠道	单个激活成本	单个下载成本	单个注册成本	单个活跃成本	单个下单成本	复购成本
渠道 1	3	10	15	22	73	253
渠道 2	4	11	18	27	108	433
平均成本	3.5	11	16	25	91	343

显然，从成本的角度来说，渠道 1 要优于渠道 2。当然，后续我们也需要分析不同渠道进来用户的 ARPU，看整体的营收情况，评估渠道的整体质量。

2.3.3 用户生命周期价值

生命周期指的是一个生命个体从出生到死亡的发展过程，用户的生命周期指的是用户从接触产品（网站）到离开产品（网站）的发展过程，用户的生命周期价值（LTV—Life Time Value/CLV—Customer Life Value）指的是这个发展过程中用户为产品（网站）所带来的价值总和。

Facebook 的 Melnick 曾将用户的生命周期价值解释为变现、留存、传播三个变量组成的函数，即 CLTV = f(变现、留存、传播)。其中变现：一般指用户为产品贡献的收入；留存：用户的参与程度，尤其要考虑平均每个用户生命周期的长度；传播：用户分享带来的间接价值，用户将你的产品分享给别人的累加价值。通常由于传播价值比较难以衡量，一般会假设传播价值为 0。

用户的生命周期一般会经历引入期、成长期、成熟期、衰退期、流失期等五个阶段，每个阶段都会为产品（网站）带来不同的价值。

- 引入期：此时用户刚来，用户会试探性地来试用产品，偶尔用一下，此时用户的价值相对来说比较低。
- 成长期：用户会不定期地来使用产品，并开始进一步体验产品功能，此时用户的价值有所提升。
- 成熟期：用户会经常使用产品，并会以分享形式来宣传产品，此时用户的价值比较大。
- 衰退期：用户因某些原因（如产品迭代用户不喜欢等）不再经常使用产品，此时用户的价值呈衰减模式。
- 流失期：用户对产品非常不满意或者找到了替代的同类型的产品，不再登录该产品。

在用户运营的过程中，我们不能一上来就唯周期论，而是要定一个目标，围绕目标我们能拆解为哪些关键指标，要提升这些关键指标需要去满足用户什么核心需求。比如用户生命周期分析的核心目标是：提升用户生命周期每个节点的转化率，提升用户的留存（用户的参与程度）。在每个节点的持续转化及用户留存的提高的过程中，用户的生命周期也经历了一个完整的历程，价值也得到了提升。

围绕这两个目标我们将其拆解为如下指标，如表2-4所示。

表2-4 转化核心指标分解

核心目标	用户转化率		用户留存（用户参与度）
目标拆解	激活用户 下载用户 注册用户 活跃用户 下单用户 复购用户	下载用户 注册用户 活跃用户 下单用户 复购用户 传播用户	激活 注册 活跃 下单 复购 传播

按用户的生命周期，我们可以将用户的结构拆解如下，如图2-19所示。

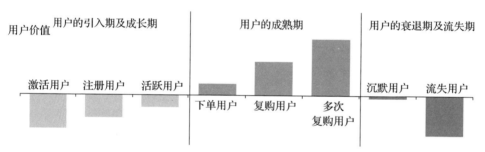

图2-19 用户生命周期中用户结构示意图

与用户生命周期的各个阶段对应的关键指标，如表2-5所示。

表2-5 用户生命周期关键指标拆解

用户生命周期	用户结构	转化点	关键指标
引入期	激活用户	渠道激活→下载	单个用户获取成本、激活数、下载数、下载转化率
引入期	注册用户	下载→注册	注册数、注册转化率
成长期	活跃用户	注册→活跃	活跃用户、活跃转化率
成熟期	首次下单用户	活跃→下单	下单用户、应付金额、实付金额、ARPU、下单用户转化率

（续）

用户生命周期	用户结构	转化点	关键指标
成熟期	复购用户	活跃→复购	复购用户、应付金额、实付金额、ARPU、复购转化率
成熟期	多次复购用户（忠诚用户）	复购→复购	忠诚用户转化率、人均订单金额
衰退期	沉默用户	下单→沉默	沉默率
流失期	流失用户	沉默→流失	流失率
流失期	唤醒用户	流失→唤醒	唤醒率

结合 Melnick 的理论及互联网产品的实际情况，将用户的生命周期价值拆解为：

LTV =（某个客户每个月的下单频次 * 客单价 * 毛利率）*（1 / 月流失率）
　　 =（某个客户每个月的下单频次 * ARPU * 毛利率）*（1 /（1 – 月留存率））
　　 = 用户生命周期内下单次数 * 客单价 * 毛利率

其中：① ARPU（每个用户的平均收入）= 某段时间内的总收入 / 同时期内活跃用户总数；② 流失率：流失率指的是一段时间内，有多少比例的用户不再使用你的产品了。所以流失率 = 在某段时间内流失的用户 / 同时期内活跃的用户，流失比较难定义，但留存比较好定义，故月流失率近似等价于 1 – 月留存率；流失率的倒数用来表示预测的用户生命周期，如果一个产品的流失率为 10%，则产品对应的生命周期为 10 个月。

应用一　根据拆解指标为提升 LTV 制定不同的运营策略

从拆解公式来看，运营需要做的是尽可能保证渠道的质量，确保引进来的用户的有效性，提升用户的质量及数量，尽量降低获取用户的成本，并应用多样化的运营手段提升用户转化；在用户生命周期的每个时间周期，对不同结构的用户进行流失原因分析，提升用户活跃。

应用二　评估用户运营活动是否盈利

单个用户毛利 = 用户生命周期价值 – 获取用户成本 – 运营成本 = CLV – CAC – COC

很多产品在初期一直以补贴用户的形式来留住用户，长此以往，资金链一旦断裂,将无以为继。只有当用户的毛利大于 0 时,产品才能良性地、持续稳健地发展下去。

假设一个产品每个用户每月的收入是 20 元,每个月的流失率为 50%,每个用户会传播 5 次,被传播群体的每个用户每个月的收入为 5 元,每个月的流失率为 70%,则:

$$CLTV = 20*1/0.5 + 5 * 5 * 1/0.7 = 41.43 \text{ 元}。$$

如果获取用户的成本加上运营的成本大于用户的生命周期价值,那么显然这个用户是不盈利的,如果获取用户的成本加上运营的成本小于用户的生命周期价值,那这个活动是值得做的。

应用三　追踪投资回报率

根据 LTV 的公式及用户毛利的计算公式,递推得到投资回报率(ROI,Return On Investment)的计算公式:

$$ROI = 转化率 * ARPU/ (CAC + COC)$$

从 ROI 的公式来看,要提高 ROI,需要从以下三方面着手:

(1)提高转化率

提高转化率,一在开源,二在节流。所谓开源,指的是要不断通过各种方式来获取新用户;节流指的是减少产品的用户流失,及挽回即将流失或已经流失的用户。这里主要介绍节流。节流主要从以下两点出发,来最大化地减少用户流失。

1)从产品出发,在具体的研究中,所有脱离产品的用户流失预警都是耍流氓。首先我们要通过现有的指标找出用户是在哪一步流失的,再结合具体的产品进行改进。比如某一个环节会产生闪退的情况,那就推动产品解决闪退的问题;比如下单转化中流程过于繁琐,支付渠道过于单一,那就推动流程简化,支付形式多样化;再比如前面我们分析过用户生命周期所有关键节点会用到的转化率的关键指标,从这个公式看,追踪各个关键节点的转化率,哪个节点的转化率比较小,定位原因进行优化。举一个具体应用的例子,某产品各个渠道的注册率差不多,但不同渠道的下单转化差得比较大,此时用设定风控规则来评估渠道的质量,因为这批渠道是按注册来付费的,发现是有些渠道在刷单,在对刷单的渠道停止合作之后，渠道整体的下单转化率就上来了。

2）从运营出发，形成种子用户群体，保证流失下限，结合具体的运营策略，如抽奖、签到送积分，优质内容推送给精准用户，用户等级体系建设等。

（2）提高ARPU

互联网的红利期已经过去，那么如何抓住现有的用户来提高 ARPU 呢？可以从抓用户的需求来展开。即①用发放优惠券、各种抵价金币、红包等优惠方式，来满足用户的占便宜心理，促进用户下单；②对用户设立等级体系，并对不同的用户等级设立不同的福利规则，满足用户对身份地位高人一等的诉求；③建立精准营销平台，精准定位用户群体，并对这部分群体进行个性化精准推荐，满足用户的特定场景需求；④提示用户信息不会被泄露，满足用户对安全感的诉求；⑤生日提供满减券或其他福利，满足用户对情感的认同需求。用以上方式来促进用户下单，并直接或间接地提高 ARPU。

（3）降低成本

降低成本分为两个模块。一是降低用户的获取成本，这个方式有很多，比如：①通过数据分析优化渠道质量；②通过流失预警，对即将流失的用户进行合适运营，提高用户留存，增加用户对产品的参与度与黏性；③与其他平台合作，资源共享；④其他。二是降低用户的运营成本，这个数据可以做的事情比较多，比如搭建精准营销平台，对每一个用户的各个属性进行打标，对即将流失的用户进行推送召回，对高金值客户推送单价高的商品；比如将常用的分析思路固化，建立常用分析思路的 BI 报表，并支持快速迭代，支持细分项下钻。

2.4　本章小结

本章主要就如何通过数据分析来驱动运营做了一定讲解，重心在数据分析的分析思路及着手点上。本章对流量运营与用户运营进行了展开，可以帮助数据分析人员形成数据运营思路，帮助运营人员通过这些内容明确在具体的岗位上应该关注的指标，并有助于形成数据化的思维模式。

| 第 3 章 |

报表：数据管理模板

对业务的数据化运营是一个持续的过程，数据分析只是这个过程中的一个环节，将分析报告模板化后可以提高效率，节约时间，还可以将分析过程逻辑化，分析结论自动化。数据化管理模板能有效地将数据分析产品化，方便使用，提高工作效率。

报表是数据化运营中最接近用户的应用，也是业务和数据的沟通窗口。几乎所有企业都需要制作日常报表。大大小小的分析报告是数据分析师日常工作中重要的组成部分，常见的数据分析报告包括定期数据报告（如日报、周报、月报、半年报、年报）、专题分析报告（如用户流失分析、用户留存分析、优惠券使用分析、新上线产品分析）、综合分析报告（如综合运营分析报告）等。

企业数据部门对接的需求方主要包括产品运营部门和各业务部门，两大部门对数据的需求也不尽相同。业务部门需要了解负责业务线的拉新、活跃等细粒度的实时数据，而产品运营部门更侧重对线上流量、新增用户、成交金额等KPI 的整体把控。为全方位支持业务运营，数据部门提供了 5 种数据分析 / 支持方式，包括：自助分析平台、数据提取平台、业务专题分析、运营日报、周报 / 月报分析，如图 3-1 所示。

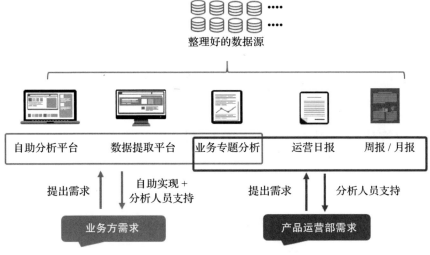

图 3-1 企业各部门的数据分析需求

其中：

- 自助分析平台：业务方的需求人员登录 Web 端分析平台后可实时查看企业运营产生的如 PV、UV、订单、渠道流量等数据及相应的变化趋势图。该平台的数据/图表从宏观层面上展示了企业运营整体的核心 KPI 数据，但是对于运营、市场的人员来说，仪表盘上展现的宏观数据不能满足其对细分业务、渠道等维度的分析。此时他们需要登录数据提取平台提取所需数据进行更细粒度的业务分析。
- 数据提取平台：业务方需求人员登录 Web 端数据提取平台可通过单击下拉菜单选择提取自己关心的业务数据。与自助分析平台相比，数据提取平台可以获得更细粒度的业务数据。
- 业务专题分析：面向新上线产品、某次活动推广前后、不同用户群体的留存/流失等专题进行分析。该分析需求既有来自业务部门，也有来自产品运营部门的。
- 运营日报：统计企业每天运营产生的与 KPI 指标相关的数据，数据部门负责统计并在每天早晨以邮件形式发送至运营部门（统计昨日一天数据）。

❑ 周报/月报：统计企业一个阶段运营产生的 KPI 数据，该报告的需求方主要是运营部门，运营部通过数据反馈调整运营策略。

我们本章介绍的数据管理模板主要针对运营日报（Excel 形式）、业务专题分析报告和周报/月报（PPT 形式）。

3.1 个性化数据管理报告——Excel

一份好的数据管理报告，实质上是一种沟通和交流的形式，主要作用是运用数据分析原理和方法，将海量数据有效地组织展示出来，将有价值的信息（事物的现状、问题、原因、本质和规律）传递给管理者，为管理者做有针对性、可操作性战略决策提供科学、严谨的依据。因此数据管理报告并不是从有什么数据出发，而是从实际业务应用场景出发。

自主编制一套数据管理模板，可在大大小小的报告中提高效率、节省时间。比如一份标准的自动化报告需要定期更新数据源表中的数据，这样在正文中选择相应的日期则会呈现对应的报告。而作为中间过程的数据转化表，并不需要定期更新，而是需要去做一些维护、优化工作。

在日常产品运营中，各业务方和运营团队需要每天关注近期产品运营数据（渠道、流量、订单、营收等方面），作为数据支持团队需要每天定时输出产品运营报告。因此搭建一套有效的 Excel 数据管理模板就显得尤为重要。

3.1.1 创建报告的准备工作

创建报告的准备工作主要包括：梳理报告所包含的数据指标，设计报告内容与呈现形式，根据报告正文页的版式确立需要用到的图表、函数、控件等内容。以结果为导向，先明确最终 Excel 数据日报的呈现形式（如图 3-2 所示）。

最终的管理报告模板主要包括日期控制单元、数据源表区域、数据动态引用区域、报告数据表格、报告的标题和文字、报告图表等部分。数据源表区域中的部分指标主要从数据仓库提取，部分指标可提取出来之后进行二次加工；

动态引用的部分指标可从数据源表直接获取。因为日报主要呈现的是各类指标随日期变化的情况，与日期密切相关，所以先设置日期控制单元，通过日期控制来引用相应的指标，通过引用的数据来进行分析，并对分析的结果以综述性文字来说明。

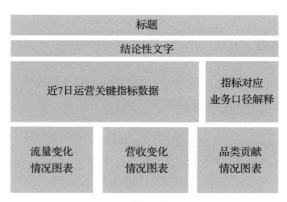

图 3-2　Excel 数据报告正文结构

3.1.2　报告自动化步骤

整体来说做好一份个性化的 Excel 数据管理模板需要分为三步：第一步需要根据分析的内容及指标，设计好报告的呈现内容与呈现形式，即根据分析纬度搭建数据报告的框架，可以先手动设计好报告的版式；第二步理清指标之间的逻辑关系，明确报告的呈现内容，设计报告的内容实现逻辑，建立数据源表和数据转化表；第三步按照设计调整报告元素及格式，设计自动化流程。通过从数据源表导入数据即可在报告正文页得到最终呈现的结果。实现流程如图 3-3 所示。

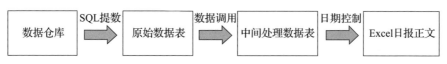

图 3-3　Excel 报告自动化流程

1）数据仓库：对企业业务数据及日志数据等多个异构数据源集成存储的结构化集成环境，需要数据分析师使用 HQL 语言从数据库中提取数据。

2)原始数据表:是用于存放每次通报所需关键指标数据的汇总表,一般用HQL语言经过初步的数据清洗及数据预处理(如汇总、排序、离散、格式转换等)从数据库提取出来。

3)中间转化数据表:用来动态引用数据源中的数据,并进行相应的数据转化、指标计算、图表绘制及通报文字组合等工作。

4)Excel日报正文:根据分析框架,组织引用"数据转化区域"中相应组合好的数据、通报文字及绘制好的图表,以一定格式呈现出来。

接下来会通过一份Excel运营数据日报来举例说明个性化数据管理报告是如何创建的。

3.1.3 从数据源表到数据转化表

本节将对上一节中介绍的数据源表和数据转化表的创建过程展开详细介绍。Excel原始数据sheet用于存放从数据仓库中提取的原始数据和经过二次计算得到的数据。一般分为原始提取数据、辅助计算数据和计算后得到的数据三个区域。如图3-4所示。

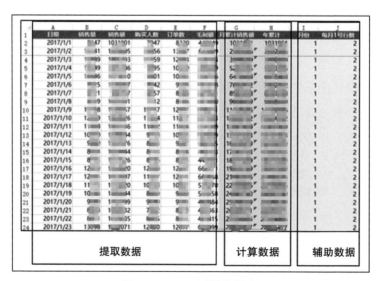

图 3-4 Excel 原始数据表

提取数据区域用于存放从数据仓库中原始提取出来的数据；辅助数据区域用于存放一些临时的参数，作为辅助列便于计算另一列数据；计算后数据区域用于存放经过计算得到的指标数据。

Excel 中间转化数据表的创建是整个 Excel 自动化管理模板中最为关键的一环。通过对数据源表建立动态的数据引用，引用数据源表的相关信息。在数据转化表中主要用到了日期控件、MATCH 函数、TEXT 函数、OFFSET 函数和 INDEX 函数。下面我们分四步详细讲解数据转化表的建立过程。

Step 1：设置日期控制单元

借助日期控制单元我们可以选择查看目标日期的数据，通过引用控制，可以自动调整相应数据列变化。

首先我们打开 Excel 表格，在"开发工具"的插入选项卡下的表单控件中选择第二个选项组合框，如图 3-5 所示。在表格的空白区域拖拉鼠标即可生成控件。

图 3-5　选择日期控制单元控件

右击该日期控件选择"设置控件格式"，如图 3-6 所示，单击数据源区域，进入"数据源表"中选择对应的日期，如图 3-7 所示，按回车确认。然后选择"单元格链接"，即当我们选择控件日期后存放相应数值的位置。这里我们放在数据转化表日期控件的旁边，如图 3-8 所示。

图 3-6　设置日期控件格式图

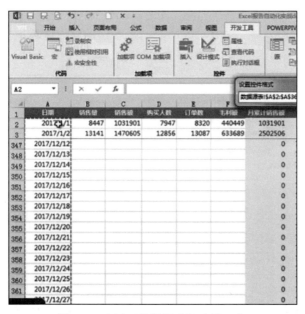

图 3-7　选择"数据源表"中的日期

至此,当我们在数据转化表的日期控件中选择对应的日期时,旁边单元格即可显示该日期对应其在数据源表中的位置。接下来我们将通过 Excel 函数建立起数据与日期控件之间的关系,使得改变选择日期时,对应的数据列做出相应变化。

Step 2:从原始数据表动态引用数据

这里我们通过 Excel 函数从原始数据表中截取出报告所需的部分数据,而截取的时间点,由上步骤的日期控制单元所控制。时间长度可根据业务需要进行调整。这里我们详细讲解数据动态引用所涉及的函数。

图 3-8　日期控件的使用

OFFSET 函数以指定的引用为参照系,通过给定偏移量得到新的引用。返回的引用可以为一个单元格或单元格区域,该函数格式如下:

OFFSET (reference, rows, cols, height, width)

OFFSET 函数是偏移单元引用的函数,这个偏移不是原始单元格内容的偏移,只是引用单元格的地址发生了变化。该函数中的各参数释义如下:

- reference:是偏移的基点,作为偏移量的引用区域,必须为对单元格或相连单元格区域的引用。
- rows:是相偏移的行数(其中正数表示向下偏移,负数表示向上偏移,0 表示不偏移)。
- cols:是偏移的列(其中正数表示向右偏移,负数表示向左偏移)。
- height:是所要返回的引用区域的行数。
- width:是所要返回的引用区域的列数。

当第 4 个和第 5 个参数是正数的时候,单元格引用区域是以那个位移单元格为左上角。如果不想改变引用区域的大小,则这两个参数可以省略。在单元格录入公式后需要同时按下 Shift+Ctrl+Enter 键完成输入,输入后编辑栏显示公式用大括号括起来,此时表示公式起效了,如图 3-9 所示。

当记录日报流水数据时,数据是从行上不断向下增加的,所以应固定单元格的上方。

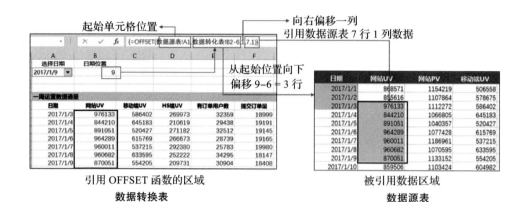

图 3-9　OFFSET 函数使用方式

INDEX 返回指定位置的内容，该函数格式如下：

INDEX (array, row-num, column-num)

- array：表示要查找数据的区域，其返回值为单元格区域或数组。
- row-num：要查找数据所在的行号。
- column-num：要查找数据所在的列号。

在该数据管理模板中的使用方式如图 3-10 所示。

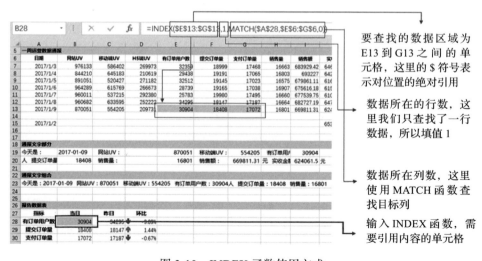

图 3-10　INDEX 函数使用方式

MATCH 函数可在单元格区域中搜索指定项，然后返回该项在单元格区域中的相对位置。该函数格式如下：

MATCH (lookup-value, lookup-array, match-type)

- lookup-value：表示要查找的值。
- lookup-array：表示要搜索的单元格区域。
- match-type：指定如何在 lookup_array 中查找 lookup_value。其中 1 表示查找小于或等于 lookup_value 的最大值，lookup_array 参数中的值必须按升序排列；0 表示查找等于 lookup_value 的第一个值；–1 表示查找大于或等于 lookup_value 的最小值。

在该数据管理模板中的使用方式如图 3-11 所示。

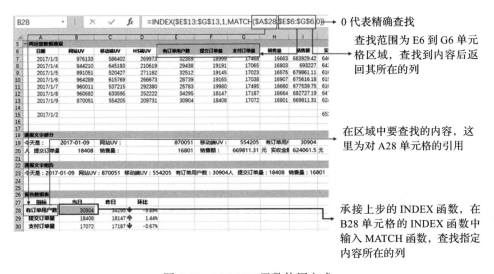

图 3-11　MATCH 函数使用方式

Step 3：报告的通报文字

报告中的通报文字一般包括两部分，一个是标题，另一个是数据表的结论。通报文字部分可分为固定不变的文本和随日期变化的数字部分。我们将其放在相邻的单元格，固定不变的文本保持不变，而随日期变化的数据则使用 TEXT

函数对其进行转化，最后使用"&"连接符将文字描述和数字进行组合，效果如图 3-12 所示。

TEXT 函数可将数据指标转化成固定的格式。该函数格式如下：

TEXT（指标，"数字格式"）

- 指标：是单元格内存放的原始数据。
- 数字格式：将原始数据转化成我们期望的固定数据样式。

图 3-12　组合通报文字及对应数据

Step 4：制作关键图表

先在数据转化表中做出单元格数据相关图表，由于单元格数据受函数控制动态引用，当改变日期控件时，单元格中数据将会随时间改变，同时图表也会同步更改。最后在报告正文引用数据转化表中的图表，同样可实现当改变日期控件时间时对图表做出调整，如图 3-13 所示。

3.1.4　报告正文展示

如果说"原始数据"表是存放的原始信息，"数据转换表"存放的是经过处理、加工过的数据模板草稿，那么"报告正文"就是这份数据管理模板的"门面"了。它向阅读者展现了整份数据日报的核心、关键内容（如图 3-14 所示）。

第 3 章 报表：数据管理模板

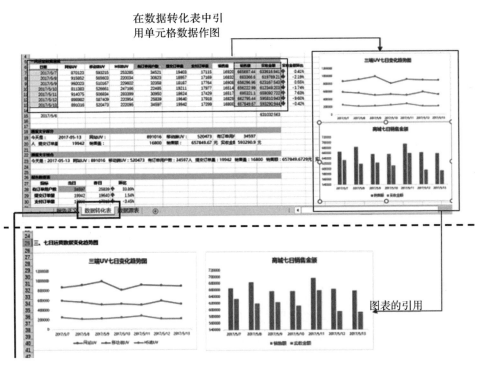

图 3-13　数据转化区关键图表制作

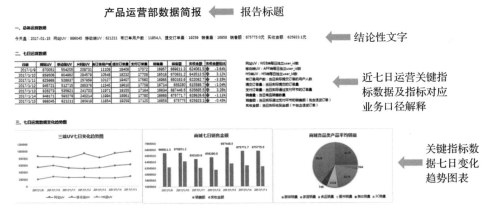

图 3-14　报告正文展示内容

报告正文除了需要保持信息的准确、精简，还需要保持页面的干净整洁。对于自动化报告，我们在选择不同的日期时要保证报告的正文展示区域能够自动随之改变。为了让阅读界面更加简洁，我们可以对没必要展示的信息如工作表、单元格标题、网格线等进行隐藏。

Excel 数据日报的阅读对象包括管理层和运营团队成员，数据质量的好坏对团队的运营方向有着重要影响。因此虽然我们建立好了数据管理模板，可以自动将企业经营相关数据生成图表和结论性文字，但是对于日报中出现的异常数据，我们还是需要去进行问题定位，判断其原因是来自业务经营方向的变动导致 UV 下降、活动运营推广导致的流量拉升还是数据仓库的表版本迭代引起的口径变化等。对异常数据查找原因并单独说明也是日报的重要部分。

3.1.5 自动化报表脚本

在日常运营工作中，数据提取人员面对众多业务方的数据需求，往往应接不暇。他们需要一套自动化的程序去帮助他们完成一些周期性和重复性较强的工作。

为了减少重复性工作，数据提取人员可以使用 Python 自动化脚本跑定时任务，将写好的 HQL 语句放入 Python 脚本中，并在服务器上设置 crontab 定时调度任务，保证每天定时自动从数据仓库提取数据完毕后，将结果集写到 Excel 中并发送邮件到数据需求方的邮箱。Python 脚本代码执行如下（auto_email.py）：

```
#coding: utf-8
search_data = """ 创建临时表查询昨日运营数据 """
report_data = ''' select * from 上一步创建的临时表 '''

import psycopg2
import smtplib
import os
import openpyxl
import datetime
from impala.dbapi import connect
from email.mime.multipart import MIMEMultipart
from email.mime.text import MIMEText
from email.mime.image import MIMEImage
import pyhs2    # HIVE 环境
```

```python
wb = openpyxl.load_workbook('/home/path/username/daily_report_v1.xlsx')
# 打开服务器存储路径下的 excel 文件

# 连接 HIVE 环境
impala_conn = pyhs2.connect(host='10.xx.xx.xx', port=xxx,authMec
hanism="PLAIN", user='username', password='password', database='dwd')

seo_h5_1 = impala_conn.cursor()
h5_result = impala_conn.cursor()

seo_h5_1.execute('''SET mapreduce.job.queuename=root.yydata''')
seo_h5_1.execute(search_data)            # 执行 HQL 语句

# 取出来数据
h5_result.execute(report_data)           # 取出来数据
h5_result = h5_result.fetchall()

# 放到 sheet 里面去
sheet = wb.get_sheet_by_name('daily_report')   #daily_report 表

# 清除历史数据
for i in range(2,sheet.max_row + 1 ):
    for j in range(1,sheet.max_column + 1 ):
        sheet.cell(row=i,column=j).value = ''

# 填充结果数据
for i in range(2,len(h5_result) + 2 ):
    for j in range(1,len(h5_result[i-2]) + 1 ):
        sheet.cell(row=i,column=j).value = h5_result[i-2][j-1]

# 关闭 HIVE 链接
impala_conn.close()
wb.save('/home/path/usernamet/daily_report_v1.xlsx')   # 保存 excel 文件
receiver = 'receiver_email@xxx.com'       # 收件人邮箱地址

date_str = 
datetime.datetime.strftime(datetime.date.today()-datetime.timedelta(days=1),'%m%d')

mail_txt = """
Dear All,
    附件是运营日报，请查收。
"""
msgRoot = MIMEMultipart('mixed')
msgRoot['Subject'] = unicode(u' 日报 -%s' % date_str)    # 添加日期
msgRoot['From'] = 'sender_email@xxx.com'
```

```
msgRoot['To'] = receiver
msgRoot["Accept-Language"]="zh-CN"
msgRoot["Accept-Charset"]="ISO-8859-1,utf-8"

msg = MIMEText(mail_txt,'plain','utf-8')
msgRoot.attach(msg)
att = MIMEText(open('/home/path/usernamet/daily_report_v1.xlsx', 'rb').read(), 'base64', 'utf-8')
att["Content-Type"] = 'application/octet-stream'
att["Content-Disposition"] = 'attachment; filename=" 日报2017%s.xlsx"' % date_str
msgRoot.attach(att)
smtp = smtplib.SMTP()
smtp.connect('mail.address.com')
smtp.login('sender_email@xxx.com', 'sender_password')
for k in receiver.split(','):
    smtp.sendmail('receiver_email@xxx.com', k, msgRoot.as_string())
smtp.quit()
```

在完成上述 Python 脚本后，将该 py 文件放入连接到数据仓库的服务器上，在 Linux 下设置 crontab 调度语句，如 "10 16 * * * python /home/path/username/auto_email.py" 表示每天 16 点 10 分执行 /home/ path/username / 路径下的 auto_email.py 文件。执行代码后，程序将自动执行 SQL 语句连接到数据库提取数据，提数完毕后将数据写入 Excel 文件中，并自动发送邮件到数据需求方邮箱。

这样通过定时调度的脚本即可解决业务方每天对日报数据的需求，将数据提取人员从繁重的机械性劳动中解放出来。

3.2 搭建数据分析报告模板——PPT

数据分析报告一方面用于展示业务运营情况，数据分析师在日常工作中结合对业务的理解，梳理关键的指标，将业务的基本情况等有价值的信息用数据的形式展示给管理层，让管理层对企业的业务情况有基本、清晰的了解；另一方面为管理层决策提供依据，通过对数据进行科学严谨的论证得出合理的结论和建议，为决策者提供精细化的数据支持并提出有针对性的建议，能够让决策者了解目前发展特点，便于制定接下来的发展策略。通过数据证据做出的决定，相比基于本能、假设，或认知偏见而做出的决策更可靠。

在本章开篇我们提到，数据部门提供的报告形式（PPT）的分析支持包括周报/月报和专题分析报告。其中周报/月报是固定分析口径的报告，是一种常规类型的数据报告，分析师在首次设定监测指标并做好相应图表，往后定期刷新数据即可。而专题分析报告是面向各业务线具体问题的分析，也最能考验一个分析师的业务分析能力，其中常见的专题分析类型如图 3-15 所示。

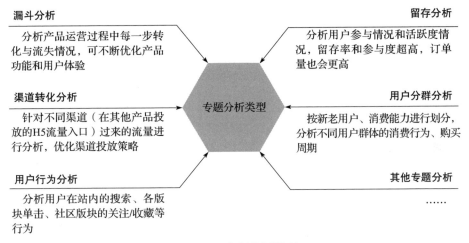

图 3-15　专题分析类型

3.2.1　业务指标梳理（搭建运营监控指标体系）

数据分析师在接到一个分析需求时常常不知道从何处开始进行分析，分析报告的主线不明确，各个逻辑关系不是很清晰，甚至抓不住问题的关键点。理清分析思路是数据分析里面最重要的过程，而对业务指标的梳理可有效帮助分析师快速理清思路。

借助企业内部"数据字典"可对网站/App/H5 已有的业务指标进行梳理，熟悉每个基础指标背后代表的实际业务意义及数据统计口径，避免被指标通用名称所误导而统计出偏离实际业务的数据，最后梳理出一套企业产品运营的监测报表。

不同的互联网产品有不同的业务侧重点，从整体上来看，主要分为总运营指标（KPI）、渠道类指标、流量类指标、营收类指标、用户类指标 5 类，如图 3-16 所示。

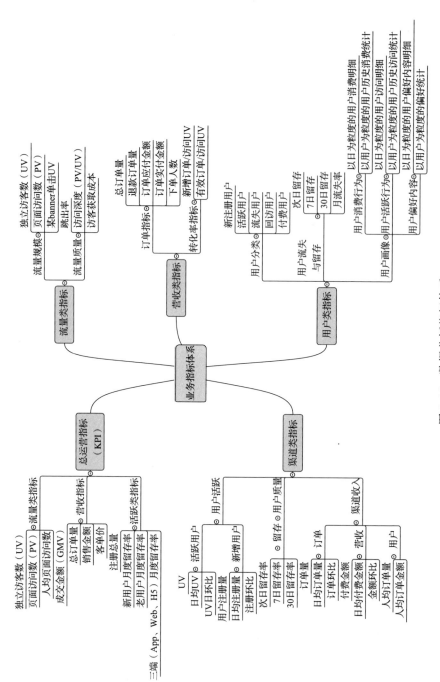

图 3-16 数据分析指标体系

每个指标都是对实际业务的一个量化评价，在实际工作中需要综合多种指标才能对某一业务现状或问题进行准确分析判断。下面我们对这5类指标进行介绍。

1. 总运营指标（KPI）

总运营指标主要面向管理层，通过总指标从宏观上评估产品运营的效果。总运营指标整体包括流量类指标、营收指标、活跃类指标。常用的统计口径如下：

- 独立访客数（UV）：指访问网站的不重复用户数，一般通过用户浏览器的cookie来标记某一用户。UV是衡量用户人数的重要指标，反映了来到网站的用户数量。
- 页面浏览量（PV）：用户每次对网站、App或H5的访问均记为一次，PV的本质是衡量页面被浏览的"绝对数量"。
- 成交总额（GMV）：只要用户下单，生成订单号便记在GMV里（无论最终是否成交），其中包括了销售金额、取消订单金额、拒收订单金额、退货订单金额、刷单金额等情况。
- 月留存率：当月访问过的用户群体中，在往后30天内至少访问过一次的用户占比率。
- 营业收入：不包含取消订单、拒收订单、退货订单、刷单等情况的实际成交金额。

将KPI进行拆解也是常见的分析方法，其核心思想是将KPI指标（如营收）拆解到各个业务线去，再由各业务线进行二次拆分。为了促进流量运营、用户运营、内容运营等各运营团队之间的协作，可以将营业收入KPI以乘积的方式分解成各运营团队的KPI（如图3-17），各团队不仅需要完成各自KPI还需要相互合作才能完成共同KPI，有效减少了团队间的内耗。

2．流量类指标

流量是产品获得用户的第一步，没有流量就没有转化与营收。对于流量的分析在产品日常运营效果监控中有着非常重要意义。下面我们就流量的来源与流向分析中需要关注哪些指标，展开叙述（图3-18）。

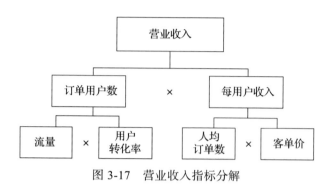

图 3-17 营业收入指标分解

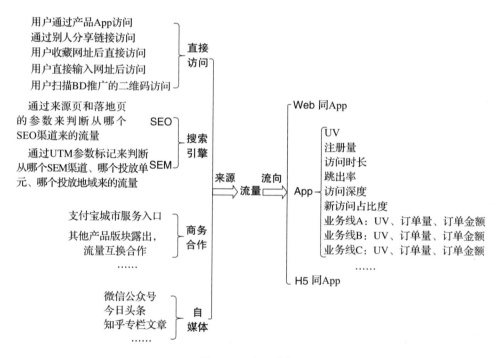

图 3-18 流量分析

从流量来源角度来看，其来源包括直接访问、搜索引擎、商务合作以及自媒体等方面：

- 直接访问：用户直接访问到产品页面，而非从其他渠道过来的，在流量日志数据中的判断条件是没有来源页的链接（即没有 reffer_url）。一般地，用户使用 App 访问、Web 端收藏网址后从收藏夹单击链接访问、从浏览器直接输入网站地址后访问、单击别人分享的链接访问、扫描线下推广的二维码后访问等访问类型都属于直接访问。

- 搜索引擎访问：指用户通过百度、360、搜狗、谷歌等搜索引擎访问产品相关页面，在搜索引擎访问中分为 SEO（自然搜索排名）和 SEM（付费搜索排名）两种类型。对于 SEO 流量，可通过搜索来源页链接（即 reffer_url）来判断流量来源，如从百度搜索来的流量来源链接中包括"%baidu.com/s?%"，从搜狗搜索来的流量来源链接中包括"%.sogou.com/link?%"（上述示例中的 % 为模糊匹配）。对于 SEM 流量，可通过链接的配置参数来区分，由于 SEM 为付费推广，广告投放人员需要对投放的链接配置参数进而跟踪效果，如 Google 提供了 5 个参数（source、medium、campaign、term、content）用于标记链接来源，针对 SEM 流量可从曝光量（从投放后台查看）、UV、投放地域、投放关键词、注册用户、订单量、营收等角度进行分析。
- 商务合作访问：本产品的页面或相关链接在其他合作网站或 App 中有露出，用户可在访问其他网站或 App 时通过露出页面访问本产品。
- 自媒体渠道访问：从微信公众号、今日头条等自媒体渠道引流来的流量。

流量从站外引到站内后，流向产品的各个板块中。在对站内流量的监控与分析中，除了关注 UV、注册量、访问时长等整体指标外，还需要关注产品内各板块的"表现情况"，以便及时发现问题并进行调整。对站内流量可以从流量规模和流量质量两个角度进行分析。

常见的评价流量规模的指标包括 PV、UV 以及某些重要 banner 位的 click UV。这里页面 UV 和 banner 位的 click UV 是两种类型的流量，其来源场景不同，在应用中需要加以区分。UV 是用户页面浏览跳转的场景，而 banner 位的 click 是用户单击行为场景，当用户浏览页面并伴随对某些 banner 的单击时，使得两种流量记录之间关联起来。在分析评价时需要确定，是以页面为研究对象，还是以用户单击行为为研究对象来区分这两种流量。

在日常流量运营监控中除了对流量规模进行分析，还需要对跳出率、访问深度、访客获取成本等流量质量维度的指标进行评价。

- 跳出率：用户在某个范围内跳出的值与总访问次数的百分比。跳出率 = 跳出的访问 / 落地页访问。跳出是仅针对落地页发生的指标，用来评估用户进入网站后的第一反应情况。过高的跳出率意味着站外流量质量低或页面设计出现问题，导致用户不愿继续浏览网站。
- 访问深度：又称人均页面浏览量，用来评估用户看了多少个页面。访问深度 = PV/UV。访问深度是用户访问质量的重要指标，深度越深意味着用户对网站内容越感兴趣，通过访问深度可以横向比较产品各板块的用户黏度（见表 3-1）。

表 3-1 产品各板块访问深度

App 产品版块	浏览量（UV）	访客（PV）	访问深度
首页	1 124 360	120 000	2.5
分类	32 1000	107 000	3
发现	400 000	100 000	4
社区	525 000	105 000	5
我的	110 000	110 000	1

- 新访问占比：指该访问为用户第一次访问，而之前并没有访问，它是用来衡量新访问用户比例的。比例高意味着产品市场的扩大和新用户的不断引入。
- 访客获取成本：指在流量推广中，广告投放费用与广告活动带来用户数量的比值。

由于 SEM 流量在引流方面需要付费，且"烧钱"速度很快，一般的中、大型企业都会对自身网站 /H5 页面进行 SEM 推广，因此这里单独将 SEM 流量需要关注的指标拿出来进行介绍。SEM 推广包括购买关键词、投放、报表追踪效果、优化后持续投放这几个关键环节（如图 3-19 所示），其中报表追踪效果环节对于投放策略的调整与优化有十分重要的作用，下面主要针对该环节展开讲述。

图 3-19 SEM 推广关键环节

对于 SEM 流量效果的追踪可从站内、站外两方面来看（表 3-2）。站内方面指本企业的日志数据、业务数据等记录用户在本平台上的数据，由于投放链接带有跟踪参数所以可以追踪到单击链接用户的访问时间、省份、城市，以及后续访问、下单的情况，也可以追踪到是哪个关键词带来的访问。站外方面指投放管理后台对应的数据，投放后台可以帮我们追踪到投放关键词的曝光量、单击量、所付费用，但是不能帮我们追踪哪些关键词带来了订单及对应的金额（该部分数据在企业内服务器上）。通过解析来源页链接（链接中带有跟踪参数和投放关键词）与投放关键词进行匹配，从而将站内数据和站外数据打通，便于分析投放关键词带来的转化成交情况。

表 3-2 SEM 报表监控指标

数据来源	指标	指标解释
本企业的日志数据、业务数据	设备 id	标识用户设备，当用户在非登录状态下访问 SEM 链接时也可用于标识该用户
	用户 id	用户唯一 id，可用于追踪用户在访问 SEM 链接后的下单情况
	访问时间	用户访问 SEM 链接时间，当用户访问过多条链接时，可以最后一次访问链接作为分析的对象
	访问日期	用户访问 SEM 链接日期
	来源页链接	用户在搜索引擎搜索词语对应的链接
	落地页链接	来源页链接跳转后落到投放关键词对应的链接，该链接的配置参数包括投放的关键词
	客户端	用户访问设备，如 Windows、Android、iOS 等
	省份	用户访问时 ip 所在省份
	城市	用户访问时 ip 所在城市
	订单类型	带来投放转化的用户所下的订单名称
	订单金额	带来投放转化的用户所下订单金额
SEM 投放管理后台	对应投放关键词	带来转化用户访问的最后一条 SEM 链接对应投放的计划、投放组、关键词
	对应关键词曝光量	投放对应的展现数量，该条投放内容被加载出来，但用户不一定注意到
	对应关键词单击量	单击该条投放链接的数量
	对应关键词总费用	投放该条 SEM 链接的费用

对于上面的文字描述，这里通过一个例子来说明。对于某 SEM 链接：(https://www.xxx.com/?hmsr=baidu&hmpl=ty- 推广计划 -m&hmcu= 推广组 &hmkw= 关键词 &source=001）, 该条链接是 ××× 网站在百度投放平台投放的一条链接, 该投放链接中带有投放渠道的跟踪参数"source=001"，以及投放对应的计划、推广组、关键词。如果某用户访问过该链接后进行了下单付费，可以通过这个带来订单链接对应的投放参数与投放后台的投放关键词匹配，找到投放关键词的曝光、单击以及投放该关键词的付费情况，进而细化分析每个投放关键词的 ROI。对于低 ROI 的关键词减少投放，对于高 ROI 的关键词增加投放。

3. 营收类指标

营收类指标一般从订单和转化率两个维度去监控。其中订单指标用于衡量销量和收入，包括一定周期内的总订单量、下单用户人数、订单应付金额、订单实付金额、退款订单量等指标。转换率指标用于衡量页面的单击转化效率，如订单转换率 = 有效订单量 / 该页面访问 UV。

在企业日常运营报表中，一方面可以从各业务线营收的角度来关注不同业务的发展情况，另一方面可以从各渠道营收的角度来关注不同渠道的质量，优化渠道投放策略。

4. 渠道类指标

渠道存在海量的用户资源，是产品向用户转移过程的具体通道。举一个运营中常见的场景，如图 3-20 所示，某日订单数量环比突然减少，如何定位原因？

当产品业务线较多时，首先需要下钻找到哪条业务线上的产品订单下降，在找到下降明显的业务线后，进一步分析该业务线上产品的订单渠道，例如用户可在 App 端、H5 微信端、H5 商务合作页面、H5 支付宝合作页面、H5 的 SEO/SEM 渠道、Web 官网、Web 商务合作页面、Web 的 SEO/SEM 渠道等来源渠道进行下单，通过对这些细分渠道进行环比订单量统计可以找到是哪个渠道的订单量降幅明细。在定位到问题渠道后，进一步找到负责该渠道运营的人员定位具体原因。

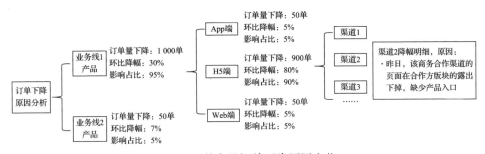

图 3-20　某产品订单下降原因定位

俗话说"无法衡量，就无法改进"，通过搭建渠道数据监控指标体系，对核心指标进行监控，一方面可以及时发现每日运营的渠道异常变化，另一方面可以对不同的渠道进行质量评级，使得渠道投放和策略更有针对性。表 3-3 为某产品的渠道监控运营日报，该监控日报从用户活跃、用户质量、渠道营收三个维度对产品每日运营状态进行了全方位追踪，下面我们将对这三个维度的指标展开详细讲述。

表 3-3　某产品渠道监控每日运营数据指标（示意数据）

渠道	指标	UV	日均UV	UV日环比	用户注册量	日均注册量	注册环比	订单量	日均订单量
H5	微信公众号	250 000	250 000	1.30%	25 000	25 000	0.10%	250 000	2 000
H5	支付宝服务窗	270 000	270 000	4.20%	26 000	26 000	-4.50%	270 000	2 500
PC	搜狗	265 000	265 000	-1.70%	27 000	27 000	16.80%	265 000	2 600
PC	百度	265 000	265 000	-2.10%	28 000	28 000	2.80%	265 000	2 700
...	...	...	...	...	...	...	...	...	...

渠道	指标	订单环比	付费订单金额	日均金额	金额环比	人均订单量	人均付费金额	次日留存率	7日留存率
H5	微信公众号	4.00%	250 000	250 000	13.40%	1.5	30	250 000	45.2%
H5	支付宝服务窗	17.60%	270 000	270 000	8.70%	1.6	40	270 000	37.1%
PC	搜狗	-5.80%	265 000	265 000	-10.80%	1.7	50	265 000	35.6%
PC	百度	2.50%	265 000	265 000	-3.00%	1.8	60	265 000	42.5%
...	...	...	...	...	...	...	...	...	...

❑ 用户活跃用于衡量渠道的获取用户能力和用户活跃水平，一般来说，由几个主要的渠道为该产品带来大量用户，其他渠道为该产品带来的用户

量相对较少，呈长尾分布，所以在日报数据监控这块需要重点关注前几个主要的渠道。需要主要关注 UV、日均 UV、日用户注册量、日均注册量等指标。其中日均的统计口径用于评价该渠道的整体水平，一般计算该指标的近 30 日均值。

- 对渠道用户质量的评价一般通过留存率来看，主要指标包括次日留存率、7 日留存率、月留存率等。这几个指标的计算口径如下：
  - 次日留存率 =（当天新增的用户中，第 2 天还登录的用户数）/ 第一天新增用户总数；
  - 七日留存率 =（第一天新增的用户中，在往后的第 7 天还有登录的用户数）/ 第一天新增总用户数；
  - 月留存率 =（第一天新增的用户中，在往后 30 天还有登录的用户数）/ 第一天新增总用户数。

  从我们关心的渠道用户留存来看，一定是那些在平台上有过消费行为的用户才能算作留存用户，而这些留下来的用户的行为就变得很重要。我们需要了解留下来的这批用户做了什么，在哪些方面可以拉升留存率。在这方面可以使用运营手段，譬如活动运营和精准营销推送信息就是可针对性提高留存的方式。

- 渠道收入用于评价从该渠道的盈利能力。主要从引入订单量、营收、下单的用户量、ARPU、用户复购率等角度衡量。其中复购率指一定周期内购买 2 次或 2 次以上的用户比例。复购根据时间区间不同可分为周、月、季、年复购率。渠道用户的复购率越高，该渠道带来用户的黏性越强。

5. 用户类指标

定义一套对用户的监控指标可从三个方面来考虑：一方面是用户类型，另一方面是用户的留存与流失，第三方面是建立用户画像。其中用户类型和用户的留存与流失类指标常见于运营监控日报、周报、月报等常规数据分析口径中，而用户画像则是一套对用户在产品使用过程中全流程记录的一套体系。关于用户画像体系如何搭建，我们在第 10 章中会有详细讲述，这里通过一个例子来了解其某个应用场景：通过对渠道监控日报的分析，运营人员发现某个渠道的用户整体质量较高，现在考虑将该渠道的非活跃用户（只有一次消费行为）转化为活跃用户（复购用户），这时需要借助用户画像，分析该渠道的活跃用户在平台的行为特征、消费特征，进而有针对性地对非活跃用户做定向精准营销。

下面介绍用户类监控指标的三方面指标：

- 用户类型：对于用户类型的划分重点在于按照合理的结构将用户细分成几类人群，并且每类人群都能体现该人群在业务上的特征。一般可将用户划分为新注册用户、活跃用户、流失用户、回访用户、付费用户等几类。用户分类的介绍在 2.3.1 节中有详细介绍，这里不再赘述。
- 用户的留存与流失：用于衡量产品对新用户的挽留能力，老用户是产品发展的基础，新用户是产品发展的动力。用户留存类指标包括次日留存率、7 日留存率、30 日留存率等。
- 用户画像：画像的重点在于结合产品业务特征，建立一套覆盖用户使用产品各关键版块的监控数据体系。在对某类用户进行行为分析时，可从多个纬度展开。如图 3-21 所示，通过建立针对某业务板块的用户行为标签表，全量捕获用户与业务相关的行为带来的标签，这样在需要分析某类用户群特征时，即可借助用户画像从多维度展开分析。关于如何搭建产品的用户画像体系在第 10 章中有详细介绍，这里不再赘述。

字段	字段类型	字段定义	备注
user_id	string	用户id	用户唯一id
org_id	string	原始id	标签对应的id
org_name	string	标签中文名称	标签对应的中文名称
cnt	string	行为次数	用户行为次数
date_id	string	行为日期	产生用户该条标签对应日期
act_type_id	int	用户行为类型	1 浏览 2 收藏 3 点赞 4 分享 5 加入购物车 6 下单
tag_type_id	int	标签类型	1 商品 2 食品 3 服装 4 快消品 5 ...

图 3-21 某业务线用户行为标签表

3.2.2 分析思路与框架

理清分析思路是撰写数据分析报告的前提，否则写出的报告会缺乏逻辑，只是业务统计数据的堆砌，无法对运营决策起到帮助作用。

相比于常规数据分析（如日报、周报等）宏观把握数据的趋势和异动，专题分析报告需要在微观层面对异动的数据指标进行细分、定位问题的原因并解决问题。例如针对某日商城营收下降的情况，需要定位问题原因，通过对比分析（与历史数据对比）、细分分析（对订单渠道、订单类型、订单来源等维度下钻分析）等分析方法可以完成对异常数据的分析和紧急需求的处理。

分析报告的框架结构包括总述、分述和总结三个部分，如图 3-22 所示。其中总述介绍了分析背景（为何要做此次数据分析）、分析目的（分析可以达到什么目的、解决什么样的问题）和数据来源（说明本次数据分析用到了哪些数据源）；接下来的分述是对业务从多维度层层展开论述，用数据和图表去论证观点；最后需要对报告做总结，核心观点的总结能够解决业务上的问题，并能提出针对性的建议。

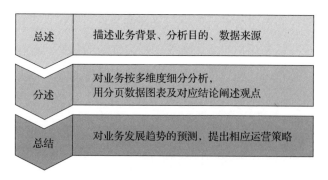

图 3-22　数据分析报告框架

通过理清分析思路，将复杂的问题结构化（可结合 3.2.1 节中的业务指标体系结构化展开分析），分解成各个组成部分、构成要素，并分别进行考察的认识活动，以找出问题的主线并解决问题。对业务、需求、问题进行分析，我们需要对问题进行细分进而找到原因。如果没有清晰的分析思路，就只能通过统计数据展示当前的变化情况，说不出关键点，更不能提出针对性的解决方案。

3.2.3 图表展现

图表的作用是向受众传递分析师心中想要表达的信息，这个信息可能是一个统计、一个结论、一种趋势或者某个异常情况。由于文字不便于直观解读，所以一般报告中不会出现大篇幅文字，使用图表和关键描述文字是很好的表述方式。好的图表自己会说话，Excel 提供了常用的图表工具，包括柱形图、条形图、饼图、折线图、散点图等。取到数据后，在结合业务实际的同时应当使用什么样的图表进行展现？根据图表可传递的信息，我们将其划分成比较分析、成分分析、趋势分析、分布分析、转化率分析等五类，如图 3-23 所示。

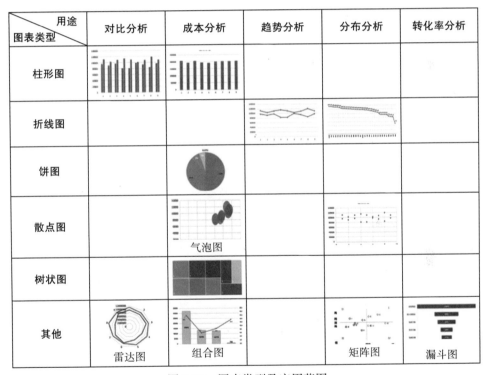

图 3-23　图表类型及应用范围

1. 对比分析

对比分析中常用到的图形包括柱形图和雷达图。当二维数据集只需要比较一个维度的时候，选用柱形图。通常柱形图的 X 轴表示时间或类别，Y 轴是维度数据指标的大小。当存在多维数据（四维以上），且每个维度指标可量化排序时，选用雷达图。通过雷达图可以比较多个对象在各种指标上的强弱。

2. 成分分析

成分分析用于比较各部分占整体的比例，常用饼图或树状图表示；当多组数据之间比较，同时需要查看成分构成情况时，可以使用堆积柱形图展示；在三维数据集中，用两个维度数据确定成分在坐标轴中的位置，用气泡的大小确定成分的重要程度时，可选用气泡图；当既需要查看成分构成，同时要了解变化趋势时，可选用组合图展示。

3. 趋势分析

趋势分析用于展现指标数据大小随时间变化的趋势。折线图适合二维的大数据集，尤其是趋势比单个数据点更重要的分析场景。

4. 分布分析

用两组数据构成多个坐标点，考察坐标点的分布，判断两变量之间是否存在某种关联关系时选用散点图。矩阵图是从多维问题事件中，找出成对存在因素，排成矩阵图。根据矩阵中点位的分布来分析问题，定位问题的形态。

5. 转化率分析

在业务流程规范、周期长、环节多的流程分析中为探究用户在各环节中的转化留存情况，选用漏斗图进行分析。通过漏斗各环节业务数据的比较，能够直观地发现和说明问题所在。漏斗图不仅能够帮助分析用户在业务流程中的转化率和流失率，还能揭示各种业务在网站中受欢迎的程度。

3.2.4　数据与结论

结论是联系业务进行数据分析推论得到的结果，是业务决策的依据，也是数据分析师分析价值的体现。一份数据分析报告里面如果看不到一条或多条有价值的结论，这份数据分析报告的价值就很难体现出来。

撰写的结论一方面是对前面数据论证与支持的总结，另一方面必须是结合业务实际而得出，如果脱离了业务，那么结论就只是统计数据的堆砌，并不能解释数据背后的含义。

主要结论由各个分论点支持，而各个分论点都由各论证数据支持，这样通过一层层关系，阅读报告的人也更加容易理解，增加了报告的可读性。数据分析师的价值体现在是否能结合业务来进行业务解读并给出结论，而不仅仅是描述统计数字。

3.2.5 报告布局与排版

一份合格的数据分析报告，在内容上应该是分析到位，语言简洁，建议措施符合企业目标和实际情况；在结构上应当是章节清晰，篇幅适当，逻辑严谨。数据分析报告通常包括标题、目录、前言、数据分析正文、结论与建议五部分。

1. 标题

报告标题要精简干练、概括性高，还要突出数据分析的主题。例如，针对客户转化率事项，如果是月度或季度等日常分析，报告标题可以是"客户转化率月度/季度分析报告"，如果是针对问题的专题分析报告，则报告标题可以是"客户转换率过低的分析报告""××环节客户转化率下降原因分析"等。

如果报告比较正式，或是报告内容较长，标题和目录可以分别单独一页，并在标题下面列出报告的编制部门和编制日期，如图3-24所示。

2. 目录

目录的作用是提纲挈领，帮助阅读者快速了解报告的整体结构，并能准确定位到自己重点关注的部分，因此，对于一些内容层次较多的分析报告，应当在标题后面设置目录。

图 3-24　PPT 数据分析报告封面

目录不应设置过细，最多不宜超过 3 级。过多的层级会让人眼花缭乱，无法起到提纲挈领的作用，如图 3-25 所示。

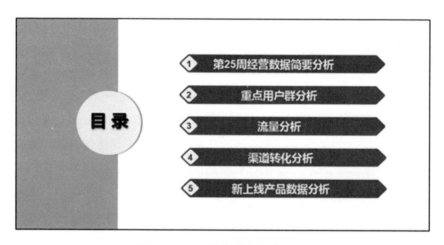

图 3-25　PPT 数据分析报告目录

3. 前言

前言是分析报告正文的起始部分，主要作用是对项目分析背景、项目目标及数据来源进行简单介绍，主要回答如下几个问题：

❑ 为什么要实施此次项目优化/数据分析？

❑ 存在的主要问题是什么？
❑ 本次分析的数据来源是什么？

图 3-26 是针对公司中高端客户流失率过高问题进行分析这个项目报告的前言部分。

分析概述

背景
用户是企业产品赖以发展的基础，用户的数量和质量的增长是提升企业竞争力的有效手段。近段时间企业的重点用户流失率高达10%。针对此问题，数据运营部门从重点用户群近期消费行为、线上流量来源、流量转化等维度进行深入分析，并提出相应优化建议。

时间范围
2017年6月5日 — 2017年6月11日

数据来源
客户基础信息表、商品信息表、商品订单宽表、客户消费订单表、客户购买类目表、客户购买商店表、客户活动信息表、客户访问信息表、埋点数据表

图 3-26 PPT 数据分析报告前言

4. 数据分析正文

在分析正文的每页 PPT 内，主要包括标题栏、论述图、论述文字三部分内容。标题栏是每页 PPT 所述内容的主线，每一页只阐述一个分析主题，并在标题栏里讲清楚。至于对论述图和论述文字的编排，可采用简洁明了、行之有效的 12 格排版法。即将一页空白 PPT 划分为 3 行 4 列大小相同的格子，用不同的组合方式去填充这 12 格区域（如图 3-27 所示）。

5. 结论与建议

通过分析定位到问题的原因，接下来先确定要解决的主要问题，然后针对该问题，项目团队要结合业务尽可能多地提出解决方案，再通过矩阵分析、失

效模式分析等分析方法进行验证，选择一个能够实现预期目标的最优方案。该方案要有一定的前瞻性，且措施切实可行。

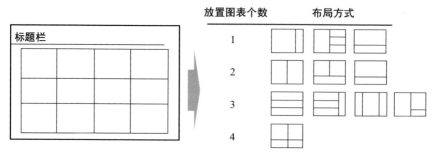

图 3-27　PPT 数据分析正文排版

3.2.6　PPT 随 Excel 模板自动更新

数据运营分析的日常工作中，每周要出周报，月底还要出月报，虽然报告的格式都一样，但是每次都需要在 PPT 中手动更新数据，非常麻烦，有什么方法可以使我们每次在 Excel 中更新好数据，PPT 中就自动生成相应图表呢？其实办法非常简单，跟着本文的操作步骤，只需三步即可掌握 PPT 关联 Excel 的方法。

Step 1：复制 Excel 中的相应图表

在 Excel 选中对应做好的图表（不是数据源），右键选择复制。

Step 2：在 PPT 文件中粘贴图表

打开 PPT 文件，依次按图 3-28 的步骤进行操作。

此时 PPT 文件中的图表与 Excel 中的对应图表已建立起连接关系，在 Excel 中更新对应图表时，PPT 中的图表也会同步改变。

Step 3：更新 Excel 中数据

如图 3-29 所示，当我们在 Excel 中选择日期控件改变选择日期时，PPT 文件中对应的趋势变化图也会同步改变。

第 3 章 报表：数据管理模板

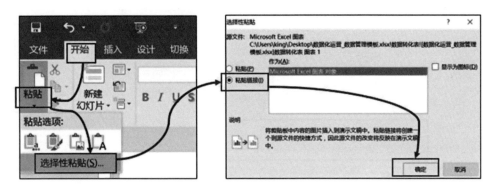

图 3-28 将 Excel 中图表同步链接到 PPT 中

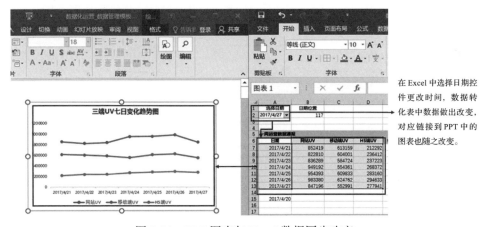

在 Excel 中选择日期控件更改时间，数据转化表中数据做出改变，对应链接到 PPT 中的图表也随之改变。

图 3-29 PPT 图表与 Excel 数据同步改变

3.3 本章小结

日报、周报、月报是数据运营人员的日常工作重点之一，在这类日常报表的工作中理清分析思路并形成一套结构化的思维是关键。本章通过梳理企业业务指标，搭建符合业务场景的数据监测分析体系与数据管理模板，可以完成对日常数据的监控、分析与管理。

应 用 篇

- 第 4 章　理论：数据分析方法
- 第 5 章　案例：竞品数据对标分析
- 第 6 章　案例：某互联网医疗产品用户特征分析
- 第 7 章　案例：RFM 用户价值模型应用
- 第 8 章　案例：用户流失分析与预测
- 第 9 章　案例：站内文章自动分类打标签

第 4 章

理论：数据分析方法

4.1 数据分析理论模型

很多时候我们听到模型两个字会觉得需要高深复杂的技术才可以实现，但实际上并非如此。任何对现实的抽象都可以称为模型。数据分析模型可以理解为对数据分析思路的抽象。

数据分析的理论模型分很多种：比如针对具体的业务问题，通过数学算法等方式来输出计算结果的挖掘算法模型，如预测、聚类、文本挖掘等，这一块在第 6 章~第 8 章中会详细介绍，并将通过案例来让大家容易理解；比如按一定的业务逻辑模型，通过一些指标的内在联系组合起来的可分析问题的模型，如 AARRR 及 RFM（AARRR 在 2.1.3 节介绍，RFM 在第 7 章介绍）；再比如数据库模型，这个比较偏结合业务来对底层数据进行整合，本书不对其进行详细介绍；接下来还有一块比较重要的模型，就是逻辑模型，这也是我们本章要讲的重点。

所谓逻辑模型，指的是通过一定的逻辑来分析具体问题的模型。常用的逻辑模型有 4P 营销理论、5W2H 分析法、PEST 分析方法、SWOT、杜邦分析法、逻辑树模型、金字塔原理、PDCA 循环规则、SMART 原则、二八原则等，下面我们来了解一下其中的部分模型。

4.1.1　4P 营销理论

4P 营销理论是密西根大学教授杰罗姆·麦卡锡（E.Jerome Mccarthy）在 20 世纪 60 年代提出的。这个理论将营销组合的要素分为产品（Product）、价格（Price）、促销（Promotion）、渠道（Place）四要素，使得营销简化并方便记忆和传播，如图 4-1 所示。

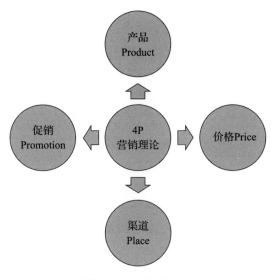

图 4-1　4P 营销理论

- 产品：通常我们理解的产品是有形的，看得见摸得着的实物，这是狭义的定义。实际上产品可以是任何在市场存活的，满足用户某种需求的东西，它可以是实物，也可以是服务、人员、技术、组织、智慧等或以上若干种的组合。
- 价格：价格指产品的销售价格。说到价格，不得不谈到产品的定价方法，比较常用的有成本加成法、目标利润法、组合定价法等。产品的定价关系到目标利润的达成及销售效率的提升等，定价不仅和产品的成本有关，还与产品的品牌溢价、市场的贸易壁垒、市场供求相关。
- 促销：促销指的是通过发放优惠券、打折、满减、包邮、在某基础上减免其中一件商品的最低价等手段来促进用户消费，从而促进销售的增长。
- 渠道：渠道是产品从生产者到达用户所经过的各个环节，比如某医疗公司保险产品的销售渠道可以包含健康管理类咨询公司、银行、国企等。比如某APP推广包含地推、应用商店推广、和运营商合作等，这些均为渠道。

通过4P理论来分析公司的整体情况，可以对公司的整体业务进展有较为清晰的了解。下面用4P理论来搭建公司整体业务的营销分析框架，如图4-2所示。

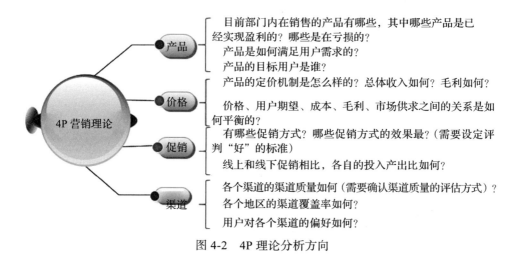

图4-2 4P理论分析方向

图4-2中只是举了若干示例，具体公司可具体分析，分析的细节需要根据业务场景展开。

4.1.2 5W2H分析法

5W2H是以5个以W开头的英文单词及2个以H开头的英文单词为缩写的简称，该方法是通过对原问题不断提问，在问题的回答过程中寻找解决问题的办法，5W2H的具体示意图如图4-3所示。

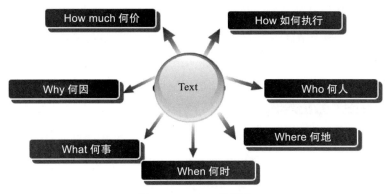

图 4-3　5W2H 分析法

5W2H 分析法简单易操作，在实际使用过程中很容易理解，形成这种结构化思维后我们可以按 5W2H 来描述事情，尤其是向领导汇报的时候，这样便于倾听者抓取重点。

下面我们可以举一个应用的场景，比如某公司需要整合各个业务部门的数据，这就需要将业务场景、财务数据打通，并通过将数据分析思路产品化，将整合好的能够反映公司业务开展进度及业务健康程度的情况展示给管理层。此时我们首先根据 5W2H 将整个项目清晰的框架画出来（如图 4-4 所示），然后在该框架下完成具体内容的叙述与填充。

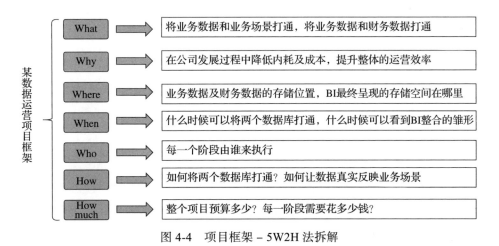

图 4-4　项目框架 – 5W2H 法拆解

上面介绍的场景是数据运营整体框架中用于项目管理的一个示例，使用5W2H 分析方法能很清晰地知道需要往哪些方面去思考和展开分析，帮助理清分析思绪。

4.1.3 PEST 分析方法

PEST 分析方法一般用于对宏观环境的分析，一般指的是通过对这四类外部环境——P（Political，代表政治环境）、E（Economic，代表经济环境）、S（Social，代表社会环境）、T（Technological，代表技术环境）的分析来把握整体宏观环境，从而评估对企业业务的影响方向。由于行业与企业有不同的特点，故分析的时候也会结合不同的内容来进行分析。

P（政治环境），通常包括国家的社会制度、执政党的性质、政府的政策、法令等。这个对行业及企业的影响都是巨大的，一般政策颁布之后，相关的产业会受到非常大的影响，这种影响通常都是断崖式的。一旦政策有变化，公司的业务就得随之变化。国家政策支持的要大力开展，国家政策不允许涉猎的坚决抵制。也因此很多从商人士都会关注新闻联播，关注各种时事，有些受政策影响大的行业（如互联网医疗）还会有专门的人来研究国家领导的讲话，研究各个政策对行业的影响，来为高层领导做决策提供方向性指导。作为数据分析人员，除了自己需要实时关注之外，也可以向专门做宏观环境影响分析的同事了解情况，或多与领导沟通了解政策、法令的变化情况。

E（经济环境），看的是整体趋势，一般分为宏观环境及微观环境两个方面。宏观环境主要指国民收入、国民生产总值等关键因素的变化情况，了解国民经济发展水平及国民经济发展速度。微观环境一般指的是目标群体的收入、消费、储蓄等情况。比如，如果同一个行业的所有企业都同步表现出营收下降，企业内部各个业务线、各个团队不论处于何种进度，营收的变化情况也是下滑的，那这个很有可能是经济环境带来的经济下滑。这个时候我们可以看看 GDP 的走势，是不是和企业、行业的营收走势一致。在平时也可以观察 GDP 和营收的走势是否相符。如果 GDP 一直在上涨，而企业营收一直下滑，那么就需要好好定位原因，找出问题点，为决策提供依据。

　　S（社会环境），一般用来看各个客群的规模及规模变化。通常研究的是人口环境及人口文化水平，人口环境一般是看人口规模、年龄结构、人口分布；文化水平因为和人口所处的需求等级密切相关，故一般研究收入分布、生活方式、购买习惯等。比如最近非常热的消费升级，大家收入增加之后就会追求更高的享受，追求更优的商品质量与商品服务，体现在数据分析上就是看客群的变化，对应客群客单价的变化。研究清楚可对现环境的客群有精准的认识与定位，在对用户群体进行精准定位之后，也可以研发合适的产品，精准地推送，提高转化。

　　T（技术环境），一般指的是新技术、新工艺及新技术新工艺在某些方面的应用。这个模块主要影响的是渠道及资源的智能整合。放在公司层面来说，是需要通过新技术的变革来评估公司的成本，选取合适的技术来控制成本。比如渠道，原来我们只能通过实体店来销售物品，这个会拘囿于地理位置及资源的限制，现在因技术的革新网上店铺已成为可能，因这种可能，大大减少了实体房租水电的支出，可以节约成本把钱花在更需要的地方；或者原来我们了解一个产品可能更多是基于一些电视广告或一些实体位置安置的广告，但现在因技术的革新，可以通过 App 上的 banner 位、通过自媒体的内容、通过 Wi-Fi 热点的连接等各种渠道来让用户了解我们，熟悉我们，用新技术来使成本的宣传效果最大化。比如资源的智能整合，在所有医疗基础知识的储备下，在病例数据足够完备的情况下，利用 AI，将所有的病种对应的常规症状及相应的建议等设定成智能化的语音或文字问答，可以大范围解放劳动力，且借助科技能快速精准地定位问题，最大程度地用最少的成本来快速服务于更多的患者。

4.1.4　SWOT

　　SWOT 是战略分析的一种方法，它主要是通过分析企业自身的优势、劣势、机会和威胁，通过内部影响因素与外在环境的分析来为企业战略提供参考。S（Strength）代表优势，W（Weakness）代表弱势，O（Opportunity）代表机会，T

(Threat) 代表威胁，其中，S、W 是内部因素，O、T 是外部因素。在分析外部环境时可以从宏观环境、行业环境、竞争环境来着手。如图 4-5 所示。

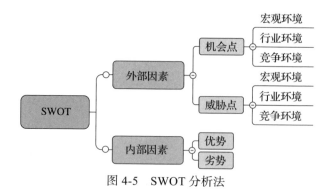

图 4-5　SWOT 分析法

在具体的分析中，所有的元素分析会需要根据企业的主营业务及发展阶段来评估具体的点的重要性，根据不同的重要性来做决策。

这里通过一个例子来提供分析思路，结论需要根据企业的具体情况来分析。比如作为挂号类 App，应该如何找到自己的发展定位。

首先从外部因素来看，确认自己属于什么行业，明确这个行业中我们的竞争对手是谁？行业里面的标杆是谁？市场需求如何？行业趋势如何？宏观环境如何？在了解这些概况的基础上再细化问题：①竞争对手都在做什么？接下来打算做什么？②用户的痛点是什么？用户对当前产品有什么不满？③行业最重要的趋势是什么？④政策导向如何？

接下来从内部因素看，与竞争对手比，我们的核心竞争力在哪里（是用户还是技术，是医院号源比别人多还是服务比别人好？）？劣势在哪里？

然后根据分析的结果来定位重要程度组合，结合具体细节项，提供可能的策略。比如从 S 及 O 来看，假设长期积累的挂号用户有问诊需求，产品可以引进医生来坐诊，这个作为产品改进来考虑；比如从 W 和 O 来看，挂号 App 本身不产生号源，但可以提供技术，打通线下和线上，或者医院本身想自建号源池，却无专业技术团队，此时挂号 App 的团队为实体医院做技术支持，赚取技术服务费也是不错的业务方向。

4.1.5 逻辑树

逻辑树是将问题一步一步拆解，将某已知问题的影响层当成已知问题的树枝，每多一个影响层，则添加一个树枝，直到列出已知问题的所有影响层为止。且各逻辑树枝之间的关系需要"相互独立、完全穷尽"（MECE）。树的主要作用是帮助分析人员理清分析思路，针对特定的问题有的放矢。这是一种梳理分析思路的方法，下面以一个应用场景来举例说明。比如要分析某 App 用户流失的原因，穷举用户流失的影响因素，做出逻辑树，如图 4-6 所示。

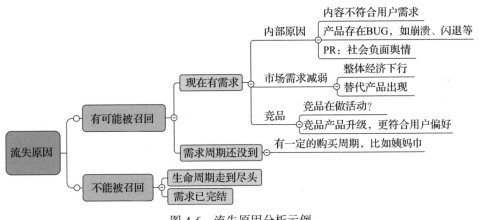

图 4-6 流失原因分析示例

举例场景只是可能的原因，具体分析中可能需要根据业务场景加以调整。

4.2 数据分析方法与运用场景

上一节我们了解了偏理论的数据分析方法论，这个对于数据分析是方向上的引导，相当于战略；这一节我们来了解具体的分析方法，这个偏向于解决问题中具体的实施过程，相当于战术。

4.2.1 多维分析

多维分析实质是细分分析，在越来越讲究精细化运营的今天，多维分析的作用越来越重要。此处我们讲的多维分析主要基于两个方向展开：一个是指标，指标的细化；一个是维度，维度的多元，如时间维度、竞品维度等。细分的主要目的是为了发现问题，管理层通常看的是综合指标，总值，但通常这些总值无法真正地发现问题。而运营通常是需要做具体运营策略执行的人，他们需要根据具体的、细分的数据来支撑决策方向。比如从用户角度来看，我们知道每天来访问的用户是 100 万，每天购买的用户是 1 万，但这 100 万个用户是通过什么渠道知道平台的，在平台哪个模块停留的时间长，哪个模块的转化率高，哪个产品流程比较受用户喜爱，这些是无法通过总值来发现的。只有通过指标细分，才能有足够多的信息，来判断下结论。

所谓指标，指的是用来记录关键流程的，衡量目标的单位或方法。指标的细化需要根据对业务的深入理解来拆解，公司通常会分很多业务线，每条业务线都会有相应的团队来支撑，每个团队都会涉及相应的流程，每个流程都能用相应指标来监控对总 KPI 的贡献。比如某个部门的 KPI 考核指标为营收，这个部门的主营业务是 toC 的商品销售，主要的业务路径是：

流量引入→精准匹配→实现转化→营收

具体对 KPI 的拆解按如下形式来进行：

商品营收 =（新用户数 + 老用户数）× 商品订单转化率 × 客单价

新老用户可以再细分客群，比如孕妇群体、运动爱好者、学生、白领等，商品订单可以细分商品的类型、商品的价格、商品的供应商、商品的品牌影响力等。再通过对一系列业务路径的转化漏斗的量化观察，辅以渠道细分等分析手段，可以帮助业务团队快速定位问题，并寻求最优的提升方案。在这个过程中，可以追踪用户从流量导入到整个生命周期的表现，根据不同的指标细分，来考察用户的行为处于什么阶段。比如如果需要持续维护老用户，则需要对用户进行会员等级的细分，对价值高及活跃高的用户进行识别打标，方便运营对这批用户施行特权激励、特殊关怀等形式来留住用户。逐步对用户群体按质量划分，建立针对不同用户的个性化运营方案。同时，根据不同的指标来判断用户处于生命周期的哪些阶段，针对不同阶段采取不同的运营方式，引导用户关注或使用不同的促进活跃的工具，使沉默或者即将流失的用户重新进入平台产品的转化通道。

所谓维度，即观察指标的角度。维度指标独立存在对于业务来说没有什么意义，所有的维度指标都得在熟知业务的情况下具体划分，每一个分析维度都必须有其存在的意义，这样运营人员才会觉得数据有用，才会认可数据分析师的工作。常用的网站分析的维度包括时间（如时、日、周、月、季、年等）、地理位置、来源、渠道、浏览器、关键词、竞品等。常用的业务指标模块的维度含时间、省份、业务线等。

比如按分时来细分的指标，一般用来看业务的分时量级，如果是供需层面的，该维度的细分可方便运营了解在什么时间段用户量级比较大，什么时间段是闲区，方便运营合理安排供给量，进而既能足够满足需求，又能最大化地节约成本、控制费用。从竞品来看，同一个指标，我们量级是多少，竞品量级是多少，行业标杆是多少，还差多少可以赶上行业标杆，具体差在哪些方面等总结之后，则能针对性地进行优化改进，对有优势的点进行品牌宣传，增加正向影响力。

4.2.2 趋势分析

俗话说，有对比才有分析。这是趋势分析的精华所在。下面我们从比较常用的两类趋势分析来介绍一下。

1. 基于时间对比的趋势分析

趋势分析是同类指标基于不同时间周期的对比，主要分为同比及环比。环比指的是与相邻的上一周期做对比，周期可以是分、秒、时、日、周、月、季、年等。比如周环比，指的是本周与上一周的对比。和同比相关的常用指标为环比增长率：

$$A \text{ 指示环比增长率} = \frac{\text{本周期 } A \text{ 指数值} - \text{相邻的上一周期 } A \text{ 指标数值}}{\text{相邻的上一周期 } A \text{ 指数值}}$$

同比指的是两个周期同一个时间点的比较，目的是追踪周期性的变化。

$$A\text{ 指示同比增长率} = \frac{\text{本期} A \text{ 指标数值} - \text{上一周期同期} A \text{ 指标数值}}{\text{上一周期同期} A \text{ 指标数值}}$$

我们通过一个例子来理解这两个口径的区别，如 2017 年 10 月的月同比，指的是 2017 年 10 月和 2016 年 10 月做对比，而 2017 年 10 月的月环比，指的是 2017 年 10 月和上一周期 2017 年 9 月做对比。假设业务方想要看某主营业务的销售额情况，用以评估现阶段该业务的发展健康程度。

通过和业务方确认销售额的核算方式及口径，看数据是否已经落入数仓，如果相关业务的表已经落入数仓，用 SQL 从数据库提取出销售额及相应的同比增长率、环比增长率，或者直接提取出销售额，用公式直接计算同比增长率、环比增长率，所得数据如表 4-1 所示。

表 4-1 趋势分析示例

月份	销售额	同比增长率	环比增长率
12 月	10 031 245	2%	2%
1 月	9 892 682	−1%	4%
2 月	9 872 682	0%	3%
3 月	10 002 682	1%	11%
4 月	10 007 302	0%	10%

将提取出来的数据用图表展示出来，便于读者直观感受数据。由于同比增长率和环比增长率的单位和销售额不是一个量级，故此处用次坐标轴来区分二者量级。具体操作详见可视化章节。

从图 4-7 中可以看出：12 月份的销售额为分析的 5 个月内的最高值，这个需要和业务方确认，该业务是否做了类似双 12 的促销活动，经确认，确实做了类似促销活动。从数据来看，1 月和 2 月的销售额下降得厉害，在企业运营平稳进行，大环境也没有异常的前提下，间接说明该类型的促销活动对接下来两个月的销售额有提前透支的作用。运营可能需要通过其他活动来提升销售额。销售额连降两月之后，运营意识到问题比较严重，通过会员体系加大力度维护，最终使得老客重新回归。另外，有可能 3 月份销售额的回升跟该业务的生命周期有关系，这个需要再次细分识别。比如通过用户之前的行为来确定用户购买产品大致的生命周期及用量，来评估是不是3月部分用户在12月买的商品正好用完了，这批用户比较信任该商品品牌，故选择复购。这个是了解业务的情况下，根据数据来讲的一个简短的故事，不同的业务场景下，故事线可以不同。

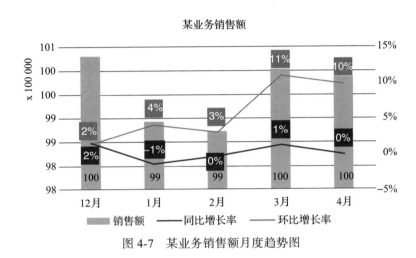

图 4-7　某业务销售额月度趋势图

2. 基于趋势线的趋势分析

　　趋势线的目的主要是为了用最直观的方式来显示数据的趋势及预测未来的走势，趋势拟合线的结果一般是通过回归得到的。在 Excel 中，现在已经可以在呈现的图形中直接添加拟合线，评估数据的趋势。下面以某网战的用户 MAU 为例，来说明如何实现该操作。

　　先制作一个简单的柱形图，选中柱形图，选择设计→添加图表元素→趋势线，如图 4-8 所示，然后会出现几个选项：线性趋势线、指数趋势线、线性预测线、移动平均、其他等。此时我们该选择哪个选项呢？有一个常用的判定规则。如果数据呈均匀分布，没有长尾骤升骤减的趋势，一般选择线性趋势线即可。如果数据一开始增长非常快，然后增速放缓，此时一般选择对数趋势线（在"其他"里面选择）；如果数据一开始增长比较缓慢，然后变化比较迅猛，则选择指数趋势线；选择预测类趋势线的话会根据现有数据走势对数据将来的走势做一个预判；

移动平均趋势线一般是在我们无法评估数据的变化程度时，根据数据的实际情况拟合的反映数据趋势变化的线。此处因数据量小，变化比较平稳，直接选取线性预测线。然后调整一下图片的样式，添加数据标签，得到如图4-9所示的趋势图。

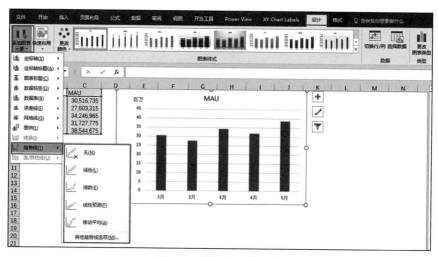

图 4-8　趋势线操作步骤

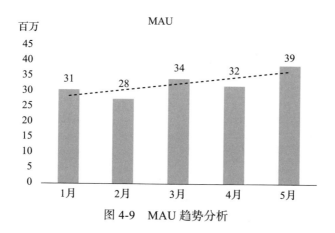

图 4-9　MAU 趋势分析

从图4-9中可以看出，近5个月该产品的MAU呈线性递增趋势，对该关键指标的整体运营效果见好。当然要具体评估不断增加的MAU的后续转化、后续质量情况，进一步构建合适的指标来进行分析。

4.2.3 综合评价法

综合评价法是通过将多个指标整合成一个综合指标来进行评价的方法。比如国家发展水平、支付宝的芝麻信用、某医疗 App 的医生热度等，均可用综合评价法来实现。常用的综合评价方法分为主观和客观两类，主客观的说法主要是基于权重设定方法而言的。

综合评价法的特点表现为：①评价过程是通过一些特殊的方法，按指标的重要性对多指标加权，多个指标的评价是同时完成的，而非一个一个逐次完成的；②在多指标整合进综合评价指标的过程中，会涉及权重的设定；③综合评价法生成的综合指标不再是单纯意义上的单个指标的意思，而是多个指标的综合反映。

由于权重的设定会直接影响综合评价法的可信度，故接下来我们了解一下综合评价法权重的设定方法。权重的设定主要分两种：一种是客观赋权法，如变异系数法、熵值法、主成分分析法等；另一种是主观分析法，如专家赋权、层次分析法等。下面主要介绍几个常用的客观赋权方法。

1. 变异系数法

变异系数也叫标准差率，是衡量样本观测值变异程度的变量。使用变异系数来衡量变异程度的优势在于可以忽略量纲及量级不同带来的影响。如果通过一个指标可以明显区分不同的样本，那么为了提高综合评价指标的效度，这个指标应该会有更大的权重，反过来，如果样本在某个指标的表现上没有特别明显，即该指标区分样本的能力较弱，则应该给这个指标赋予比较小的权重。因此，可以用相应指标的变异信息大小来确定权重。

此处以常用的标准差系数来表示指标的变异信息，用变异系数法 CV（Coefficient of Variance）来举例说明，具体的算法如下：

$$CV_i = 样本标准差 / 样本均值 = \sigma/\mu$$

为了让各个系数加起来等于 1，需要对变异系数做归一化处理最终的权重为：

$$W_i = CV_i / \sum CV_i$$

2. 熵值法

熵的概念来源于热力学，后来 Shannon 将其引入信息论，用以表示对不确定性的一种度量。信息熵一般用来反映信息量的大小，信息量越大，不确定性越小，熵就越小；反之，信息量越小，不确定性越大，则熵就越大。熵值法可用来对多个样本下的不同指标赋权，来衡量指标的离散程度，从而衡量指标对综合评价指标的影响。熵值法作为一种客观的加权方法，数据本身的离散程度会对权重有比较大的影响。

假设有随机变量 X，对应的值分分别为 $x_1, x_2, \cdots, x_n$ 对应的概率分别为 p_i，信息熵为：

$$e = \frac{-1}{\ln n} \sum_{i=1}^{n} p_i X \ln p_i$$

假设有 n 个样本，m 个指标，x_{ij} 为第 i 个样本第 m 个指标的值。因为不知道样本对应的具体指标的概率，此时我们要计算具体指标的熵，可以用 m 指标下 n 样本对应的指标值占该指标总值的比率来表示。这样处理相当于对数据进行了标准化，将绝对值指标处理成了相对值指标，消除了量纲的影响，即：

第 x_{ij} 指标的比重 p_{ij} 为：

$$P_{ij} = \frac{X_{ij}}{\sum_{i=1}^{n} X_{ij}} \quad (n \text{ 为样本个数})$$

计算第 j 项指标的熵值：

$$e_j = \frac{-1}{\ln n} \sum_{i=1}^{n} p_{ij} * \ln(p_{ij}), j = 1, 2, \cdots, m$$

各项指标的权重：

$$W_j = \frac{1 - e_j}{\sum_{j=1}^{m}(1 - e_j)}, j = 1, 2, \cdots, m$$

最终得到各个样本的综合得分：

$$S_i = \sum_{j=1}^{m} W_j\, p_{ij}, \text{ 其中 } i = 1, 2, \cdots, n$$

3. 主成分分析法

在具体的分析中，很多影响因素可能会存在信息重复的情况，造成多重共线性等影响，无法真实反映分析结果。通常这种情况下，需要从很多指标中找出几个互相独立的综合变量来反映被解释变量的大部分信息，主成分分析法这种"降维"方法应运而生。即在很多指标中找出它们之间的联系，通过线性组合将各个主成分变成原始变量的组合，用这些组合来描述样本方差。

假设 $x_1, x_2, \cdots, x_p$ 是 p 维随机变量，通过线性组合将 p 个变量转化为 p 个新的指标，这个过程即为主成分分析。

$$F_1 = u_{11}x_1 + u_{12}x_2 + \cdots + u_{1p}x_p$$
$$F_2 = u_{21}x_1 + u_{22}x_2 + \cdots + u_{2p}x_p$$
$$F_p = u_{p1}x_1 + u_{p2}x_2 + \cdots + u_{pp}x_p$$

主成分模型需满足如下条件：

1）各主成分对应的系数的平方和为 1，即：

$$u_{11}^2 + u_{12}^2 + \cdots u_{1p}^2 = 1$$
$$u_{21}^2 + u_{22}^2 + \cdots u_{2p}^2 = 1$$
$$\vdots$$
$$u_{p1}^2 + u_{p2}^2 + \cdots u_{pp}^2 = 1$$

2）各主成分间相互独立，即各主成分间的信息是不同的，从数据角度来解释：任意两个不同的主成分之间的协方差均为 0。

3）主成分的方差随解释方差的能力递减而递减，即第一主成分的方差最大，从第二主成分开始一次递减。

可以通过 R 的 Principal Components 来直接进行主成分分析。

4.2.4 转化分析

转化分析用于分析产品流程或关键节点的转化效果，常借助漏斗图展现转化效果。漏斗图是一种外形类似漏斗的可视化图表，该方法可以直观追踪产品的整体流程，追踪业务的转化路径，追踪不同生命阶段下的用户群体表现。通过一系列转化率的分析,可以迅速定位问题,方便运营及时调整运营策略。

漏斗图的主要运用场景有:①产品流程的关键路径转化追踪,比如电商常用的购买流程;②业务价值路径的转化流程追踪,比如常用的AARRR模型的价值转化追踪;③虚拟流程类指标追踪,比如按生命周期区分的不同生命周期阶段的用户流转形态追踪。

下面分别针对流程及AARRR转化场景来举例说明。

1. 针对流程场景

例如某互联网医疗公司某项业务的业务流程步骤,如图4-10所示。

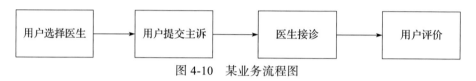

图4-10 某业务流程图

上一步流程转化率 = 当前步骤的用户 / 上一个步骤的用户 ×100%

总体用户转化率 = 当前步骤的用户 / 流程开始的用户 ×100%

具体呈现如图4-11所示,从图中可以直观地看出每一步整体的转化率及上一步的转化情况。比如用户整体的主动评价率比较低,再细分是哪部分用户主动评价行为较低?哪部分医生主动评价率较低?是没有主动评价提醒,还是没有主动评价激励措施?因为主动评价是对平台服务的监督,也是对医生服务的正向反馈,如果能优化这部分,既可以激励医生,又可以给别的用户以参考,带来间接传播效应。

2. 针对AARRR模型转化场景

AARRR是Acquisition、Activation、Retention、Revenue、Refer这五个单词的首字母缩写。它主要阐述的是用户从获取到激活,到留存,到产生营收,到口碑认可正向传播的一系列闭环效应。这些基于AARRR不同转化节点的分析,可以定位从流量引入到病毒式传播是哪个转化节点产生了问题,再根据相关指标细分下钻,定位具体的原因。

第 4 章　理论：数据分析方法

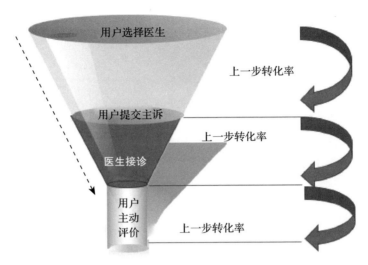

图 4-11　用户问诊转化漏斗分析

比如某产品各关键节点的转化情况（示意数据），如表 4-2 所示。

表 4-2　某产品各转化节点转化率

步骤	用户数	总体转化率	上一步转化率
激活	10 000	100%	—
注册	8 500	85%	85%
活跃	6 000	60%	71%
购买	2 000	20%	33%
传播	700	7%	35%

将相关转化率做成可视化图表呈现出来，能够比较直观地跟踪各转化节点的转化率。也可以针对各转化节点来细化分析，看是否有提升空间，如图 4-12 所示。比如 AARRR 传播率这一块，由于用户的主动传播能大大节省用户的拉新成本，所以可以细化研究。比如用户传播之前购买了平台的什么商品或服务？传播时看了什么内容？这些内容有什么样的特征？传播的用户群体有什么样的特征？在这些细化分析之后再根据具体的运营场景设想可行的运营策略，并考虑可执行性向运营提供具有这些特征的内容及用户群体，供运营参考。

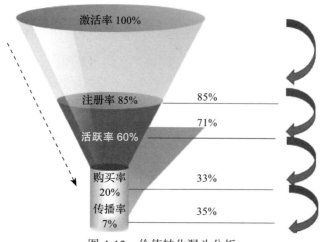

图 4-12 价值转化漏斗分析

4.2.5 数据挖掘方法

常用的数据分析方法除了上述的多维分析、趋势分析、转化分析等基于统计类的方法外,一些深层次的问题需要借助数据挖掘的方法来实现,如聚类、分类、回归分析等。数据挖掘方法的主要作用是挖掘数字背后隐藏的信息、规律,这些方法也并不一定就比普通的数据分析方法高级。实际上,创业型互联网公司在数据挖掘方面的应用并不广泛,除非各个业务条线各个模块的数据已经完成了积累,对各种脏数据做了清洗,相关模块的数据也已推动建设完毕,这时候数据挖掘才能派上用场。在数据驱动运营的过程中,更重要的是我们要明白哪种方法对运营决策有帮助,然后选取合适的方法来分析。

常用的分类方法包括贝叶斯分类、决策树分类、KNN 分类、逻辑回归等方法,常用的聚类方法包括 K-Means 聚类、层次聚类方法。

4.3 可视化:常用图表的特点及适用场合

图表是图形与表格的简称。常用的图表分为饼图、条形图、雷达图、柱形图、散点图、折线图等,及由此延伸出的一系列其他的图表。前面第 3 章提过,如果呈现是需要比较各个部分占整体的比重，通常采用饼图来可视化呈现；如果既需要对多组数据进行比较，又需要查看成分构成时，可选取累加柱形图来进行展示；当需要查看时间趋势或排序之后的分布时，可用柱形图或条形图；当需要看两组数据之间的分布关系时，可用散点图，并可借助趋势线来看指标数值之间的关系；当有多重数据需要比较时，可以采用雷达图。下面选取几种常用的可视化方法来进行介绍。

4.3.1 环形图

环形图主要是由两个或两个以上的饼图重叠在一起，并挖掉中间的部分。环形图的出现主要是为了既能传达有用的信息，比如显示各个部分与整体的比例，或显示某一部分的完成程度，又让传达的信息看起来美观大方。下面介绍制作环形图的方法。

以 Excel 2016 为例，假设某电商公司需要查看某类生活用品（具体的品类为毛巾、牙刷、浴帽）在某一段时间周期内的销售占比，此时我们可以用环形图来显示各个品类占总体的比例情况。选中所需数据，单击插入，选择推荐的图表中的饼图，在饼图下拉框中选择环形图，如图 4-13 所示。

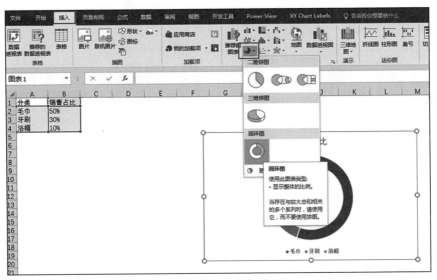

图 4-13　环形图制作步骤 1

如果需要调整环的大小，选中环，单击右键，选择"设置数据系列格式"，如图 4-14 所示。

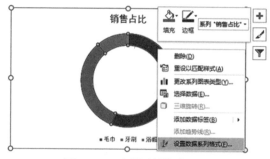

图 4-14　环形图制作步骤 2

选中之后会出现"设置数据系列格式"功能区，在"系列选项"中选择"圆环图内径大小"功能区，拉动线上小竖线所处的位置，或者调整后面的数值比例，均可调整内径大小。小竖线越往左拉，内圆内径越小，后面的数值也越小；同理，小竖线在横线的位置越靠右，相应的数值越大，环形图内径越大。如图 4-15 所示。

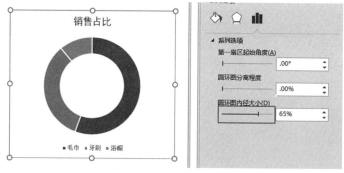

图 4-15　环形图制作步骤 3

4.3.2　矩阵图

矩阵图是散点图的变形，矩阵图主要适用于在两个影响因素（可以是独立的指标，也可以是 N 个指标的综合指标）中探索分类及寻找解决方案时，需要直观地看出目标数据分布的情况。

矩阵图的特点是：①行和列的影响元素必须各自独立，即一个元素的变化不会影响另一个；②呈现之后，各个影响因素的表现非常明显，能一目了然地知道所研究主题所处的区域及影响要素对其的影响。②可在①的基础上快速定位问题，寻找解决方案。

基于以上特点，矩阵图也有一些比较难定的细节点：一是行和列的两个影响因素的确定，需要对业务非常了解，对需要定位的问题非常清楚，才能选取到合适的独立的指标；二是矩阵图呈现之后需要定象限，即需要在行和列的指标中选取合适的值来划分象限，常用的方法有主观和客观之分，主观则可以根据业务人员的需求来定象限，客观则可以采取中位数等方法来确定各个象限的分布情况。

在数据化运营中，比如考核渠道质量，就可以用四象限矩阵图。假设各个渠道带来的下单数及各个渠道的 ROI（投资回报率）是选取来评估各个渠道质量的指标，下面用 Tableau 来演示如何制作四象限矩阵图。

将 ROI 拉到行区域，下单数拉到列区域，此时我们发现所有的数据聚合成了一个点，这和 Tableau 的默认设置有关，如图 4-16 所示。

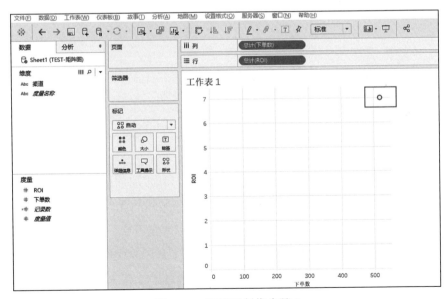

图 4-16　矩阵图制作步骤 1

此时选择功能区的"分析",将下拉选项中的"聚合度量"前面的勾点掉,即不要选择聚合呈现,选择之后数据以(ROI,下单数)按渠道组合呈现,如图 4-17 所示。

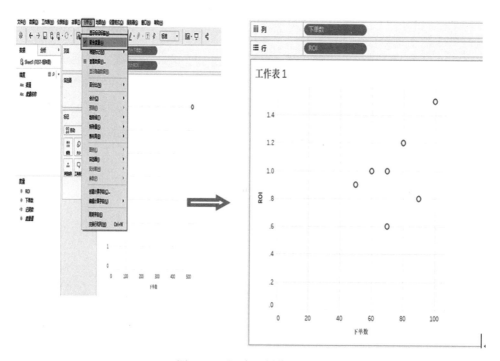

图 4-17　矩阵图制作步骤 2

然后将渠道作为标签显示在图表中,并将各个渠道的小圆点以不同的颜色呈现,如图 4-18 所示。

然后将用 Tableau 制作出来的图按一定标准(如选取评估渠道质量的指标的中位数,图中切分线是随便切分的,具体可根据实际的业务场景及分析目的来定,仅供参考)切分为四象限,从图 4-19 中可以明显看出,A、B、D 渠道 ROI 高,且下单数也高,相对来说是比较优质的渠道;F、G 渠道虽然 ROI 低,但下单数比较多,也能体现一定的渠道优势;E 渠道相对来说 ROI 比较低,下单数也比较低,渠道质量较低。

第 4 章 理论：数据分析方法

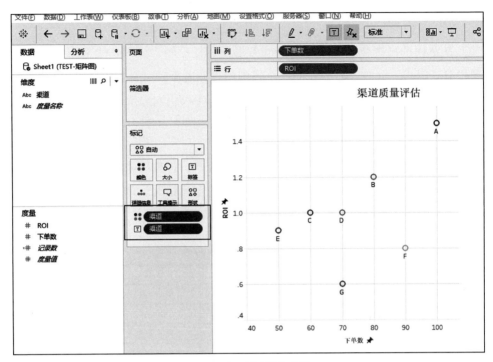

图 4-18 矩阵图制作步骤 3

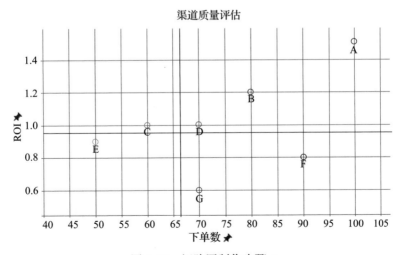

图 4-19 矩阵图制作步骤 4

4.3.3 组合图

在常用的可视化图表中,单纯的条形图、柱形图、饼图、线型图可能无法满足分析需求。此时就需要在同一个视图中选取若干种可视化方法来进行组合,以达到分析的目的。下面介绍两个组合图的应用来加以说明。

1. 柱形图、线型图组合图

比如,当一个业务线下方有若干种子业务线,需要查看这几种子业务线的一个时间趋势,同时需要看主要的子业务 a 的占比情况,此时我们需要选取柱形图、线型图的组合图来呈现。数据如表 4-3 所示。

表 4-3 组合图示例数据

销售额	1 月	2 月	3 月	4 月
子业务 a	3 270 805	3 451 321	3 667 731	3 707 757
子业务 b	1 953 834	2 380 588	1 888 909	1 837 868
子业务 c	2 218 837	2 061 924	1 556 953	1 941 812
子业务 d	2 098 134	3 208 809	2 521 869	3 028 077
合计	9 541 610	11 102 642	9 635 462	10 515 514
子业务 a 占比	34%	31%	38%	35%

选中所有的数据,插入累加柱形图,然后选中图片,单击右键,选择"更改图表类型",如图 4-20 所示。

选中之后再选"组合图",如图 4-21 所示。

将子业务 a、子业务 b、子业务 c 由簇状柱形图调整为堆积柱形图,将子业务 d 由线型图调整为堆积柱形图,将子业务 a 的占比选取次坐标轴来呈现,如图 4-22 所示。

单击"确定"得到图 4-23。

选中子业务 a 占比的线型图,选择"图表元素"→"数据标签"→"上方",于是子业务 a 的占比直接呈现在线型图的上方,如图 4-24 所示,选择"下方"则会呈现在线型图的下方。

第 4 章 理论：数据分析方法

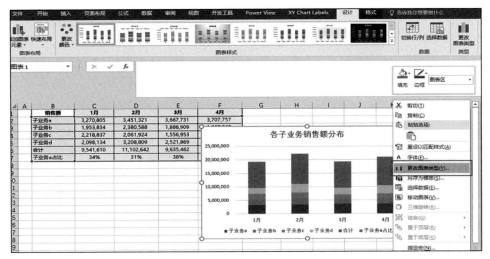

图 4-20　组合图制作步骤 1

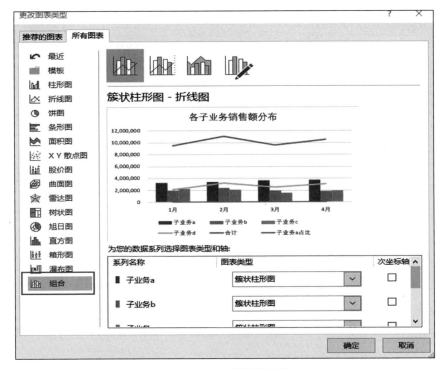

图 4-21　组合图制作步骤 2

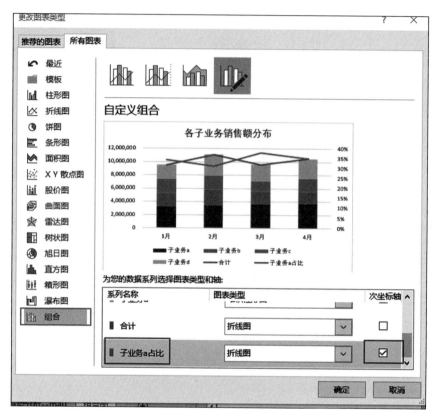

图 4-22　组合图制作步骤 3

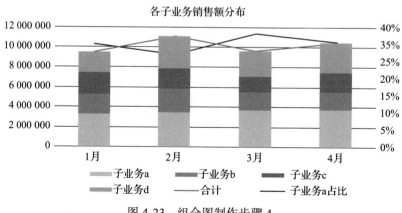

图 4-23　组合图制作步骤 4

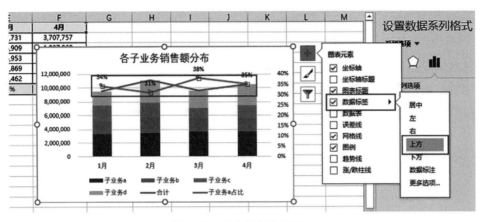

图 4-24 组合图制作步骤 5

按上面调整细节，再调整一下格式，可得到图 4-25。从图 4-25 中可以看出，子业务 a 的占比在 3 月最高，而 3 月业务总销售额比较低，说明 3 月其他子业务的销售额有所下降，但在 4 月份又整体得到了回升。3 月有 31 天，而 4 月只有 30 天，这种情况下我们可以深究一下，是运营做了促销活动让销售额增长的？还是拉新的用户比较优质？是产品转化流程更符合用户习惯了？还是目标用户群体在 4 月有一定的爆发？同时可以看看子业务的产品属性和时间是否相关。细究下去，一个小专题的分析思路就应运而生。

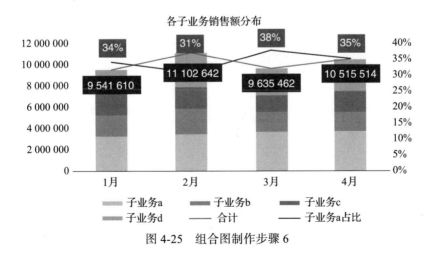

图 4-25 组合图制作步骤 6

2. 线型图及渐变填充面积图组合

组合图还有各种小用法，能让我们做出来的图表更美观，更立体，更有表现力。下面介绍线型图及面积图的组合用法。

比如1～6月的销售额分布，添加一列和销售额数据一模一样的数据作为辅助列，具体数据如表4-4所示。

表4-4 组合图示例数据

月份	销售额	辅助列
1月	512	512
2月	521	521
3月	1 314	1 314
4月	2 567	2 567
5月	2 890	2 890
6月	3 789	3 789

选中"数据"→"插入"→"推荐的图表"→"选择折线图"→单击"确定"，如图4-26所示。

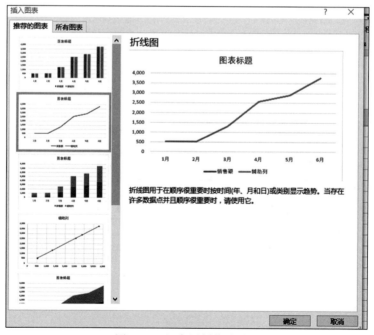

图4-26 组合图制作步骤7

选中图表，单击右键，选择"更改图表类型"，如图 4-27 所示。

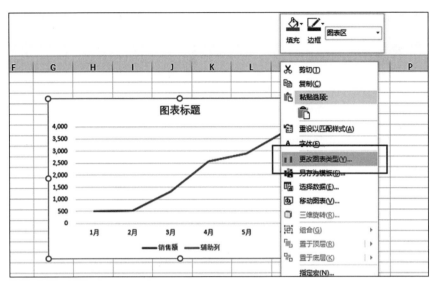

图 4-27　组合图制作步骤 8

然后会呈现图 4-28 所示的界面，选择"组合图"。

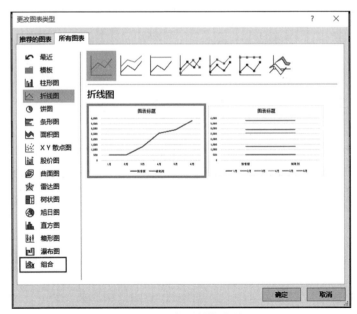

图 4-28　组合图制作步骤 9

选择"组合图"之后将销售额用折线图表示，辅助列用面积图来表示，如图 4-29 所示。

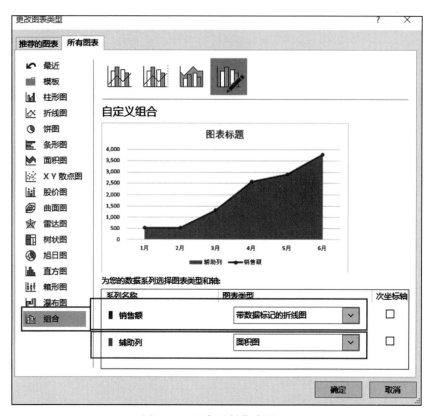

图 4-29　组合图制作步骤 10

将辅助列数据设置成渐变面积图，线型图的数据标签予以呈现，将相关颜色稍微调整一下，则得到如图 4-30 所示的图形。该图形辅助列的数据没有实际的展现意义，主要是为了帮助折线图来加以呈现，让数据更有立体感。

4.3.4　文字云

文字云主要用来直观显示词频的大小。生成文字云的方式很多，BDP 及 WORDART 等网站都可以实现。下面通过 WORDART 来介绍一下如何制作文字云。

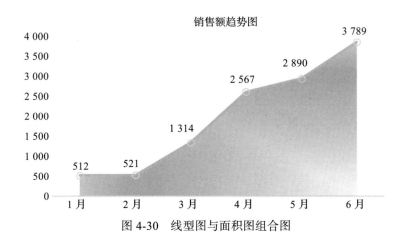

图 4-30　线型图与面积图组合图

登录网址：https:// wordart.com，打开之后整个界面是英文状态的，这是一个支持中文（中文字体需自己导入）的在线生成文字云的网站，注册一个账号，登录之后单击 CREATE NOW，如图 4-31 所示。

图 4-31　文字云制作步骤 1

下面以某时段某科室下的疾病搜索词情况来做样例演示。在单击 CREATE NOW 后出现的页面上单击 CREATE，创建新的文字云，如图 4-32 所示。

出现的界面如图 4-33 所示，可设置文字云的呈现形状、字体、字体方向、文字颜色与动画等模块。

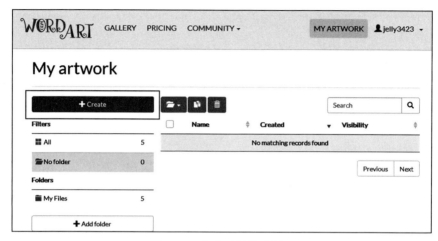

图 4-32　文字云制作步骤 2

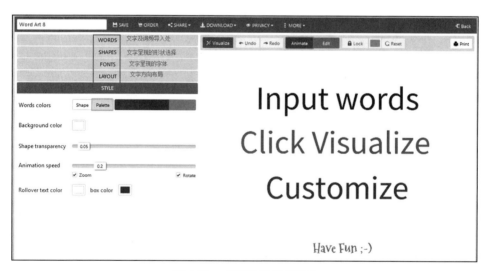

图 4-33　文字云制作步骤 3

其中，中文字体需在 Fonts 模块中导入相关字体后方能支持（可从电脑字体存储位置导入，也可到相关网站下载），示例导入的是微软雅黑字体。如图 4-34 单击 Fonts，选中 Add font，然后将下载好的字体导入进去即可，导入之后的字体会在前面展示，如椭圆标记部分。

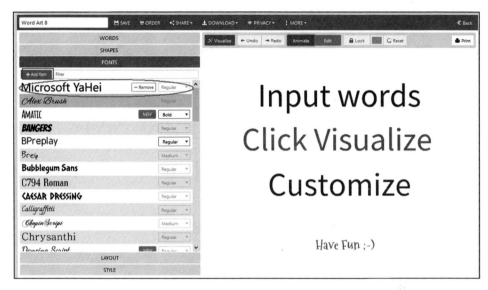

图 4-34　文字云制作步骤 4

字体导入之后，单击 Import words（导入文字），将需要做词频展示的文字复制粘贴或通过 CSV 格式直接导入，如图 4-35 所示。

图 4-35　文字云制作步骤 5

导入之后词频直接会显示在 size 上，以词频来表示文字大小。导入的文字也可以根据展示需要自定义设置不同的字体，如图 4-36 所示。

图 4-36　文字云制作步骤 6

然后设置呈现的文字云的形状，这里我们以云的图像来展示，如图 4-37 所示。

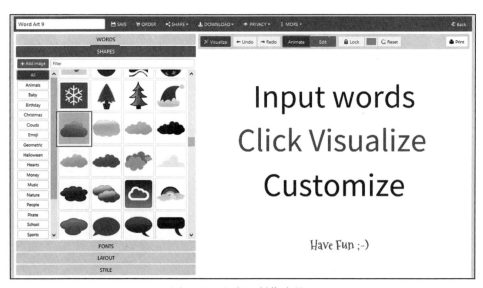

图 4-37　文字云制作步骤 7

再设置字体，因为导入的字体含有中文，这里我们选择刚才导入的微软雅黑字体,如图 4-38 所示。

图 4-38　文字云制作步骤 8

再下一步是设置文字的方向,如图 4-39 所示。

图 4-39　文字云制作步骤 9

进一步设置文字的颜色与动画,见图 4-40。

图 4-40　文字云制作步骤 10

设置好之后，单击 Visualize 生成云，如图 4-41 所示。

图 4-41　文字云制作步骤 11

保存后可通过 Download 控件来进行各种形式的保存或通过 SHARE 控件来分享,见图 4-42,数据分析师常用的部分可保存为高清图片,在报告中使用。

图 4-42　文字云演示

以下就是某时段某科室下的疾病搜索词情况,从图 4-42 中可以看出,该时段用户对偏瘫、脑瘫、小儿麻痹、抑郁症等知识普及的需求比较大。

4.4　AB Test 的原理与实现

AB Test 是人类探究未知世界的一种分析方法,可以让你的决策更加接近真相。举个例子,你可能对电商网站购物车内侧边栏出现的"你可能喜欢"的推荐商品已经习以为常,但早期亚马逊准备上这个功能时是有巨大争议的。一部分人认为购物车增加推荐会分散用户的下单注意率,可能会影响转化率;另一部分则认为交叉推荐可以提升用户体验,增加总 GMV。传统公司遇到类似的争执可能会由领导拍脑袋决定,而 AB Test 会让两种方案同时在线,用数据来证明哪种方案更符合用户心意。结合图 4-43,接下来详细介绍 AB Test。

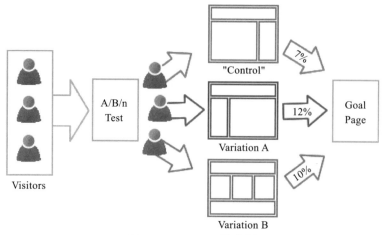

图 4-43 AB Test 示意图

4.4.1 AB Test 的原理

在使用 AB Test 之前，先通过认识一些概念来理解其底层逻辑。

1. 双盲测试

实验者和对照者都不知道哪些参与者属于实验组，哪些参与者属于对照组，来减少偏见和无意识暗示对实验结果的影响，从而保证效果的公平性。

2. 随机分流

将参与实验的人群随机分配，能够保证结果的无偏统计意义。常规做法是根据用户设备号+实验号合并为一串数字，对这串数字进行 100 取模运算，所得的余数为 0～99，根据这些值来分配流量，比如 ABCD 四个版本，流量开放比例为 60：20：10：10，则余数 0～59 为 A 版，60～79 为 B 版，80～89 为 C 版，90～99 为 D 版。如果用户数量够大，设备号分布随机，理论上对于 100 的余数也是随机，可以实现流量控制的随机分配。

3. 控制变量

AB Test 是物理学上控制变量法的应用，在保证其他因素不变的情况下，察看变量导致的结果差异。如果不做 AB Test，那当产品新功能上线后，如果整体 GMV 提升，便很难确定该现象是因为季节性、竞争环境的变化导致的，还是功能本身带来的效果。

4. ABCD 版本

AB Test 通常叫作 AB 实验，但是版本设置上一般会有多个，主要是同时做 AA 测试和 AB 测试。如图 4-44 所示。AB 实验是通过控制变量法，发现实验组和对照组的区别，进而做改进。这里将产品功能上的区别作为变量进行控制，但涉及人群分流可能会有差异，虽然有随机分流机制的存在，但是还要保证这个分流机制是有效的，确保效果的差异不是因为分流人群的差异而导致的。

对于对照组，会开相同的流量（此处为 CD 版）进行 AA 测试，保证 C 版和 D 版的效果没有显著的统计性差异，确认之后再将 CD 合并为对照组，进而与 B 版进行 AB 测试，且 CD 版流量为 B 版的一半。A 版则为兜底版本，对于没有拿到版本的流量走 A 版（比如取模失败，或者 0～99 上下溢出的 bug 场景的兜底）。

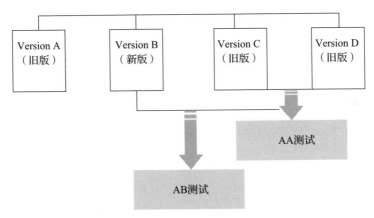

图 4-44　AB 测试与 AA 测试

5. 埋点原理

AB 实验的数据也是要通过埋点来实现。以移动端为例来介绍常用做法，用户在打开 App 时，根据用户设备号+试验号来计算取模尾数，并判断其属于哪个版本，将所有线上实验和他对应的版本号都记录在一张表中（计入本地缓存），等进行到具体触发场景（比如进入实验页面或实验的 button）时，从缓存中拉取该设备号对应的版本号，根据返回的版本号决定后续的页面展示或跳转规则，这时候发送埋点，将试验号、版本号和用户信息上传到数据库，用于之后的实验数据分析。

6. 正交实验

当一个页面上存在多个实验同时进行的时候，需要考虑两者之间是否有关联。如图 4-45a 所示，某人在 A 实验是新版、在 B 实验无法预知是新版旧版，会被重新随机分配；而非正交实验，B 实验是在 A 实验新版/旧版基础上再次分流，有关联和承接性，如图 4-45b 所示。一般情况下，均为正交实验。

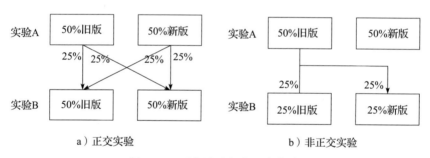

图 4-45　正交试验与非正交实验

4.4.2　AB Test 的埋点与报表部署

一项 AB Test 可能是因为其他部门的压力而不得不做，也可能是因为自己发现的新想法来验证尝试，无论是哪种原因来开启这件事情，都需要清楚设计一项实验的方法，并注意其中的细节。一般来讲，需要考虑如下方面的内容：

（1）实验人群的量级

该实验是针对哪个页面或者针对哪个特定的功能？这个场景下现有的每日 UV 是多少？一般情况下，参与实验的 UV 日均 < 5W 的 AB Test 效果会很不稳

定，P值很高，统计性差异不明显。

（2）改版的目标

AB Test本意是为了消除未来的不确定性，但是这样的场景分为两种。一种是实验本身没有必要上，但是迫于业务方的压力不得不上，这种情况下只需要抓住主要指标来证明当初自己的预判即可；另一种是创新的想法落地，对于不同的实验方案有分歧，则本着一定要把新版效果做到优于旧版才肯放手，不断优化和迭代。这也是AB Test的真正意义，不是为了证明新版比旧版差，而是通过实验来找到新版不足的原因，不断迭代新版，最终让新版优于旧版。

（3）流量开放的节奏

一般来讲，实验上线后新版会先开5%的流量，1～2天内确保没有明显的bug后开放到20%的流量，视样本量来确定维持时间，在7天内开放到50%的流量。新版流量一般是从小到大逐渐开放，宁愿慢慢开也不要从大流量倒回到小流量，这样会给用户造成界面变化无常的印象。一般从大流量再开回到小流量，都是由于重要失误造成的。

在开放20%新版流量之后，就可以看指标数据，做些目标拆解，定位到效果差异原因。无论是正面效果还是负面效果，都需要定位到原因。负面效果定位到原因是为了接下来的改进优化；正面效果定位到原因是为了证明效果是因为你的改进造成的，而不是像天上掉馅饼一样是偶然发生的，这也会给之后的改进提供思路。

（4）通知关联方

页面上可能存在多个实验，在开启新实验之前需要对其他实验有所了解，同时提前告知相关业务方该实验的预计上线日期（邮件告知即可），主要是看有没有其他实验可能会对本实验造成影响，虽然一般都是正交实验，但是了解清楚情况对本实验的设计也会有帮助。

4.4.3 AB Test的分析方法

AB Test的目的是通过新旧版数据的显著差异来定位到原因，不断优化，达到新版优于旧版而放开全流量的过程。这里面有两个主要的问题待解决：一是什么叫显著的差异？二是怎么定位问题原因？下面分别来说明：

1. 显著性差异

（1）P值

统计学定义：P值是在假定原假设为真时，得到与样本相同或者更极端结果的概率。拿 AB Test 里面的转化率 cr 来举例，如图 4-46 所示，假设 $cr1$ 和 $cr2$ 分别为新版和旧版的转化率，原假设 $H0$ 代表新旧版转化率是无差异的，备择假设 $H1$ 代表新旧版转化率有显著差异。P值代表 $H0$ 发生的概率大小，根据"小概率事件在一次实验中不可能发生"的道理，$P<0.05$ 代表可以拒绝相信原假设。（代表 $cr1$ 和 $cr2$ 在统计学意义上的相等，只有不到5%的可能性成立。）

$$H0: cr1 = cr2 \ VS \ H1: cr1 \neq cr2$$

根据计算公式，把每天的观测值当作一个样本来计算，7天则有7个样本，对于小样本一般采用双侧 T 检验，可以通过 Excel 右键计算，也可以通过 Python 的 scipy.stats.ttest_1samp 函数直接在报表中计算生成。

（2）用报表看显著性差异

一般来说，图表中遮住有限个点（一般不超过总数的5%）不影响整体趋势的判断，比如将图 8-46 中的 8/15 与 8/17 两天用手遮住，整体趋势是 $cr1 > cr2$。在不计算 P 值的情况下，我们仍可得出显著性的结论。

这个方法的理论依据是，自然界总是趋向无规律的随机性，人为的干预是希望能够朝着干预者期望的方向来发展。如果两条曲线 15 天，有 7 天表现好，8 天表现不好，那基本可以认定是自然界随机性 > 人为干预；而如图 4-46 所示的这条曲线，遮住有限个点后，明显可见是人为干预的结果，也就是实验新旧版的功能差异造成的。

2. 定位问题原因

除了部分用户体验项目外，大部分的 AB Test，包括功能设计、UI 优化、页面逻辑等，都是围绕着这个公式来进行的，如下所示。

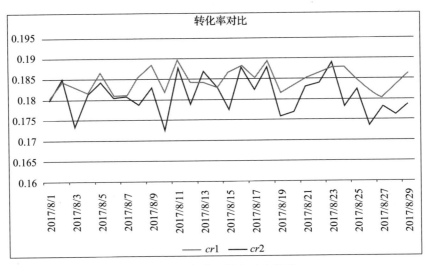

图 4-46 实验两版本对比结果

（1）指标释义

GMV，由流量、转化率和客单价共同决定。这里面的营收，大部分指营业额，而非主营业务收入。比如淘宝，双 11 通过平台产生 576 亿的营业额，但是淘宝的主营业务收入可能只有 5 亿（平台服务费、广告推广费、交易抽佣等）。但电商平台在行为分析时一般使用营业额收入（576 亿），而非主营业务收入。

单 UV 收入，每个来访的用户，能够给平台带来的交易额。

单 UV 利润，每个来访的用户，能够给平台带来多少利润。

（2）指标拆解

假设一个场景，对于电商 A 进入 APP 的流量保持一段时间内的稳定，通过上"千人千面"的个性化入口曝光来改善单 UV 收入。如图 4-47 所示。

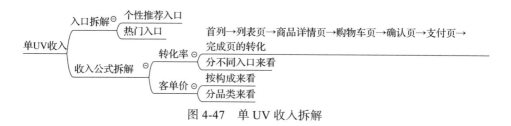

图 4-47　单 UV 收入拆解

单 UV 收入，可以从入口的维度拆解来看热门入口和个性推荐入口的区别；也可从转化率和客单价的维度进行拆解，转化率可以通过"首页→列表页→商品详情页→购物车页→确认页→支付页→完成页"的页面继续拆解，客单价也可以接续从构成拆解。

在分析问题的时候需要树立信心，只要是表象的异常，一定可以拆解到具体某一个环节，如果没有拆解到，就再用点儿心。同时需要了解，即使能够拆解到，但是能不能解决这个问题，需要具体问题具体分析。

在转化率的分解步骤上，虽然整体转化率看起来没有大变，但内部可能风起云涌。我们要做的不是抹平差异，而是要想办法加强明显上升的环节，削弱明显下降的环节。做生意肯定有赚有赔，很少有人可以保持一直赚钱却不亏钱，但有很多人可以在赚的时候大赚，亏的时候小亏，一段时间内算下来还是赚钱的。我们不能扭转这个趋势，但是可以加强或削弱对应的趋势，达到整体的优化。

4.4.4　AB Test 的常见误区

微软专家 Ron Kohavi 在 2014 年的 KDD 上发表的一篇文章《Seven Rules of Thumb for WebSite Experimenters》中总结了 AB Test 的一些规则，下面就这些规则来解释我在日常使用中所得的感悟。

❑ 大多数改动都不会大幅度提升 KPI，所以你需要耐心；某些很微小的改动，就可能对你的 KPI 造成巨大的影响。

辩证来看，大部分情况下，AB Test 的改进对于核心指标的影响是比较小，但只要坚持，总会在某一次微小的变动后产生巨大的影响。但这个结果不是你只做一次实验，依靠上天的眷顾而凭运气获得的，而是在不断地实验当中，实现从量变到质变的突破。这次成功的实验是依靠前面无数不成功的实验发展起来的，也就是我们常说的"失败乃成功之母"。

- Twyman 法则意味着凡是看上去很出人意料的图表，通常都是因为数据统计错了造成的。

  AB Test 是因为一个改进点存在不同的意见，所以才进行的。争执的原因是彼此都不能说服对方，都有自己"充分"的理由，但是大家都不能确定。如果结果很出人意料，一定是之前双方都没有考虑到的情况所影响的，其实是非常小的概率。所以在实验结果出人意料的时候，一般都需要 double check，通常都是数据计算的问题。但也有效果非常好的时候，那就是上面一条中所提到的。

- 各个产品几乎都不一样，复制他人的经验往往都没有什么效果。

  每个产品没有现成的经验可以直接套用，但是有很多规则可以学习，进而匹配现在的场景来做一些尝试。

- 任何能加速用户响应时间的改动，都会带来 KPI 的正向提升。

  这里比较常见的是电商类网站，通常购物决策时间的缩短会导致销售额的上涨，这是因为用户对于产品的信任和熟悉。之前有一段时间很火热的"一键下单"就是一种极端的例子。

- 单击率是很容易提高的，但是流失率却很难改进，千万不要把精力放在优化某个页面的单击率上。

  提高单击率，只需要扩大 icon 或者增加一些跳动的标识，但是这些单击不一定能转化为销量，可能是无效单击，甚至会造成用户的疲惫，分散注意力。单纯提升或降低单击率是没有意义的，需要结合你的目标来考量。

- 尽量不要做很复杂的大量改动的实验，而是要做很简单的小的迭代。

  AB Test 依靠"控制变量法"，如果同一时间变量太多，就无法明确是由哪个变量造成的影响。如果是系统大改版，最后效果不错还好说，万一是效果更差，那定位问题将会是一场灾难。从另一个角度来说，即使最后效果不错，但其实你也不知道是哪个变量起作用，又或是联合起作用，待到下次类似的大系统改版的时候，还是心里没底。

- 有成千上万的用户才容易展开高效的 AB 测试。

  对于 AB Test 的分析，首先需要确定分流样本之间的统计意义上的显著性差异，如果数量太小，可能会因为分流的作用导致效果难以区分。比如电商网站有 1 万名用户，平均转化率为 5%，订单量为 500，假设 50%-50% 的新旧版分流，如果其中有个用户是黄牛账号（一天有 20 张订单），假设实验改进的自然效果有 20 个订单的提升，在不能排除是否是该黄牛用户带来的情况下，那黄牛用户被分流到的版本将会严重影响效果的观察。

- 魔法数字 7。

  这是我工作中的一个经验总结，即一个页面上同时进行的实验最好不要超过 7 个。虽然理论上页面上实验均为正交，彼此不影响实验效果，但实际应用来看，当实验超过 7 个，总会有意外的情况出现，而这些现象解释的代价很高。所以建议在现实应用的情况下，尽量小于这个数字。

4.5 埋点策略与实现

数据分析的基础是数据，相较于传统行业，互联网数据获取方便，主要途径为埋点和爬虫。爬虫目的一般为获取竞争对手的数据，埋点目的一般为理解自身数据。关于爬虫部分会在第 5 章有详细说明，本节重点介绍埋点的策略和实现。

通常，埋点是开发的能力圈，分析师是拿现成的数据来写 SQL、完成分析，这样理解会让分析的路越走越窄。一名优秀的数据分析师可以根据埋点的质量来决定怎么使用埋点，在什么情况下用什么埋点数据会更贴近事实，从而在面对别人的质疑时，可以很自信地说你给出的数据是现阶段最可靠的，你的数据无可辩驳。数据分析师不会抱怨埋点质量差而影响了自己分析，反而应该想，我如何用好现有的埋点来找到最贴近事实的数据来支持我的结论，埋点质量在不断改进，但我不会等埋点。要永远敢于给出结论。

从埋点解决的问题不同，大概可以将其分为 utm 来源埋点、页面 PV 埋点、单击埋点 native、单击埋点 hybrid、业务埋点、曝光埋点，后续介绍从如下几个方面展开。

1）起因：为什么会存在这样形式的埋点？它的存在是为了解决什么问题？

2）埋点格式：一般采用何种形式埋进去？

3）上线责任人：由开发还是产品来决定？

4）应用场景：在哪些场景可以解决哪些问题？如何解决？

5）报表自动化流程：如何将埋点和报表的流程串接起来，用最少的人力完成数据可视化？

4.5.1 utm 来源埋点

关于 utm 来源埋点，首先应该了解一些基础概念。

（1）起因

网站在吸引外部流量的过程中，如何评判从不同渠道跳转过来的流量效率？

（2）埋点格式

最早是 Google Analytics 这一套埋点引申而来，埋在客户端。举例说明，从 baidu.com 搜索"booking"后单击第一个链接跳转后的 url：https:// www.booking.com/?aid=334565;label=baidu-brand-list1&utm_source=baidu&utm_medium=brandzone&utm_campaign=title。

其中：

- aid=334565 是 alliance id 的简称，一般是企业内部对外投渠道的自定义编码，一般在自建的外放管理平台申请，设置跳转 url 来管理渠道。这里的334565是booking对baidu.com的渠道编码。如果和百度合作紧密，一个aid下面还有多个子id来区分和百度不同事业部的结算，比如百度地图、百度搜索、百度糯米等。但这里没有记录。

- utm_source=baidu 指来源为baidu。
- utm_medium=brandzone 指来源于百度的品牌专区。
- utm_compaign=title 一般是活动类型，这里是代表直接搜索"booking"过来的流量。

（3）上线责任人

一般是市场部申请好id，拿到url直接给流量方的对接人即可，不需要本公司开发资源介入。

（4）应用场景

记录每个流量来源的投入产出ROI，这个产出可以是注册量，也可以是下单量或其他。流量主流结算方式是单击付费CPC，对于引流的价值需要在合理的区间才有长期合作的必要。

（5）报表自动化流程

建立全量报表，每天从读取市场部的aid维表中刷新到自己的库中，输出落地流量、订单、转化率以及其他关注指标（注册量等）。在日常运营过程中，报表一次建立起来，新增aid后基本不需要人工调整报表。需要注意的是，aid只会加不会减，时间一长会有大量aid在下拉筛选框中，如果不可以"搜索"查找的话，将会是一场灾难。

（6）其他关注点

落地流量希望和订单关联，但是url中的参数默认不会带到订单完成页，所以关联订单一般会有两种做法。

- 通过url解析定位当时的页面，根据页面拿到cookie_id，再跟同一个session内下单的cookie_id关联。这种方式稍显粗糙，在常规页面访问中记录url无须额外埋点，在企业中也会使用这种方法。粗糙的原因是这种方法会把落地之后关闭浏览器，同时在30分钟内回来再次打开浏览器进入网站的人，判定为该渠道带来的订单。这个勉强可以接受，因为他的下单有可能是受到第一次跳转的影响。
- 通过埋点将 url 中的信息写入 cookie，一直带到下单环节，来源的 aid 字段计入订单主表，这将更为精准，对于大量依靠外部流量需要仔细计算 ROI 的时候是首选。这个过程需要本身的开发资源介入埋点，而且埋点的触发逻辑需要沟通清楚，防止误操作。比如笔者经历过，开发在埋点的时候，将 aid 写入 cookie 的时机是用户在访问下一个页面的时候，导致进站即离开（bounce）的用户没有被记录，这当然对订单是没有影响的，但是会少算一部分流量。一方面导致我们计算的流量和流量方给出的结算数据一直对不上，另一方面导致我们计算的转化率偏大。

4.5.2 页面 PV 埋点

页面埋点可以从如下几个方面来理解。

（1）起因

每个页面的访问情况如何？停留时间是多少？

（2）埋点格式

最传统的数据埋点，一般置于客户端，调用一套公共接口，根据调用次数来计算 PV 和 UV，根据调用时间差来计算页面停留时间。这里需要注意的是埋点命名规范，根据使用场景分为两种情况：

- 固定场景使用 pagecode。常用于 native 的主要流程页面，比如首页、列表页、购物车页、填写页、支付页、完成页，这些页面可以用英文字母缩写的形式来直接看出其为哪个页面，比如"food_list_inland"代表国内食品商品列表页，适合品类单一且固定，主流程页面清晰，购物流程相对简单的场景，可以减少沟通成本，快速理解数据。
- 快速迭代场景使用 pageid。可以用一串数字代替，这种一般是使用 hybrid/ReactNative 等技术的活动页或经常改版的后服务页面，符合快速响应的需要。

（3）上线责任人

页面埋点一般是开发自己申请 pageid，调用默认接口即可，没有特殊情况不需要产品经理参与。

（4）应用场景

页面埋点主要应用在如下两个方面：

- 当作数据的基准（benchmark）。因为页面埋点格式最为简单，且触发逻辑简单，开发出错的概率最低，所以一般将其作为正常数据的基础。在通常情况下，各个埋点的数据是对不上的，需要找出一个基准，那这个页面埋点最靠谱，其他的如果偏离很大，就需要查找 bug。
- 通过触发时间差来计算页面停留时间。一般不会单独对页面停留时间埋点，因为正常情况下，下个页面和本页面的埋点触发时间差即为本页面的停留时间。而且为避免异常值干扰，停留时间在计算时一般取中位数，而非平均值。

（5）报表自动化流程

开发在内部平台申请 pageid 的时候，后台数据库会自动增加，报表只要调用该维表，在增量更新的时候也不需要人工参与。常用页面指标如图 4-48。

图 4-48　页面指标图

常用字段包括：

- 页面 UV：按日对设备号去重。
- 页面 visits：按日对 session 去重。
- 页面 PV：计算访问次数。
- 退出次数：计算从该页面离开网站的次数，用来衡量该页面的质量。
- 退出率：退出次数 / 页面 PV。
- 页面停留时长：下一页面时间与本页面时间之差，一般取中位数。

（6）其他关注点

1）停留时间是不是越长越好？

对于电商网站而言，停留时间是一个辅助的指标，需要携同一些决定性的指标一起来推测用户的行为。比如同样是填写页的停留时间变短，在填写页之后的转化率上升的情况下，可以理解为该页面让用户非常放心，用户需要填写和核对的信息很少，对网站非常熟悉和自信，下单迅速，这是一件正向的事情；而如果是填写页之后的转化率下降，就有可能是页面冗余信息很多，用户想关注的信息没有找到，或者造成用户反感的信息非常醒目，导致用户立即离开而没有下单，这就成为一件棘手的事情。结合业务可能会找到很多原因，但有一点可以肯定，单纯追求停留时间的上升或者下降是没有意义的，TA 需要核心指标一起来定位原因。

2）客户端和服务端 PV 的区别

一般情况下，页面 PV 和单击等跟用户交互的信息是放在客户端埋点，但也有公司将 PV 放在服务端埋点。两者的区别在于：客户端埋点一般为页面加载完成/离开的场景触发一次（刷新/回退可能都会 PV+1），但是服务端是根据服务的次数来计算 PV，如果一个页面是分批加载（另一种情况是，现在很多 Hybrid 是一个页面预加载，减少页面加载时的用户等待时间），那按照客户端来计算的 1 个 PV，按服务次数来算可能是多个 PV，在跨部门对比数据的时候需要厘清指标。

4.5.3 单击埋点 native

下面将区分 native 和 hyrbid，虽然两者解决的业务问题类似，但方法上有较大不同。

（1）起因

新的模块/功能上线后效果如何？有多少人单击这个位置？单击之后的转化率如何？下一步应该如何改进？

（2）埋点格式

native 的页面相对稳定，一般更新周期为一个月（hotfix 另计）。记录方式可以参考格式"c_"+"功能名"的形式,"c"代表click(便于与其他类型埋点区分),比如"c_search"就是代表搜索的功能。

(3)上线责任人

如果只是统计各功能button的单击次数,开发就可以搞定,但如果是在此之外的内容,就需要产品经理在PRD中写明。比如电商中列表页常见的筛选button功能,如果只是筛选button的单击,可以计算"c_filter"的单击,但是如果想知道用户筛选的内容,就需要在扩展字段中记录内容,而这些内容需要产品经理来指明。

(4)应用场景

主要应用在如下两个方面:

- 按钮的单击情况。每个按钮的单击UV和单击次数PV。这里需要注意,单看按钮的单击次数的绝对值是没有意义的,需要跟其他按钮比是相对多还是相对少,以及这个按钮的设计初衷是希望用户多点还是少点,这个需要根据不同场景来确定。
- 按钮之后的操作行为。更多情况下,产品经理想了解用户在经过这个按钮单击之后的行为和转化率,以及这个按钮有没有加速用户的购物流程。

(5)报表自动化流程

关于埋点数据的管理,难点在于每次增量更新单击名称,一般有两种做法:

- 增量更新。由开发人员收集每个位置新增的埋点,录入到数据库中,可以自动显示。这里面会存在录入格式和实际格式不一致(比如录入的时候多了一个不可见字符,如空格/tab,而实际埋点是没有这个字符)、录入时效性等因素,但相比后一种方式,这种方式的工作量还是在可以接受的范围内。
- 全量更新。通过调试的方式,取出来单击埋点触发对应的公共接口被哪些位置调用,拿到全部数据,但因为单击埋点除了产品经理想要看的内容外,还存在大量开发自定义的埋点,记录了很多日志数据(用来排查bug),即脏数据太多,所以一般采用第一种方式。

（6）其他关注点

native 的单击数据，容易存在多发或漏发的情况，尤其在开发团队人员更迭频繁期间，经常需要区分 Android 和 iOS 平台来分别看单击 / 页面的比例是否处于稳定且相对合理的区间，来排除异常数据。

4.5.4 单击埋点 hybrid

hybrid 内嵌于 App，通常与同一页面的 H5 埋点一致。基本情况如下。

（1）起因

一般来讲，hybrid 开发团队和 native 开发团队相对独立，编程语言也存在较大差异，支持的业务方也有区别。hybrid 一般常用于快速迭代的页面，比如活动页和后服务页面等。以某电商后服务页面为例，这些页面的单击后评价，可能是跨平台的行为参考，比如说售后来电数量的下降，针对这样的场景如何埋点，与 native 又有何异同点？

（2）埋点格式

一般来讲，埋点与 native 调用的接口是类似的，但是上传的内容基本上要重新改版，以订单后服务页面为例，最简单的埋点格式如下：

```
{clickname:"退款退货", ordered:"12345567", order_status:"退货中"}
```

区别有两个：

- 一般直接取用显示的模块 / 单击名。因为改版非常频繁，有时候文字也会稍微变动，这时候再用英文可能很难直观体现区别（比如"退票"和"退订"很难用英文来区分，用拼音的话还不如直接用中文），有的改版可能就是在文案上做 AB 测试，所以这里直接记录中文。
- 记录订单信息。因为一般后服务页面常常跟客户投诉、客户来电等 KPI 挂钩，页面功能的设计大多数是为了降低投诉、降低客户来电、减少客服人工成本，所以常有"单击退货按钮后当天用户电话咨询数量"的监测指标需求。那一般是通过订单信息来做这样的关联，所以这个 json 数组中一般都要包含订单号，其他视产品经理要求而增加。

（3）上线责任人

如果是常规的名称+订单信息，还是开发自行增加，除此之外的信息，产品经理需要跟开发沟通埋点难度及方式。

（4）应用场景

主要给页面的频繁改版提供方向和计算 ROI，因为产品经理的需求改动需要计算出合理的价值，而后服务的价值就是这个功能的上线可以减少客户的通话时间，减少多少用户的时间，提升体验，换算出来的价值后再和其他项目 PK，依靠结果来争取上线机会。页面上线后评估效果是否符合预期，值得深入细化还是改变方向。这也是数据给产品迭代提供支持的有效例证。

（5）报表自动化流程

从埋点到报表生成上后期不需要人工更新，因为 clickname 都是动态更新，直接把所有的值拎出来去重（distinct）生成维表，即可做成筛选项。唯一需要注意的是，开发不可以把变量（如日期）放到 clickname 的 value 中，否则下拉列表中会充满脏数据，切记！

（6）其他关注点

1）native 和 hybrid 调用的接口基本一致，但因为是两个开发体系，且现在 scrum 架构基本上都是独立开发，而且也因为场景要求不同，所以在埋点格式上会有些各自的特色，但只要人员稳定，埋点方式组内形成一致，基本上也可以有效运行。

2）为节省流量可以在离开页面的时候将该页面的所有单击行为记录起来，这种方式也可以用于 hybrid，来减少用户流量的损耗。方式都是以 json 的 key-value 结果来记录单击名称和单击次数。不过这样有两个缺点，一是埋点信息不能太复杂，仅记录次数，不能记录附加信息；二是如果页面不正常离开，该页面的所有单击就都不能发送成功。

4.5.5 业务埋点

业务埋点常常是因为业务需求而制作，记录业务相关埋点，基本情况如下。

（1）起因

如果我想知道每个单击之后的转化率，有没有可能把一个用户的每个单击信息都带到订单完成页？

（2）埋点格式

为了平衡业务方需求和埋点工作量，对于整个页面所有业务相关的信息做记录，比如在 OTA 机票首页上，记录是否勾选婴儿、儿童、出发地、目的地、起飞时间、单程往返还是多程等信息，以 json 格式 key-value 记录起来。这些信息在后续页面访问中持续传递，埋点内容只有在用户重新回到首页更改该选项的时候才会刷新，否则该值保持不变。

（3）上线责任人

业务埋点需要产品经理提需求，BI 出面制定规则、出方案，由开发执行。流程比较多，但因为埋点本身也很复杂，所以值得这样维护。

（4）应用场景

最主要的场景是利用该标志位细分人群，针对这些人群看一些指标以及针对性做些改进。比如说首页勾选婴儿的人可以理解为"携带儿童者"，转化率相比商务出行转化率如何，流程痛点在哪里，如何评判针对性改进的效果等，都可以利用这个标志位从开始到下单所有页面的转化情况，以及单击情况拎出来淡出分析，这是精细化运营和产品迭代的利器。

（5）报表自动化流程

因为业务属性复杂，没有大一统的通用报表，都是基于具体场景来搭建。

（6）其他关注点

业务埋点与 PV 埋点的不一致性。业务埋点一般是在用户离开页面的时候记录信息，理论上应该与页面的 UV 和 PV 是一致的，但因为该埋点本身比较复杂，且由于触发机制的问题，会存在 5% 左右的差距，但是一般这个埋点多用于计算细分人群的转化率，所以分子分母同时缺失对转化率计算是没有影响的。但如果说要单独计算 UV 和 PV，需要考虑到这 5% 的差异（如果能推动开发查到问题所在，也可以消除这其中的差距，这当然是最好的解决方案）。

4.5.6 曝光埋点

曝光其实是控制流量的主要手段，基本情况如下。

（1）起因

对于电商平台来说，流量分配其实是曝光的分配。曝光埋点理论上与单击埋点可以放在一起，区别对待的考量是流量消耗太大。尤其对于 app 来说，无论是 native 还是 hybrid，曝光是对所有展现内容进行记录并上传，而这些数据本来就是下载到手机端，再从手机端上传，从流量的角度看是非常大的浪费，所以曝光的埋点一般从服务端来埋，不走客户端。

（2）埋点格式

服务端埋点一般没有固定格式，由开发组自行定义，以 OTA 列表页为例，各个排位的价格，每个航司的最低价、最早起飞时间等都会被记录，这些记录在最早期版本都是开发、产品和数据人员一起讨论得出，再由开发来评估工作时长，此类复杂的埋点一般由资深的开发主导、定格式，最重要的是确定冗余字段，方便之后的流程顺利。因为这个埋点一般是 json 和数组层层嵌套的复杂结构，数据 ETL 需要解析出一张中间表来使用，json 主结构在增量信息的时候不能大动，否则会影响中间表的结构，改动起来就非常麻烦。所以平衡各方工作量，制定一个有冗余但开发和数据 ETL 增量更新都最省的方式，是开始这项埋点的关键。

（3）上线责任人

责任人主要在于数据，但是前期规划一定要各方资深人员共同参与讨论。

（4）应用场景

以 OTA 为例，最重要的场景是选择不同的产品排序，不同的产品排序，对整体转化率和利润的影响不同。对不同的供应商的产品进行包装后卖出，在不同的排位上转化率肯定不同，位置变动后此消彼长的转化率对整体的转化率的影响情况，以及对于整体利润的影响情况，这是核心关注指标。曝光埋点，辅之以各种 AB Test 就可以帮助业务方来做决策。

（5）报表自动化流程

主要是在主流程的几个需要排序的页面上进行，所以这可以是大一统曝光，至于维表的更新，其实可以从全量数据中 distinct 来作为筛选项，尽量避免脏数据。

（6）其他关注点

服务端埋点的 PV 和页面 PV 一般是对不上的，因为页面 PV=1 代表访问 1 次，而服务端 PV=1 代表页面服务被调用一次，如果一个页面调用多个服务，尤其是在分批加载的时候，两者是明显对不上的。理论上服务端埋点会比前面所述的客户端埋点（包括单击埋点和页面埋点）准确，因为相比客户端，服务端一般人数较少（不用区分是 Android 或是 iOS），会比较少犯错误，实际上也确实是这样。

4.5.7 埋点常见问题

本节主要介绍埋点过程中开发和产品容易出现的问题。

1. 埋点数据不准的常见原因

1）不该触发的时候被触发：hybrid 页面曾遇到过只要是手指划过按钮埋点就被触发，导致新页面上线后单击数据异常暴增，其实是开发在判断触发事件的阈值设置错误，停留时间超过 200ms 以上才算单击，小于 200ms 算滑动，但是在上面那个例子中开发未做限制，导致出现问题。

2）埋点触发相互抑制：在一个新埋点上线后，发现一个毫不相关的单击数据下降明显，从业务上找不到原因，后来开发查找代码的时候发现，两个埋点的上送逻辑存在 if-else 关系，导致只有一个被上传。

3）开发与埋点不是同一人导致逻辑异常：这主要存在于开发交接时候对于埋点的上送逻辑一般不太重视，所以在业务发生变化的时候，并没有及时更改埋点的逻辑，比如 pm 希望某个默认埋点的默认显示被记录，最早是由服务端直接下发，客户端不做筛选，所以客户端埋点直接读取服务端下发内容，但一段时间后默认逻辑在客户端加一层个性化接口，埋点方式还是直接读取服务端内容，未做更改，导致数据一直异常，经过很长时间的努力才定位问题

4）部门开发和框架之间的冲突：有时候部门开发逻辑做得很完整，但是被框架的一些逻辑所限制，被背黑锅。比如为了优化速度，hybrid 页面在本地 app 打包的过程中有些文件已经放入，在 hybrid 请求的时候，有些文件优先以本地为主，而公共框架部门做了一些拦截，但业务的开发可能就存在没考虑到这层逻辑，埋点数据就会全部丢失。

2. 开发对埋点的常见误解

1）为什么每个页面都要埋这么多点，难道不能通过关联来实现吗？

在开发本身的任务都很重的情况下，埋点相对次要，在不了解其意义的情况下，往往意愿不强，怨声载道。这就需要 PM 或者 BI 很清楚地知道哪些埋点数据一定要有，哪些是可有可无，同时在整个项目上的最终数据表现上跟开发人员分享数据，强化埋点的价值。另外对于开发人员本身比较关注的 KPI，如页面性能埋点，包括报错信息、加载时间、白屏等，可以辅助其建立报表来增强对数据的关注度。

2）为什么埋点动不动就要增加，能不能一次性提好？

这是个历史性的难题，因为在分析问题的时候，维度在不断地细致化，而这些维度是在当初并没有想到的、或者说可能认为没有必要的埋点（没有必要的埋点不增加开发的工作量），但是问题发生之后就需要增加埋点，这也是需要与开发保持密切沟通的原因。

4.6 本章小结

本章介绍了数据分析方法和思考维度，对 AB Test 和埋点策略做了重点介绍。下面我们对几个重要知识点做回顾：

❑ 数据分析的本质是发现数据的特征和变化规律，常用的分析方法包括多

维分析、趋势分析、综合评价分析和漏斗分析。多维分析通过从细分维度下钻数据定位原因，趋势分析通过与历史对比找到发展趋势，综合评价分析整合多指标进行评价，评价方法包括变异系数法、熵值法、主成分分析法，漏斗分析用于追踪产品流程及页面转化。

- AB Test 通过分析用户对不同版本的操作行为进而帮助产品科学地迭代优化，本章从原理、应用到误区讲解了 AB Test 在产品测试中的实现方式。
- 埋点是用户行为分析的基础，本章讲述了 utm 来源埋点、页面 PV 埋点、native 单击埋点、hybrid 单击埋点、业务埋点、曝光埋点等在不同场景下的应用方式，以及实际操作中埋点常见的问题。

第 5 章

案例：竞品数据对标分析

在竞品分析中通过爬取竞争对手的数据，如电商的价格、内容资源、商品评论、用户活跃等做对比、分析，可以了解到竞品的成交量、活跃量以及周转时间等核心数据，估算竞品业务运营情况，进而对本产品运营策略做出调整。竞品爬虫在电商、外卖、旅游等互联网行业已有广泛的应用。通过竞品数据对标本平台上数据，以调整本平台上的相关运营措施已成为数据化运营中一个重要组成部分。

在电商网站运营的过程中，各大电商平台之间同品类商品的价格对标是一个常见的应用场景。各大电商平台为吸引更多顾客，总是能及时地将同品类商品价格调制比其竞争对手的价格更低。在同竞品进行价格比对的过程中，通过爬虫及时抓取竞品的价格数据以作调整本平台商品价格依据已成为一种重要的手段。本章将通过某个电商网站的爬虫项目来详细介绍如何获取竞品数据。

5.1 网络爬虫基础知识

爬虫是一个模仿人类行为不断去访问网页并抓取页面信息，进而解析后得到我们想要的结果。在了解爬虫如何工作之前，我们先来了解一下我们看到的网页是如何产生的。我们的电脑（简称 A）通过链接访问目标网站的主机（简称 B），A 首先从 B 获得链接指向的文件，即 HTML 源代码，然后 A 的浏览器对返回的 HTML 进行翻译。在翻译的过程中发现还需要继续加载图片、Flash、音频等数据，然后继续向 B 发送请求，B 向 A 返回数据，这样最终汇聚成我们看到的页面。同理，爬虫也是基于这种方式进行工作。

下面我们将对网络爬虫的原理、解析和存储进行详细介绍。

5.1.1 开发环境准备

本章及后面的章节将以 Python 作为数据分析挖掘工具，这里首先对 Python 版本的选择及开发环境的配置进行介绍。

目前主流的 Python 版本包括 Python2 和 Python3，虽然这两个版本的语法不完全兼容，但其编程的思想是相通的。如果企业内部没有明确规定版本，不要为纠结版本的问题而浪费大量时间。Python 官网地址为 https://www.python.org/downloads/。本书的案例基于 64 位 Python 实现，版本号是 Python3.5.2。

Python 自带 IDE，但这里建议使用另一种 Python 的 IDE 工具——Pycharm。Pycharm 是 Jetbrains 开发的 IDE 工具，支持如语法高亮、project 管理、代码调整、单元测试等功能，此外还为现代 Web 开发框架（如 Django、Flask、Web2Py 等）提供了丰富的支持。图 5-1 是 Pycharm 的操作界面截图。

5.1.2 Web 前端基础

1. 爬虫原理

一般而言，我们需要抓取的目标地址是某个网站或某个应用的内容，解析所需的内容字段，而在爬虫过程中最常见的即对 HTML 文本的解析。网页内容一般是指我们浏览网页看到的内容，但这个内容并不是网页代码里直接包含的内容这么简单。一个常见的场景：某爬虫新手在 Chrome 开发工具下审查元素时能看到某 HTML 标签下包括他所需的内容，但是在解析该标签后发现为空。这里该爬虫新手没有弄清楚前端展现数据的加载方式。

图 5-1 Pycharm 开发环境截图

一般而言，前端界面展现的数据包括三种加载方式。

1）HTML 标签加载：这种情况是最为常见且最容易出来的，前端展现的数据都是写死在 HTML 标签中，浏览器获取 HTML 数据时已经包含该页面的所有关键信息，在该种情况下只需解析 HTML 标签即可。

2）Ajax 异步加载：这种加载数据的情况也非常常见，一个典型的场景就是用户浏览某页面时在没有对网页进行重新加载的情况下，可以实现网页展现内容的部分更新，实现了轻量级加载数据。这种形式加载的数据一般以 json 字典的行为返回。

3）js 代码加载：当网页展示时，虽然内容在 HTML 标签里面，但是由于执行 js 代码是加载到标签中的，所以当只请求 HTML 页面而未执行 js 内容时，解析出 HTML 对应标签下的内容为空。此时需要找到包含所需内容的 js 代码块，然后通过正则表达式或者解析 json 字典的形式对该 js 代码块进行解析。

在清楚上述的爬虫原理后，我们通过一个简单的例子走进爬虫的世界：

```
import requests
url = 'http://www.dangdang.com/
```

```
    'user_agent = 'Mozilla/5.0 (Windows NT 10.0; Win64;x64) AppleWebKit/537.36
(KHTML, like Gecko) Chrome/59.0.3071.115 Safari/537.36'
    headers = {
        'user-agent': user_agent              # 浏览器头文件信息
    }
    message = requests.get(url=url, headers=headers)    # 对目标网页发送访问请求
    message = message.content.decode('gbk')             # 对爬取的页面数据进行解码
    print(message)         # 打印该页面内容
```

上段代码为对某网站的请求操作,执行上述代码后可以在 Pycharm 控制台下看到返回的页面信息(如图 5-2 所示),通过对该页面信息进行进一步解析,即可提取出所需的数据。

图 5-2　爬取的目标网页信息

2. HTML 标签

HTML 是超文本标记语言,也是网页设计的基本要素,使用标记标签来描述网页并构起页面的"骨架"。爬虫爬取的数据都嵌入在 HTML 的标签中,下面我们对爬虫过程中常遇到的需要解析的标签做介绍。

❑ header:用于定义 HTML 文档的页眉,即该页文档的介绍信息。
❑ body:定义 HTML 文档的主体,body 元素中包含文档中的所有内容,

下面介绍的几个标签都包含在 body 标签中。
- p：HTML 的段落通过 <p> 标签来定义，如"<p> 这是某段落 </p>"。
- a：HTML 的链接通过 <a> 标签来定义，如"<a href="http:// www.baidu.com"> 这是某链接 </a>"。
- h1：HTML 中 <h1> 表示一个标题，如"<h1> 这是某标题 </h1>"。
- span：用于组合文档中行内元素，以便通过样式来格式化该元素，如果不对 span 应用样式，那么 span 元素中文本与其他文本无视觉上差异。
- div：是一个块级元素，可以将文档分割为独立的、不同的部分。通常与 class 或 id 等样式配合使用。如"<div class="new"> 文档内容 </div>"。
- li：HTML 中的列表，用来展示多条并列存在的信息。

5.1.3 解析网页

解析网页内容的方法有很多，常见的包括正则表达式、beautifulsoup4、xpath、json、HTMLParser 等。这些解析方式可归为三种解析场景：其中 beautifulsoup4、xpath、HTMLParser 用于结构化的 HTML 标签解析，对于这三种方法来说熟练掌握一种即可。json 用于 ajax 加载的字典类型数据的解析。正则表达是万能的，可用于任何场景的数据解析。当以上两种解析出来的数据还不够"干净"，不能达到所需目标时，可使用正则表达式做进一步的解析。下面我们对这三种解析方式展开详细介绍。

1. xpath

在进行网页数据抓取时，定位 HTML 节点是抓取信息的关键，使用 xpath 路径表达式的方式可快速便捷选取 HTML 中的节点。Xpath 本质上是用一种类似目录树的方法来描述某个数据在 XML 文档中的路径。常见的路径表达式如表 5-1 所示。

表 5-1 常见 xpath 表达式

表达式	描述	示例	备注
nodename	选"nodename"节点的所有子节点	xpath('// div')	选取 div 节点的所有子节点

（续）

表达式	描述	示例	备注
/	从根节点选取	xpath('/div')	从根节点上选取 div 节点
//	选取当前所有节点，不考虑其位置	xpath('// div')	选取所有的 div 节点
.	选取当前节点	xpath('./div')	选取当前节点下的 div 节点
..	选取当前节点父节点	xpath('..')	回到上一个节点
@	选取属性	xpath('// @class')	选取所有的 class 属性
xpath('/div[@*]')	选取所有带属性 div 的节点	——	——
xpath('/div/')	选取 div 下的所有子节点	——	——

在实际应用中，由于 xpath 返回的不一定是该文档中的唯一节点，而是符合该路径条件的所有节点，因此在精准选择时需要缩小定位范围，通过选取属性的方式增加过滤条件。关于 xpath 的进一步详细介绍，可以参阅讲解 Scrapy 的官网中 xpath 选择器版块：https:// doc.scrapy.org/en/0.14/topics/selectors.html。

Python 中的 lxml 模块用于分析 XML 文档结构，也可支持分析 HTML 文档，借助 lxml.etree 包对 HTML 中的 xpath 进行分析，获取所需信息。下面我们通过一个例子进行介绍。

图 5-3 是某网页的图书信息页面，用 Chrome 浏览器打开该网址后按下 F12 键进入开发者模式。首先单击左上方的"小箭头"，该箭头的作用是页面的标签选择器，选中 WEB 前端页面上的内容即可展示出其在 HTML 文档中对应的位置。第二步我们选择需要抓取的作者标签，即可在下方的 HTML 文档中看到其所对应的标签层级关系。第三步需要找到该标签在 HTML 文档的路径，这里有两种方式可供选择：1）选择该标签在 HTML 文档中所在位置后单击右键，在弹出的列表中选择"Copy Xpath"选项即可找到标签路径。但这种选择一般是找到标签的相对路径，不一定能精准匹配出该标签；2）根据该标签的上面层级关系，人工写出该标签的绝对路径，通过绝对路径的方式可精准匹配出该唯一标签。

图 5-3 某网页商品信息数据

清楚了上面的基本情况后,我们通过代码来了解其实现过程:

```
# -*- coding: UTF-8 -*-
import requests
from lxml import etree                                    # 解析 xpath 路径的包

url='http://product.dangdang.com/23464478.html#ddclick?act=click&pos=23464478_0_2_p&cat=01.00.00.00.00.00&key=&q\
info=&pinfo=11287313_1_60&minfo=&ninfo=&custid=&permid=20170216140846297879631198545887287&ref=&rcount=&type=&t=1487225436000&searchapi_version=eb_split'
aa = requests.get(url)                                    # 发送请求
contents = etree.HTML(aa.content.decode('gbk'))    #contents 为 HTML 文档数据
print(contents.xpath('//*[@id="author"]/a[1]/text()').pop())
    # 作者  属性 id 的绝对路径,text() 表示抽取该路径下的文字
print(contents.xpath('//*[@class="product_mai
clearfix"]/div[2]/div[1]/div[1]/div[1]/h1/text()').pop().strip())  # 书名
rint(contents.xpath('//*[@class="product_main
clearfix"]/div[1]/div[1]/a/img/@src').pop())                            # 图片
print(contents.xpath('//*[@class="messbox_info"]/span[2]/a/text()').pop())
    # 出版社
print(contents.xpath('//*[@class="messbox_info"]/span[3]/text()').pop())
    # 出版时间
print(contents.xpath('//*[@id="original-price"]/text()').pop())        # 定价
print(contents.xpath('//*[@id="detail_describe"]/ul/li[2]/text()').pop())
```

```
    # 页数    li[2] 表示 ul 下的第 2 个 li 标签
print(contents.xpath('//*[@id="detail_describe"]/ul/li[3]/text()').pop())
    # 字数    li[3] 表示 ul 下的第 3 个 li 标签
print(contents.xpath('//*[@id="detail_describe"]/ul/li[4]/text()').pop())
    # 印刷时间
print(contents.xpath('//*[@id="detail_describe"]/ul/li[5]/text()').pop())
    # 开 本
print(contents.xpath('//*[@id="detail_describe"]/ul/li[6]/text()').pop())
    # 纸 张
print(contents.xpath('//*[@id="detail_describe"]/ul/li[7]/text()').pop())
    # 印次
```

上述代码首先向目标网址发送了请求，然后用 xpath 的绝对路径对返回的 HTML 文档数据进行解析。执行上述代码后，可在 Pycharm 控制台下看到解析后所需的数据。如图 5-4 所示。

图 5-4　解析后的商品数据

2. json 数据解析

通过上面的介绍我们知道 ajax 异步加载的数据以 json 的形式返回，下面我们通过一个例子来介绍如何对 json 形式的数据进行解析。

通过对网页的深入分析，我们找到了加载 json 数据对应的链接，双击链接打开，将看到图 5-5 所示的数据。一眼望去这种形式的数据"很乱"，貌似没有什么规律，那么如何对这种形式的数据进行解析呢。这里我们可以借助在线解析 json 数据的网站，将该段 json 数据放入网站中查看数据结构特点。在图 5-6 中可以看出，原先看似没有结构归类的数据经过解析后呈现出鲜明的层级特征。

图 5-5　某网页 json 数据

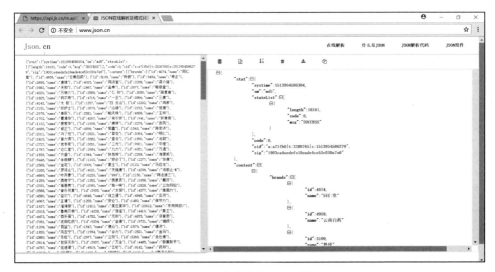

图 5-6　在线解析 json 数据

在示例页面中商品的"id"和"name"在标签"brands"下面，而标签"brands"在上一级标签"content"下面。在清楚了标签的层级结构后，我们通过 Python 中的 json 包对该段数据进行解析。

完整的代码如下：

```python
# 导入所需包
import json                                    # 解析json数据的包

import requests
url = 'https://api.jk.cn/m.api?_mt=skydive.medicineListSearchForH5&_chl=iOS%7CWAP&serverVersion=V2&position=14000&keyword=%E9%A3%8E%\
    E6%B9%BF%E9%AA%A8%E7%A7%91&lat=0&lng=0&itemSearchRequest=%7B%22merchantId%22%3A%5B%5D%2C%22categoryId%22%3A%5B%5D%2C%22tagId%22%3A%5B%\
    5D%2C%22startPrice%22%3A-1%2C%22endPrice%22%3A-1%2C%22healthGoldItem%22%3Afalse%2C%22appChannel%22%3A%22wap%22%2C%22outBizType%22%3A%22\
    WAP%22%2C%22bizType%22%3A%22B2C_ONLY%22%2C%22sort%22%3A%5B%7B%22field%22%3A%22SCORE%22%2C%22direction%22%3A%22DESC%22%7D%5D%2C%22showCat\
    egory%22%3Atrue%2C%22page%22%3A2%2C%22size%22%3A10%7D&_sm=md5&_sig=ff1eed2ac42d449b3ec26970aeafe845'
user_agent = 'Mozilla/5.0 (Windows NT 10.0; Win64; x64) AppleWebKit/537.36 (KHTML, like Gecko) Chrome/59.0.3071.115 Safari/537.36'
headers = {
    'user-agent': user_agent                   # 浏览器头文件信息
}
aa = requests.get(url, headers=headers,timeout=10)
content = aa.content.decode('utf-8')  # 返回网页内容

themes_json = json.loads(content)              # 将网页内容解析为json格式
themes = themes_json['content']                # 找到content标签下全部内容
for theme in themes:                           # 对content标签下内容进行循环解析
    dotors = theme['items']
        for doctor in dotors:
            spec = doctor['spec']
            price = doctor['price']
            directPrice = doctor['directPrice']
            pharmacyName = doctor['pharmacyName']
            name = doctor['name']
            brand = doctor['brand']
            print("{}\t{}\t{}\t{}\t{}\t{}".format(spec,price, directPrice, pharmacyName,name,brand))
```

执行完该段代码，可以在 Pycharm 控制台上看到我们所需的内容已经解析出来了（图 5-7）。

3. 正则表达式

正则表达式描述了一种字符串匹配的模式，可以用来检查某条语句是否含有某种子串,将匹配的子串替换或者从某个串中取出符合某个条件的子串。在爬虫中对于爬取到的非规则的字符串采用正则表达式进行解析可以获得所需的规整字段。

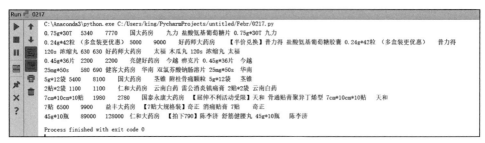

图 5-7　使用 Python 解析 json 后的数据

Python 中使用 re 模块提供了对正则表达式的支持,通过"import re"语句调用正则匹配方法,在该模块中既可以直接匹配正则表达式的基本函数,也可以通过编译正则表达式对象来进行匹配。常用到的函数包括:re.match (pattern, string, flag = 0)、re.search (pattern, string, flag = 0)、re.findall (pattern, string, flag = 0)。其中:

- re.match() 函数:从字符串的首字母开始匹配,如果 string 中包含 pattern 则匹配成功,返回 match 对象,失败则返回 None。
- re.search() 函数:如果 string 中包含 pattern,则返回 Match 对象,否则返回 None。如果 string 中存在多个 pattern 则只返回第一个。与 match() 只能从第一个字符开始匹配不同,search() 函数可以与要匹配的字符串的任一个字符进行匹配。
- re.findall() 函数:返回 string 中所有与 pattern 相匹配的字符串,返回形式为数组。

这三个函数中的参数含义相同,具体如下。

- pattern:匹配的正则表达式。
- string:要匹配的字符串。
- flag:控制正则表达式的匹配方式,如是否区分大小写、多行匹配等。

5.1.4 数据存储

爬下来的数据需要持久化存储以便后期的分析、调用。一般当爬取的数据量不大时可选择 txt、csv 等文件进行存储，当爬取海量数据时需要使用数据库进行存储。本节除了介绍 txt、csv、MySQL 等存储方式，还将介绍图片、音频、视频等非结构化数据的存储方式。

1. txt 和 csv 文件存储

对于小样本数据可以使用 Python 内置的 open() 函数，open() 函数用于打开一个文件，创建一个文件对象。Open 函数格式如下：

```
open(name[, mode[, buffering]])
```

该函数中各参数释义如下。
- name：要访问的文件名称。
- mode：指文件的打开方式，包括写入、只读、追加等。该参数非强制，默认访问文件方式为只读。
- buffering：设置寄存方式，默认缺省。

其中常见打开文件的方式如表 5-2 所示。

表 5-2 文件打开模式

模式	描述
w	以写的方式打开，如文件已存在则覆盖，如不存在则创建新文件
a	以追加模式打开，如文件已存在，新内容写在已有内容之后，如不存在，则创建新文件写入
r+	以读写模式打开，文件指针会放在文件开头
w+	以读写模式打开，如文件已存在则将其覆盖，如不存在则创建新文件
rb	以二进制格式打开一个文件用于只读
wb	以二进制格式打开一个文件用于写入
ab	以二级制格式打开一个文件用于追加
rb+	以二进制格式打开一个文件用于读写

下面通过一小段程序让大家更直观地了解 open 函数，代码执行如下：

```
content = 'hello world'
f = open("text.txt",'a')
f.write(content)
f.close()
```

执行上面这段代码后可在 text.txt 文件看到"hello world"这行语句已被写入。对于 csv 文件同样可用 open() 函数实现存储操作。

2. MySQL 存储

数据库是企业存储数据的基本方式，数据库类型包括 Oracle、MySQL、Hive、HBase 等。本书采用 MySQL 进行数据的存储和查询，另外通过图像工作界面的方式降低数据库的操作复杂度，这里我们选择 Navicat 作为 MySQL 的客户端。

在安装好 MySQL 和 Navicat 客户端后，我们需要进一步安装 Python 中操作 mysql 的库，在 cmd 下执行命令"pip install pymysql"即可。在将爬取的数据插入到 mysql 数据库之前需要在数据库中新建相应的表和需要存储的字段（即表结构）。下面我们通过一个案例进行介绍。

本案例中需要将爬取目标网站的数据持久化存储入数据库中，首先在 Navicat 中为该项目新建数据库并命名为"hospitaldetail"，然后右键单击该数据库新建表，逐个添加所需字段，最后保存并命名表名为"detail"（图 5-8）。

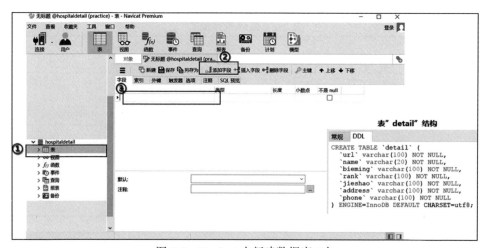

图 5-8　Navicat 中新建数据库 / 表

第 5 章 案例：竞品数据对标分析

在完成数据库的创建工作后，我们接下来看看在 Python 代码中如何将数据插入到数据库中。代码执行如下：

```python
# coding=utf-8
import requests
import xlrd
from lxml import etree
import pymysql.cursors                          # 导入数据操作包

class hospital_detail(object):
    def __init__(self):
        self.conn = pymysql.connect(host='localhost', port=3306, user='root',   password='', db='hospitaldetail',charset='utf8')
                                                 # 连接到数据库
        self.cursor = self.conn.cursor()         # 获得数据库操作的游标
        self.sql_info = "INSERT IGNORE INTO `detail` VALUES(%s,%s,%s,%s,%s,%s,%s)"
                                                 # 将数据插入数据库命令

    def detail(self,url):
        user_agent = 'Mozilla/5.0 (Windows NT 10.0; WOW64)AppleWebKit/537.36 (KHTML, like Gecko) Chrome/56.0.2924.\
        87 Safari/537.36'
        headers = {'User-Agent': user_agent}
        a = requests.get(url, headers=headers)
        # print(a.content.decode('gbk'))
        contents = etree.HTML(a.content.decode('gbk'))
        try:
            if contents.xpath('//*[@id="ltb"]/span[1]/a/text()'):
                name = contents.xpath('//*[@id="ltb"]/span[1]/a/text()').pop()
            else:
                name = 'none'
            if contents.xpath('//*[@id="contentA"]/div[1]/div[1]/ul/li/p/a/text()'):
                bieming = contents.xpath('//*[@id="contentA"]/div[1]/div[1]/ul/li/p/a/text()').pop()
            else:
                bieming = 'none'
            if contents.xpath('//*[@id="contentA"]/div[1]/div[1]/ul/li/p/text()'):
                rank = contents.xpath('//*[@id="contentA"]/div[1]/div[1]/ul/li/p/text()').pop()
```

```
                else:
                    rank = 'none'
                if contents.xpath('//*[@id="hosabout"]/tr[1]/td[2]/text()'):
                    jieshao =
contents.xpath('//*[@id="hosabout"]/tr[1]/td[2]/text()').pop()
                else:
                    jieshao = 'none'
                if contents.xpath('//*[@id="hosabout"]/tr[2]/td[2]/text()'):
                    address =
contents.xpath('//*[@id="hosabout"]/tr[2]/td[2]/text()').pop()
                else:
                    address = 'none'
                if contents.xpath('//*[@id="hosabout"]/tr[5]/td[2]/text()'):
                    phone = contents.xpath('//*[@id="hosabout"]/tr[5]/td[2]/text
()').pop()
                else:
                    phone = 'none'
                print("{}\t{}\t{}\t{}\t{}\t{}\t{}".format(url,name,bieming,
rank,jiesha
    o,address,phone))
                self.cursor.execute(self.sql_info, (str(url),str(name),str
(bieming),
    str(rank), str(jieshao), str(address)\ , str(phone)))   # 插入数据库
    self.conn.commit()                                      # 插入命令提交
            except Exception:
                pass

    def run(self):
        data = xlrd.open_workbook('hospital.xlsx')
        table = data.sheets()[0]
        for j in range(table.nrows):
            try:
                link = table.row_values(j)[0]
                a = self.detail(link)
            except Exception:
                passif
 __name__ == '__main__':
    a = hospital_detail()
    a.run()
```

该段代码从"if __name__ == '__main__':"语句下开始执行,按 hospital_detail 类中的函数可分为 3 个部分。

第一部分 __init__ 函数。该函数是初始化函数,执行时自动检测是否连接

到数据库，如连接失败会报错。该函数中的三行命令定义了数据库的连接和插入数据方式。其中"pymysql.connect"语句执行连接到数据库，各参数释义如下。

- host：连接数据库的主机地址，这里用的是本地的数据库。
- port：数据库端口，一般使用 3306。
- user：连接到数据库的用户账户名。
- password：连接数据库的密码，这里没做设置，填入空值。
- db：需要连接到的数据名称，这里我们需要连接到"hospitaldetail"数据库。
- charset：数据的编码方式，一般默认采用 utf-8 格式。

第二行"conn.cursor()"语句获得数据操作的游标，第三行"sql_info"语句定义了插入数据到表 detail 中的字段，因为我们需要插入字符串格式数据，这里用"%s"代表需要插入的每个字段。

第二部分 run 函数。该函数从名为 hospital 的 Excel 文件中循环读取存储在表格第一列中的链接，并将该链接作为参数传给 detail 函数。

第三部分 detail 函数。该函数依次接收 run 函数传入的链接，爬取并解析该链接对应的页面数据，最后将解析后的数据插入数据库中。其中插入数据库的命令"cursor.execute()"需要传入两个参数，第一个参数是插入数据库的 SQL 语句，第二个参数是需要插入的数据。插入数据库后，执行"conn.commit()"命令进行提交操作。

执行代码后可看到 Pycharm 控制台将爬取到的数据打印出来，同时在 Navicat 数据中通过不断的刷新操作可以看到爬到的数据源源不断地被插入到数据库中（图 5-9）。

3. 非结构化数据存储

对于图片、音频、视频等非结构化数据，在 Python 中通过 urlretrieve 方法可实现将远程数据直接下载到本地。Urlretrieve 函数格式如下：

a）Pycharm 控制台下展示爬取数据

b）Navicat 下插入数据库中数据

图 5-9　爬取的数据插入数据库中

```
urlretrieve(url, filename=None, reporthook=None, data=None)
```

该函数中各参数释义如下。

❏ url：下载数据对应的链接。

❏ filename：指定保存本地路径及文件名称。

❏ reporthook：一个回调函数，当连上服务器，相应数据块传输完毕时会触发该回调，可用来显示当前下载进度。默认可缺省。

❏ data：指 post 到服务器的数据，默认可缺省。

我们通过对某 json 数据中包含的图片地址进行解析并存储来直观了解 urlretrieve 的使用方法。代码执行如下：

```
import requests
import urllib.request
import jso
```

```
nurl =
'https://movie.douban.com/j/search_subjects?type=movie&tag=%E7%83%A
D%E9%97%A8&sort=recommend&page_limit=20&page_start=40'
    user_agent = 'Mozilla/5.0 (Windows NT 10.0; WOW64) AppleWebKit/537.36
(KHTML, like Gecko) Chrome/56.0.2924.87 Safari/537.36'
    headers = {'User-Agent': user_agent}
    a = requests.get(url, headers=headers)
    contents = a.content.decode('utf-8')

    hjson = json.loads(contents)        # 字典
    for lis in hjson['subjects']:
        t1 = lis['cover']               # 图片地址
        t2 = lis['rate']                # 评分
        t3 = lis['title']               # 电影名称
        filename = t3 + '_' + t2 + '分' + '.jpg'
        urllib.request.urlretrieve(t1, filename)
        print("{}\t{}\t{}\t".format(t1,t2,t3))
```

执行上述代码，可在存放该py文件的文件夹下看到保存到本地的图片，如图 5-10 所示。对于音频、视频类数据同样可用 urlretrieve 函数进行存储。

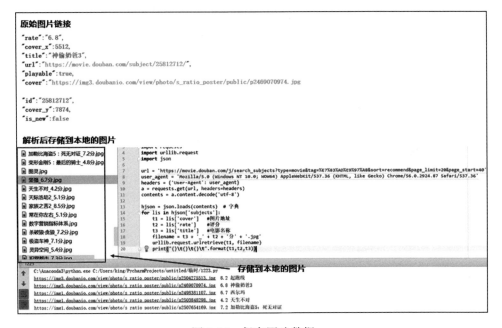

图 5-10　保存图片数据

5.2 网站结构分析

经过上一节的介绍，我们对爬虫的原理和爬取方式有了清晰的认识，在这一节中我们将步入正题，介绍如何对本次目标的电商网站进行爬取。

在爬虫系统中，待抓取 URL 队列及队列中 URL 以什么样的顺序排列是一个非常重要的环节。这不仅关系到能否遍历所有目标页面，同时关系到抓取页面的先后问题。在对目标网站做深度爬取，遍历全部指定内容的链接时，首先需要对目标网站的链接结构做深入分析。

网站上内容以树状结构组织，以一级分类二级分类等一层层组织辖区。要想遍历整个网站上全部的书籍信息，首先需要从书籍分类的目录页作为入口，获取所有书籍分类的一级目录（图 5-11）。

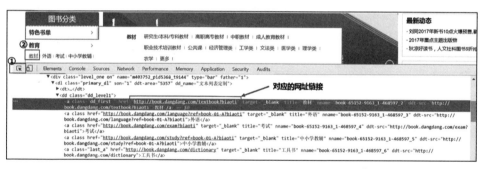

图 5-11　网页中二级目录标签在 HTML 中位置[一]

从"图书分类"页面开始，首先需要找到所有图书二级分类的标签。打开浏览器并按下 F12 键，进入开发者模式。鼠标先单击左上角的"箭头"选项，再单击当前页面的图书二级分类标签"教材"，即可在该页面的 HTML 代码中找到对应的链接，如图 5-12 所示。

继上一步在 HTML 代码中找到该"教育"标签对应的链接后，单击右键，在弹出的选框中选择"Copy"选项，进一步选择"Copy Xpath"选项后粘贴出当前链接的 xpath 路径，该路径的形式如图 5-13 所示。Xpath 位置路径标识了

[一] 截取自当当网，图中相关内容的著作权归原著作人所有。

和上下文有关的一组 xpath 节点，在匹配 XML 文档结构树时能够准确地找到某一个节点元素。

图 5-12　网页中二级目录标签在 HTML 中对应链接[○]

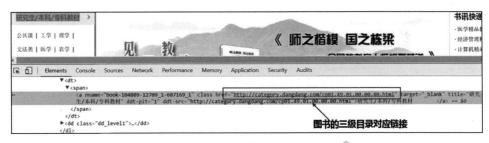

图 5-13　获取图书三级目录对应链接[○]

在上面两步中，我们找到了目录页中所有图书二级标题的链接，当单击进入二级目录后，可以看到网站对图书进行了三级归类。按照上述两步的方法，同样可以找到所有图书的三级目录对应的链接。如图 5-14 所示。至此，我们已经可以找到全部图书二级分类、三级分类的链接，而所有图书被细分到三级分类的各个标签下，下一步需要完全遍历三级分类下的每本图书数据。

在进入图书的三级分类后，可以看到 1～100 页该分类下的全部图书。进一步可以发现在选择某一页图书的时候，上方浏览器的链接也发生相应的改变，而且这种改变是有规律的。例如选择了第一页内容，链接对应部分为"pg1"，选择第二页内容时，链接该部分改变为"pg2"，如图 5-15 所示。由此，遍历

[○]　截取自当当网，图中相关内容的著作权归原著作人所有。

每个三级分类下面的全量图书，在翻页的过程中可以将原网页链接拆分为三个组成部分，将中间随页面改变而改变的数值设定为 1 ~ 100 中循环的参数，然后将三个部分拼接成网页的链接。通过 for 循环找到每一页的详情链接，如图 5-15 所示。

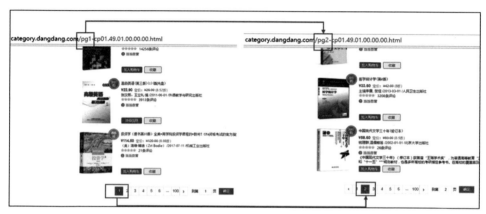

图 5-14　图书三级目录对应详情页[○]

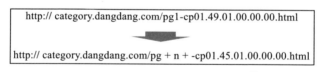

图 5-15　图书三级目录对应详情页[○]

至此，通过对网站结构的分析，我们从图书的二级分类入手首先找到全部图书所有二级分类的链接，进一步找到每个二级分类下的三级分类链接，在进入每个三级分类后通过 for 语句循环的方式找到该三级分类下的全量图书。

5.3　Scrapy 爬虫架构

Scrapy 是一个为了爬取网站，提取结构性数据并存储而编写的应用框架，对爬取过程中的请求、返回、解析、存储、调度等流程提供模块化支持。使用

[○]　截取自当当网，图中相关内容的著作权归原著作人所有。

Twisted 这个异步网络库来处理网络通信,架构清晰,并包含了各种中间件接口,可以灵活完成各种需求。一个常见的 Scrapy 框架如图 5-16 所示。

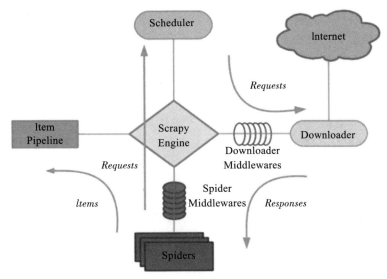

图 5-16　Scrapy 爬虫框架示意图

在图 5-16 所示的框架中,箭头代表数据流向,首先从初始 URL 开始,Scheduler 会将其交给 Downloader 进行对目标地址发送请求,得到返回内容后交给 Spider 进行解析。Spider 对返回内容通过正则表达式、Htmlpaser、lxml 等方式解析出所需内容,分析出的结果有两种:一种是需要进一步抓取的链接,这些链接会被再次传入 Scheduler 进行发送请求;另一种是需要保持的数据,它们被传送到 ItemPipeline 中,在那里对数据进行后期的存储。另外,在数据流动的通道中还可以安装各种中间件(如代理),支持各需求场景。

定义需要爬取的数据字段,在 Scrapy 框架中是通过 Items 模块完成的。在爬取目标网站前,先需要创建一个 Scrapy 项目,下面的语句创建了一个名为 dangdang 的项目:

```
scrapy startproject dangdang
```

创建完成后,在当前文件目录下输入:tree /f > tree.txt 命令,出现当前文件的目录结构：

```
─ dangdang                          -- 项目名称文件夹
    |  items.py
    |  pipelines.py
    |  settings.py
    |  __init__.py
    └─ spiders                      -- 爬虫核心模块文件夹
          dangdang.py
          __init__.py
```

图 5-16 所示的 Scrapy 框架中各主要组件都包含在该树状的目录结构中。其中 dangdang 为该项目的根目录文件夹名称，Spiders 为该爬虫核心模块文件夹，items.py 文档定义需要爬取哪些数据字段，pipelines.py 文档定义爬取数据的存储路径和存储方式，将爬取并解析后的数据持久化到本地，settings.py 文档定义爬虫的调度配置方式（如请求等待时间、是否禁止爬虫等），dangdang.py 文档为爬虫核心的对目标网址进行发送请求，解析返回内容，处理异常情况等。

5.3.1　items 模块

item 是保持爬取到的数据的容器，使用方法和 Python 的字典类型，并且提供了额外保护机制来避免拼写错误导致的未定义字段错误。首先需要根据从当当网获取的数据对 item 进行定义字段。我们需要获取书名、出版社、价格、评论数量、图书归属种类等字段，在 itme 中定义这些字段，代码执行如下：

```python
import scrapy
class DangdangItem(scrapy.Item):
    _id = scrapy.Field()
    title = scrapy.Field()
    comments = scrapy.Field()
    time = scrapy.Field()
    press = scrapy.Field()          # 出版社
    price = scrapy.Field()
    discount = scrapy.Field()
    category1 = scrapy.Field()      # 种类（小）
    category2 = scrapy.Field()      # 种类（大）
```

5.3.2 pipelines 模块

pipeline 定义了连接到数据库、数据持久化的方式。当 item 在 spider 中被收集后，它将会被传送到 pipeline，一些组件会按照一定的顺序执行对 item 中定义字段的处理，决定此 item 是否继续通过 pipeline，或是被丢弃而不再处理。该模块主要包括以下三点应用：①初始化连接到保存数据的数据库；②验证爬取后解析出来的数据是否符合 item 中字段定义；③将爬取结果保存到数据库中或丢弃。代码执行如下：

```python
import pymongo
from scrapy.conf import settings
from .items import DangdangItem

class DangdangPipeline(object):
    def __init__(self):
        host = settings['MONGODB_HOST']
        port = settings['MONGODB_PORT']
        db_name = settings['MONGODB_DBNAME']  # 连接数据库
        client = pymongo.MongoClient(host=host,port=port)
        tdb = client[db_name]
        self.post = tdb[settings['MONGODB_DOCNAME']]

    def process_item(self, item, spider):
        '''先判断 itme 类型，再放入相应数据库'''
        if isinstance(item,DangdangItem):
            try:
                book_info = dict(item)       #
                if self.post.insert(book_info):
            except Exception:
                pass
        return item
```

在这段程序中，首先通过 __init__ 函数初始化连接到 mongodb 数据库，连接需要的数据库名称、表名称、主机地址、端口号等参数信息已在 setting.py 模块中定义完毕。在 process_item 方法中通过 isinstance 函数判断传入的 item 数据类型，在传入数据类型与 item 中定义数据类型一致的情况下，将对应数据持久化到数据库相应的表中。

5.3.3 settings 模块

settings 模块提供了定制 Scrapy 组件的方法，可以控制包括核心（core）、插件（extension）、pipeline 及 spider 组件。实现对调度、请求等待时间、存储优先级、请求队列清理方式、数据库连接方式的定义。下面通过本案例中对 settings 模块的定义方式，了解各组件的应用方法，代码执行如下：

```
BOT_NAME = 'dangdang'
SPIDER_MODULES = ['dangdang.spiders']
NEWSPIDER_MODULE = 'dangdang.spiders'
# Obey robots.txt rules
ROBOTSTXT_OBEY = False
DOWNLOAD_DELAY = 1

SCHEDULER = "scrapy_redis.scheduler.Scheduler"              # 调度
DUPEFILTER_CLASS = "scrapy_redis.dupefilter.RFPDupeFilter"  # 去重
SCHEDULER_PERSIST = True                                    # 不清理 Redis 队列
SCHEDULER_QUEUE_CLASS = "scrapy_redis.queue.SpiderQueue"    # 队列

ITEM_PIPELINES = {
    'dangdang.pipelines.DangdangPipeline': 300,
}
MONGODB_HOST = '127.0.0.1'
MONGODB_PORT = 27017
MONGODB_DBNAME = "dangdang"
MONGODB_DOCNAME = "saveinto_2"
```

在上面的配置的参数中：

- SPIDER_MODULES。声明 Scrapy 搜索 spider 的模块列表，该参数在创建项目时自动定义。
- DOWNLOAD_DELAY。设置爬取的延时等待时间，这里设置为 1s；
- SCHEDULER。Scrapy 中的调度器配置。
- DUPEFILTER_CLASS。对爬取的链接去重，当发现有重复链接时对第二个链接不再爬取。
- SCHEDULER_PERSIST。如果这一项设为 True，那么在 Redis 中的 URL 队列不会被清理掉，但是在分布式爬虫共享 URL 时，要防止重复爬取。如果设为 False，那么每一次读取 URL 后都会将其删掉，但弊端是爬虫暂停后重新启动，它会重新开始爬取。
- SCHEDULER_QUEUE_CLASS。爬虫的请求调度算法，这里有三种可供选择：① scrapy_redis.queue.SpiderQueue：队列，先入先出队列，先放入 Redis 的请求优先爬取；② scrapy_redis.queue.SpiderStack：栈，后放入 Redis 的请求会优先爬取；③ scrapy_redis.queue.SpiderPriorityQueue：优先级队列，根据优先级算法计算哪个先爬哪个后爬。这里使用队列的方式进行调度。
- MONGODB_DBNAME。定义连接到的数据库名称为"dangdang"。
- MONGODB_DOCNAME。定义存储到的表名称为"saveinto_2"。

5.3.4 爬虫模块

爬虫模块（dangdang.py）是我们编写用于从单个网站爬取数据的文件。主要用于向目标网站发送请求，解析返回内容，调度存储模块。为了创建爬虫文件，需要继承 scrapy.spider 类，且需要定义以下三个属性。
- name：用于区别 spider，该名字必须唯一，不可以为不同的 spider 设定相同的名字。
- start_urls：包含 spider 在启动时进行爬取的 url 列表。第一个发送请求的链接在其中，后续请求的链接可以在该列表中，也可以从初始 url 获取到的数据中提取。
- parse()：是 spider 中的一个方法，用于接收请求链接返回的 response 数据。

该模块初始化执行代码如下：

```
# -*- coding: utf-8 -*-
import scrapy
import requests
from scrapy import Selector
from lxml import etree
from ..items import DangdangItem
from scrapy_redis.spiders import RedisSpider

class DangdangSpider(RedisSpider):--继承 RedisSpider 类方法，去除重复链接
    name = 'dangdangspider'
    redis_key = 'dangdangspider:urls'
```

```
        allowed_domains = ["dangdang.com"]
        start_urls = 'http://category.dangdang.com/cp01.00.00.00.00.00.html'

    def start_requests(self):
        user_agent = 'Mozilla/5.0 (Windows NT 6.1; WOW64)AppleWebKit/537.36 (KHTML, like Gecko) Chrome/49.0.2623.22 \
                      Safari/537.36 SE 2.X MetaSr 1.0'
        headers = {'User-Agent': user_agent}
        yield scrapy.Request(url=self.start_urls, headers=headers, method='GET', callback=self.parse)
```

5.4 数据爬取与解析

经过前文的介绍,大家对网站结构、页面分析和 Scrapy 框架已经有了足够了解,下面将结合网页各页面特点实际分析如何写相应内容的爬虫脚本 dangdang.py。

在爬取的过程中,为了对重复的链接进行过滤,需要继承 RedisSpider 作为父类,设置爬虫名称为"dangdangspider",并设定好起始 url 参数,代码执行如下:

```
class DangdangSpider(RedisSpider):       -- 继承 RedisSpider 作为父类
    name = 'dangdangspider'              -- 爬虫的名称
    redis_key = 'dangdangspider:urls'
    allowed_domains = ["dangdang.com"]
    start_urls = 'http://category.dangdang.com/cp01.00.00.00.00.00.html'-- 起始 url
```

strat_requests 方法中存储了需要爬取的网页链接,当需要请求的爬虫链接很多且有规律时,需要重写 strat_requests 方法,根据自己的需求向 start_urls 中写入自定义的规律链接。yield 迭代参数中,url 表示发送请求的链接,callback 为回调函数,将本次请求得到的结果传回到 parse 函数中,代码执行如下:

```
    def start_requests(self):
        user_agent = 'Mozilla/5.0 (Windows NT 6.1; WOW64)AppleWebKit/537.36 (KHTML, like Gecko) Chrome/49.0.2623.22 Safari/537.36 SE 2.X MetaSr 1.0'
        headers = {'User-Agent': user_agent}
        yield  scrapy.Request(url=self.start_urls, headers=headers, method='GET', callback=self.parse)
```

在 parse 方法中接收上一步 start_requests 请求返回的结果，并将网页内容解码。经过前期测试发现该网页为 gbk 编码方式，因此使用 response.body.decode('gbk')lf.parse) 命令将网页内容赋给 lists。使用 xml 解析函数 etree 将网页内容解析，在 parse 方法中解析出二级图书目录页面中所有二级目录分类对应的链接。在 yield 参数中，url 表示该步骤将要发送的请求，callback 回调函数为本次发送请求得到返回后进一步处理的函数，为进一步解析三级目录的函数 detail_parse，meta 为传入到回调函数中的参数，本步骤中需要传入到下一步中的两个参数分别是二级目录的名称和二级目录的 id。代码执行如下：

```
def parse(self, response):
    user_agent = 'Mozilla/5.0 (Windows NT 6.1; WOW64)AppleWebKit/537.36 (KHTML, like Gecko) Chrome/49.0.2623.22/Safari/537.36 SE 2.X MetaSr 1.0'
        headers = {'User-Agent': user_agent}
        lists = response.body.decode('gbk')
        selector =  etree.HTML(lists)
        goodslist = selector.xpath('//*[@id="leftCate"]/ul/li')
        for goods in goodslist:
            try:
                category_big = goods.xpath('a/text()').pop().replace(' ','')      # 大种类
                category_big_id = goods.xpath('a/@href').pop().split('.')[1]       # id
                category_big_url = "http://category.dangdang.com/pg1-cp01.{}.00.00.00.00.html".\
                                    format(str(category_big_id))
                yield scrapy.Request(url=category_big_url,headers=headers,callback=self.detail_parse,
                                    meta={"ID1":category_big_id, "ID2":category_big})
            except Exception:
                pass
```

在上一步 parse 方法中我们获取到了所有图书二级分类的名称和链接，并将参数传到回调函数 detail_parse 中，在本步骤中将进一步解析三级分类的名称和链接。在 detail_parse 发送的请求链接 url 中 response.meta["ID1"] 参数为上一步 yield 回调函数中传入的"ID1"参数值 category_big_id。其余参数意义同上，在 detail_parse 方法中将解析到的三级分类对应的标题赋值给 category_small_name，将每个

三级分类对应的链接赋值给 category_small_url，通过回调函数 yield 将参数传递给 third_parse，对三级分类下页面的详情内容进行进一步解析。代码执行如下：

```
    def detail_parse(self, response):
        '''
        ID1：大种类ID    ID2：大种类名称    ID3：小种类ID    ID4：小种类名称
        '''
        url = 'http://category.dangdang.com/pg1-cp01.{}.00.00.00.00.html'.format(response.meta["ID1"])
        category_small = requests.get(url)
        contents = etree.HTML(category_small.content.decode('gbk'))
        goodslist = contents.xpath('//*[@class="sort_box"]/ul/li[1]/div/span')
        for goods in goodslist:
            try:
                category_small_name = goods.xpath('a/text()').pop().replace(" ","").split('(')[0]
                category_small_id = goods.xpath('a/@href').pop().split('.')[2]
                category_small_url = "http://category.dangdang.com/pg1-cp01.{}.{}.00.00.00.html".\
                    format(str(response.meta["ID1"]),str(category_small_id))
                yield scrapy.Request(url=category_small_url, callback=self.third_parse, meta={"ID1":response.meta["ID1"],"ID2":response.meta["ID2"],"ID3":category_small_id,"ID4":category_small_name})
            except Exception:
                pass
```

经过前两步的解析，我们已经得到了图书二级分类、三级分类的标题和链接参数，在本步骤中将在三级分类下的详情页中抓取全量的图书。本步骤中，每次发送请求的链接格式为"http://category.dangdang.com/pg{}-cp01.{}.{}.00.00.00.html"，这个链接中需要传入三个参数，第一个参数为三级分类下图书详情页 1～100 页所对应的页码，第二个传入参数 response.meta["ID1"] 为图书二级分类对应的类别 id，第三个传入参数 response.meta["ID3"] 为图书三级分类对应的类别 id。经过拼接后得到了全部图书列表页的链接，在列表页中我们可以解析出每本图书的书名、出版时间、价格、折扣、评论数量等信息。如果需要更详细的信息，可以进一步获取每本图书的详情页链接，在此不做展开。将解析后得到的结果传递给 item 参数，

item 中存储的数据将在 pipelines.py 文件中保存到指定的数据库表中。代码执行如下：

```python
def third_parse(self,response):
    for i in range(1,101):
        url = 'http://category.dangdang.com/pg{}-cp01.{}.{}.00.00.00.html'.format(str(i),response.meta["ID1"], response.meta["ID3"])
        try:
            contents = requests.get(url)
            contents = etree.HTML(contents.content.decode('gbk'))
            goodslist = contents.xpath('//*[@class="list_aa listimg"]/li')
            for goods in goodslist:
                item = DangdangItem()
                try:
                    item['comments'] = goods.xpath('div/p[2]/a/text()').pop()
                    item['title'] = goods.xpath('div/p[1]/a/text()').pop()
                    item['time'] = goods.xpath('div/div/p[2]/text()').pop().replace("/", "")
                    item['price'] = goods.xpath('div/p[6]/span[1]/text()').pop()
                    item['discount'] = goods.xpath('div/p[6]/span[3]/text()').pop()
                    item['category1'] = response.meta["ID4"]    # 种类（小）
                    item['category2'] = response.meta["ID2"]    # 种类（大）
                except Exception:
                    pass
                yield item
        except Exception:
            pass
```

至此，我们对主函数所在文件 dangdang.py 中各模块函数结合页面特点的分析就讲完了。爬虫脚本的写完、调试可执行并不是结束，后期因目标页面结构的变动还需要不定期对代码进行维护，对可能出现反爬虫的问题需要及时解决，提高爬取速度的要求都需要爬虫工程师的时刻跟进。

5.5 项目优化与改进

上一节已经实现了对目标网站指定数据的全量抓取，在本节中我们会进一步优化该项目，讲解脚本在服务器端部署及分布式爬虫的实现。

5.5.1 爬虫脚本部署在服务器端

在前面几个步骤中，我们在本地电脑上实现对目标网站数据的爬取，为了能够定时获取目标网站的数据，还需要进一步将爬虫脚本部署到服务端，通过设定每天的定时调度任务实现对指定数据的定期抓取。下面两步将讲述如何实现：

Step1：将本地调试好的爬虫文件，部署到服务器

使用 mkdir 命令在服务器上新建文件夹，将本地调试好的 Scrapy 项目放入文件夹中。

Step2：服务器端设置定时调度任务

在一些需要高频爬取竞品数据进行对比分析的场景，需要实现每周甚至每天定时爬取目标网站的数据。这种情况下需要在服务器设置定时调度任务，定时执行目录下的爬虫文件，爬取目标网站数据入仓。

在 Linux 操作系统中，在当前账户下键入 crontab -e 命令进入定时服务设置的编辑模式，输入定时任务命令"00 23 * * * cd /home/file/username/dangdang_file && /usr/local/bin/scrapy crawl dangdang"，即设定好每天晚上 23 点定时执行该爬虫脚本。输入定时任务命令后，通过 crontab -l 命令查看定时任务是否创建成功。

虽然爬虫脚本在本地调试好，在服务器端部署成功并通过定时调度任务实现了，但这并不意味着一劳永逸。目标站点页面结构的变化也会导致原来部署的脚本不能解析出所需数据，因此在部署完爬虫项目后还需要后期的维护工作。

5.5.2 分布式爬虫的实现

分布式爬虫中使用一台主机作为分布式爬虫的 Master，用来做任务的派分。使用另外三台（或 n 台）主机作为分布式爬虫的 Slave，用来爬取网站，并将结

果保存到某台 Slave 主机上面运行的数据库中，如图 5-17 所示。

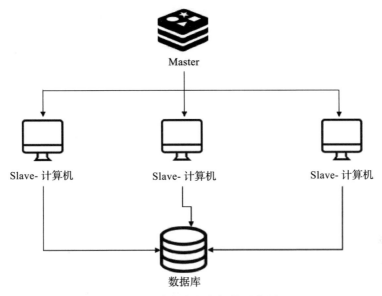

图 5-17　分布式爬虫架构示意图

其中作为 Master 的主机只需要安装 Redis 即可，这里仅是作为待爬网址的临时中转地。在三台 Slave 主机中，需要安装好 Scrapy 及其依赖的库文件，并将写好的爬虫代码拷贝进去。由于爬虫会一直监控 Master 的 Redis，所以在 Redis 没有链接的时候，各 Slave 爬虫处于待命状态。

当一个 url 进入 Redis 后，其中一个 Slave 主机就开始运行，它拿到这个 url 后，Redis 中的该 url 将会置为已访问状态，以保证其他 Slave 不会重复抓取。其他 Slave 主机分别从 Master 中获取 url 爬取目标页面，最后速度越来越快，达到所有爬虫都全速运行的状态。

5.6　反爬手段及应对机制

在爬取目标网站数据的时候，遇上反爬虫的措施十分麻烦，本节将对一些常见的反爬虫手段及应对措施做剖析。

5.6.1 禁止 IP 请求

当爬取目标网站过快或过于频繁的时候，目标网站将会发现异常。通常会向发送的请求返回一个链接，要求输入验证码或单击指定的图片。或者将返回的内容做 302 重定向，使每次请求返回得到一个无效的固定链接。在这种情况下，已经被目标网站识别出来为爬虫了，这种情况下将使用代理 ip 访问目标网站。代码如下：

```
import requests
proxies = { "http": "http://10.10.1.10:3128",#设置代理 ip 地址
            "https": "http://10.10.1.10:1080",}
p = request.get("http://www.baidu.com", proxies = proxies)#使用代理 ip 发送请求
print(p.content.decode('utf-8'))#打印目标网址内容
```

5.6.2 禁止非浏览器访问

有些网址对于爬虫反感，对其发送的请求一概拒绝。这时候需要将爬虫的请求伪装成浏览器，通过加载 http 请求中的头文件 Headers 来实现。那么如何找到伪装浏览器的 Headers 是关键。我们在 Chrome 浏览器当前页面按下键盘上 F12 键进入开发者模式，首先选择调试界面的"Network"选项，进一步选中左侧的某一条请求链接，从而在右侧"Request Headers"位置下看到发送请求的头文件。如图 5-18 所示。

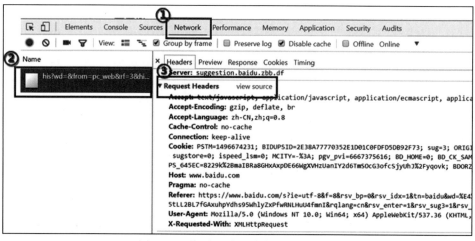

图 5-18　找到浏览器请求头文件参数

接下来将该头文件中的部分参数（主要是 User-Agent 参数）加载到请求头中，代码执行如下：

```
import requests
headers = {
            'Host': "www.baidu.com",
            'Accept': 
"text/html,application/xhtml+xml,application/xml;q=0.9,image/webp,*/*;q=0.8",
            'Accept-Encoding': "gzip, deflate, sdch",
            'Accept-Language': "zh-CN,zh;q=0.8",
            'User-Agent': "Mozilla/5.0 (Windows NT 10.0;WOW64) AppleWebKit/537.36 (KHTML, like Gecko) Chrome/54.0.2840.87 Safari/537.36"}# 头文件信息
p = requests.get(url, headers=headers)# 发送包含头文件信息的请求
print(p.content.decode('utf-8'))# 打印目标网址内容
```

5.6.3 ajax 加载目标数据

ajax（异步 JavaScript 和 XML）是一种无须重新加载整个网页的情况下，就能够更新部分网页的技术。对应 ajax 加载的数据，我们使用常规的 requests 或 post 方式无法请求得到目标网页数据。此时需要按下 F12 键打开浏览器开发者工具，进行调试，找出 ajax 加载数据对应的网页链接（图 5-19）。

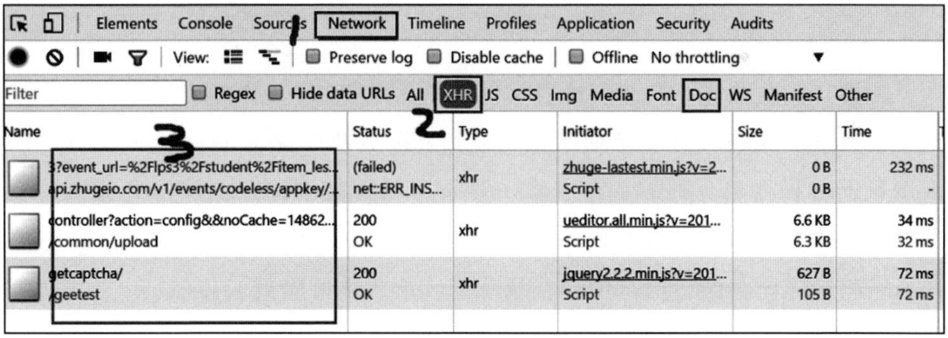

图 5-19　ajax 加载网页链接分析

在 Network 下选择 XHR 或 Doc 标签，双击分别查看这两个标签下面的链接。如果点开链接打开的网页中出现请求原始网页链接时没有加载出来的数据，则说

明这些数据是通过该链接传送。后续对该链接进行规律分析,对其发送请求。

5.6.4 需要登录后才能访问

对目标网站进行模拟登录后才能访问后续页面也是一个常见的场景。对于常规发送请求接收响应以 get 方式发送请求,当需要通过浏览器的表单选项向服务器发送带参数请求时,将使用 post 方式发送请求。参数附在 post 请求中。下面以某段模拟登录的代码为例来详细讲述,代码执行如下:

```
login_url = 'https://weixin.chunyuyisheng.com/api/accounts/login/'
link = 'http://m.chunyuyisheng.com/cooperation/wap/doctor/search/p'
user_agent = 'Mozilla/5.0 (Windows NT 10.0; WOW64)AppleWebKit/537.36 (KHTML, like Gecko) Chrome/49.0.2623.22 Safari/537.36 SE 2.X MetaSr 1.0'
headers = {
    'user-agent': user_agent
}
data = {
    'username': 'yourname',
    'password': 'yourpassword',
    'next': ''
}
session = requests.Session()
loginpost = session.post(login_url, data=data, headers=headers).content.decode('utf-8')
user_info = session.get(link, headers=headers).content.decode('utf-8')
```

上面这段代码中,login_url 表示登录页面的链接,link 表示需要爬取内容页面的链接,如果没有登录则不能跳转到 link 页面。首先 headers 头文件中引入浏览器标识参数,data 字典中传入登录过程中需求输入的账号和密码,在 session.post 方法中传入需要登录页面的链接和登录名密码。在向目标网站 post 账号密码后当前会话将保持用户登录状态,下一步可通过 session.get 方法向需要爬取内容的页面发送请求。

5.6.5 手机 App 页面数据抓取

目前很多 App 都是基于 hybrid 模式开发,以 H5 形式加载页面。对于 App

上 H5 形式加载的页面，可以通过抓包工具（如 fiddler）找到单击页面时发送的请求链接，即可得到要抓取目标页面的链接，将该链接粘贴到浏览器中打开，接下来的分析就成了常规页面分析。下面简要介绍如何通过 fiddler 软件找到 APP 发送请求的链接。

在电脑端下载并打开 fiddler 软件，单击界面中右上方的下拉箭头即可出现悬浮图标，如图 5-20 所示，将鼠标放置于悬浮图标的"Online"上可出现本机的 ip 地址 192.168.5.2。打开手机设置代理 ip 地址为 192.168.5.2，端口号为 8888，此时手机即与电脑端的 fiddler 软件建立起连接关系。

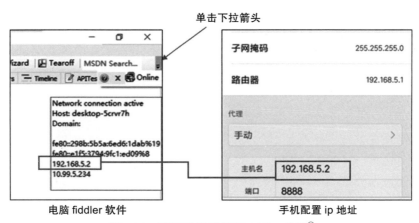

图 5-20　配置手机连接到 fiddler 软件[⊖]

手机上网信息将通过电脑端发送请求，而 fiddler 软件可以查看手机发送的每一次请求数据（图 5-21）。

图 5-21　在 fiddler 上查看每次单击对应的报文[⊖]

[⊖][⊖]　截取自 fiddler 软件，图中相关内容的著作权归原著作人所有。

在手机端打开需要爬取的 APP，翻到目标页面，此时可在 fiddler 软件左边的列表栏看到发出的请求链接及相关参数。

5.7 本章小结

竞品数据的爬虫在互联网公司中是一个较为常见应用，使用 Python 语言爬虫的时候除了需要掌握网页解析方法（如正则表达式、BeautifulSoup4、lxml 库、json 等）、存储方式（txt、csv、mysql、mongodb 等）外，更重要的是分析清楚目标站点的特征，而这需要在大量项目中积累经验。

第 6 章

案例：某互联网医疗产品用户特征分析

随着市场竞争日趋激烈，用户的需求不断提高，很多行业开始从以产品为中心转向以用户为中心，用户的需求和意见越来越受到企业的重视，互联网行业中产品更注重以"用户体验"为核心。由于互联网产品"天然"具有获取海量数据的便利性，于是在产品运营环节中基于用户的行为分析来调整运营策略就变得愈加重要。

6.1 应用背景与分析维度

某互联网医疗产品上入驻了行业内几十万名专家和医生，用户通过在该产品 Web 端、App 端或 H5 页面上挑选与要咨询疾病相关的专家，并预约付款后，可以图片+文字、语音通话、视频等方式向专家咨询相关疾病。专家做出解答后，用户确认付款并填写评价。

图 6-1 为产品 App 端列表页和详情页示意图（Web 端 UI 类似），左边列表页展示擅长不同科室下的医生列表，用户可上下滑动该页面查看该类科室的全部医生。在列表页中单击某医生展示 banner 即可进入该医生介绍的详情页（b

图），可查看该历史订单评价、好评率、问诊人数等信息，也可在详情页下单咨询。

a）专家列表页面　　　　　　　　b）专家详情页面

图 6-1　专家展示页面示意图

目前平台上积累了包括业务数据、日志数据、埋点数据等在内的大量历史数据，现运营小组人员想了解付费用户特征以便优化运营策略，于是委托数据小组人员做一个专题分析。数据分析人员在接到任务后，根据对业务的理解，决定从用户群体、用户来源渠道、用户的付费偏好等角度分析付费用户人群特点。

6.2　基于用户细分的行为分析

在用户分析中，根据用户的消费特征和行为特征可以将用户分为许多类别，根据用户类别进行统计分析，可以看到细分用户群体的变化情况。通过对某些群体（如付费用户）着重做分析研究，可以看到这类用户的变化趋势。

常见的用户分类包括：活跃用户、新用户、老用户、流失用户、回访用户等。通过对新老用户做进一步细分，可以衍生出更细的维度指标，如图 6-2 所示。

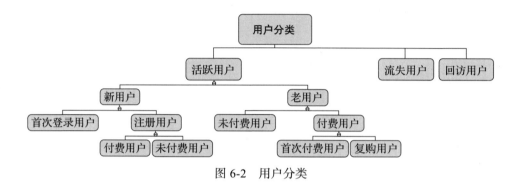

图 6-2　用户分类

用户分类的具体定义方式如下。

- 活跃用户：指在统计时间段内访问或登录过产品的用户，活跃用户包括新用户和老用户。不同分析场景中对活跃用户的定义不完全相同。
- 新用户：包括首次登录用户和首次注册用户。其中首次登录类用户仅有访问行为，没有在产品上注册账号。注册用户可进一步分为当日注册且付费用户和当日注册未付费用户。新用户是产品发展的动力，该类用户的占比反映产品推广和渠道推广带来的效果。
- 老用户：指历史有过登录或注册行为的用户，按当日是否付费可进一步将老用户划分为未付费用户、首次付费用户和复购用户，复购用户指用过历史购买行为的用户。老用户是产品生存的基础，是为产品带来价值的主要用户群体。
- 流失用户：一段时间内没有登录或访问过 App/Web 端的用户，一般流失周期的定义同用户回访率相关，随着定义流失周期的时间变长，用户回访率逐渐下降到某一稳定数值，该时间长度即为用户流失周期。
- 回访用户：之前已经定义流失，但之后又重新访问网站的用户。一般情况下，已经定义流失的用户回访率是很低的。

在运营过程中，用户活跃度作为一个基础判断的指标，被拿来作为分析的重要参考维度，这里首先需要对不同用户群体的活跃情况做判断。

从图 6-3 中可以看出除了受国庆假期的影响日活用户数量下降，日活用户基本在 50 万～60 万，每日新增用户 8 万人左右。

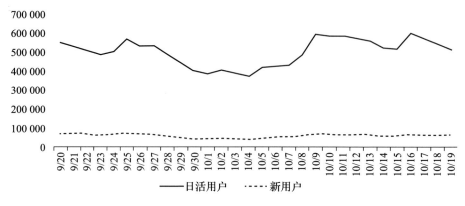

图 6-3　日活用户与新用户变化趋势图

从三类用户访问时长（图 6-4）和浏览页面数量（图 6-5）的统计情况来看，付费用户由于需要在产品上来回比对、挑选合适的专家，因此其浏览的页面量最多、停留时间最长。新用户刚访问或注册产品，对产品还处于尝鲜体验阶段，停留时间较短。随着用户活跃程度的提高，他们在平台上付费意愿也随之增加。

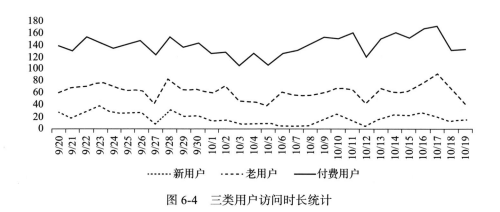

图 6-4　三类用户访问时长统计

第 6 章 案例：某互联网医疗产品用户特征分析

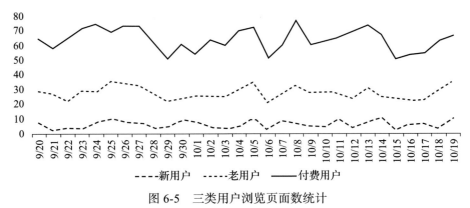

图 6-5　三类用户浏览页面数统计

接下来需要从下单量和客单价的维度分析各类用户特点。

图 6-6 展示了产品近 30 天的用户下单情况，从图中可以看出，每天下单的用户中，新用户基本保持在 500 到 600 人之间，老用户约 1500 人，活跃用户（老用户中近 30 日有过两次及以上购买行为用户）占比在 10% 到 20% 之间。下面再看一下这三类用户的客单价。

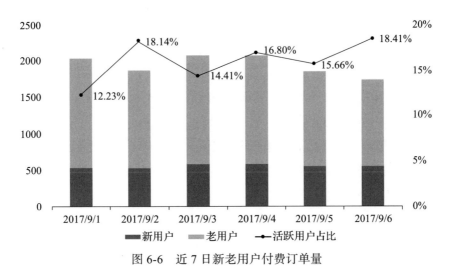

图 6-6　近 7 日新老用户付费订单量

从图 6-7 中可看出新用户客单价小于老用户客单价，小于活跃用户的客单价，由此看来平台对老用户有更大的吸引力，随着用户活跃程度的提高，他们更愿意付出更高的价格在平台上。我们如何获取新用户，并将该类用户运营成活跃用户就成为关键。关于如何获取新用户，我们需要进一步分析用户的来源渠道，从有效渠道做推广并加以维护，充分挖掘渠道用户潜力。

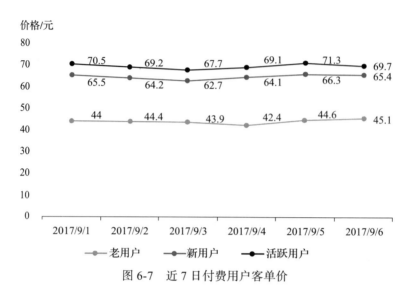

图 6-7　近 7 日付费用户客单价

6.3　用户来源渠道分析

一般来说，用户进入到产品页面的渠道包括三类：①用户直接访问。用户在产品的 Web 主站、App 端、H5 端都可以访问到产品详情页；②搜索引擎渠道。用户在各大搜索引擎中查询关键词时，搜索结果中有导向本产品的链接，在搜索引擎渠道中包括自然搜索排名 SEO 和付费搜索排名 SEM；③第三方合作渠道。即本产品有相关链接嵌入在其他网站或 App 端中用作导流，比较典型的是支付宝第三方合作入口，该入口嵌入了提供各类服务的产品有关链接，用户以支付宝作为入口通过 H5 页面跳转到相关产品。

本产品在多路径铺设入口，除了在 App 端、Web 端设有产品的主要入口，还以 H5 页面形式在其他网站、移动端设有入口。用户在不同渠道所下订单对应不同的 id 标识，记录在订单表中，通过订单的渠道 id 可以区分出用户是从哪个渠道下的订单。

对于用户来源渠道的质量评判，可以从用户数量和渠道收入两个维度来衡量。用户数量是获取新用户的关键，一般从活跃用户、新增用户、付费用户数的角度衡量。渠道收入用于衡量渠道的盈利能力，在本项目中对各渠道收入和付费用户数做分析。

从图 6-8 可以看出渠道 A、B 属于产品主要渠道，贡献了大量新用户及付费用户。A 渠道引入用户数量最多，用户付费金额最大，但是该渠道的人均付费金额不及 B 渠道用户。渠道 F～H 属于小渠道，带来的用户数量及收入金额均不大。

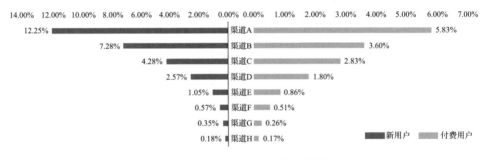

图 6-8　新用户及付费用户来源渠道

在日常数据分析项目中，当遇到营收突然上升或下降的情况，可以从订单渠道的角度进行渠道细分，定位问题所在。

6.4　基于前端展示的用户行为分析

我们站在用户的角度，假设产品的专家列表页的展示内容对用户选择专家，并成功下单付费会产生某些影响。接下来挑选前端展示专家的咨询价格、接单量、星级评分作为分析维度，从单击转化率和付费转化率两方面来看用户行为，然后通过提取数据建立模型查看实际效果，验证假设是否合理。

通过对用户的单击转化情况进行分析，找到用户单击偏好，与运营设想进行比对。如果不一致，需要进一步分析原因，定位问题，调整运营方式、页面布局或页面文案，提高用户单击率。

在本案例对单击转化率进行分析时，我们需要知道每个专家详情页的单击UV，这时需要从日志数据表中提取相关数据。在Google Analytics中通过UTM参数对用户落地页的url进行标注，可用来区别渠道来源，在本案例中的应用方式更为简单，每个专家页面对应对链接格式为"https://xxxxx.ask.com/expert/consult/ 0f4e6667-4957-4d87"，在"expert/consult/"后面的参数即为每个专家对应的专家id，通过正则表达式即可从日志数据表的url字段中匹配出专家id，代码示例如下：

```
select count(distinct session_id)          -- 统计 9 月 1 日至 6 日该专家页面
                                            -- 访问 UV
    from dw.beacon_app_pv_log_da           -- 用户访问 app 的日志数据表
where date_id between '2017-09-01' and '2017-09-06'
    and url_domain =  'xxxxx.ask.com'
    and url like '%.ask.com/expert/consult/%'
    and regexp_extract(url,'/([0-9a-z-]+000)',1) ='0f4e6667-
    4957-4d87'
-- 正则匹配出该专家 id
```

在这段代码中，通过对用户设备id去重，得到该专家展示页在9月1日至9月6日期间的访问UV。

下面将基于前面界面展示的三个细分维度比较用户对专家详情页不同展示内容的表现的差异性，基于该差异性分析用户偏好，进而分析出优化策略。

1. 展示咨询价格对转化率的影响

从访问情况来看（图6-9），用户主要访问咨询价格在40元以下的专家主页，以及定价在100元以上的专家主页，说明用户在浏览阶段"货比三家"的过程中对定价不敏感。但从支付情况来看（图6-10），用户支付订单主要集中在40元以下，其中0到20元定价带来的订单占到一半以上，转化率达到了8.52%，说明用户在实际付费阶段还是侧重于低价位的专家。

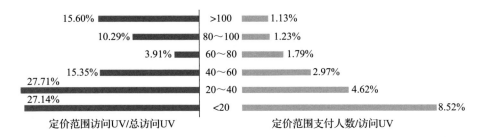

图 6-9　不同咨询定价对用户访问、支付行为的影响

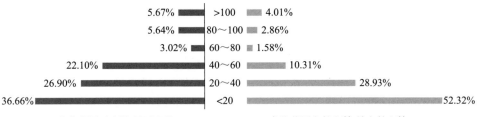

图 6-10　不同咨询定价对应的医生人数及支付人数

2. 展示专家订单量对转化率的影响

从访问情况来看（图 6-11），展示订单量低于 100 的 80% 专家访问 UV 仅占 28%，转化率也相对较低。可以看出用户在列表页选择单击哪位专家时，受展示订单量的影响较大，对于订单量大的医生更有兴趣去了解。从支付情况来看（图 6-12），55% 的付费用户会选择展示订单量较高（>500）的专家下单，订单量越多的医生越容易取得用户的信任。

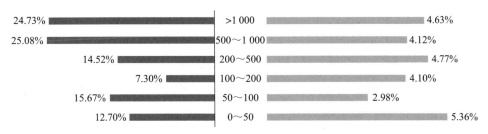

图 6-11　不同订单量对用户访问、支付行为的影响

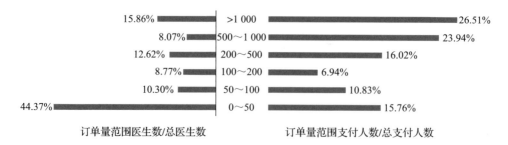

图 6-12　不同订单量对应的医生人数及支付人数

而从医生人数来看（图 6-12），订单量高（>500）的医生人数占比较低，订单量低（<100）的医生占比人数较多。23.9% 的高订单量医生带来了 50.45% 的订单量，而 54.67% 的低订单量医生才带来了 26.6% 的订单量。

因此在前端展示某科室医生时，应尽量通过运营干预的方式，将订单量高的医生展示在每个科室列表页靠前的位置。

3. 展示专家评分对转化率影响

从图 6-13 可以看出用户主要单击 9.5 分～10 分评分段的医生页面，而且支付的订单（图 6-14）同样给到该评分段内的医生。由于当前界面展示的医生评分基本上都在 9.5 分以上，没有特别大的差别，不能帮助用户进一步决策。这里建议细化展示评分的规则，引导用户选择医生。

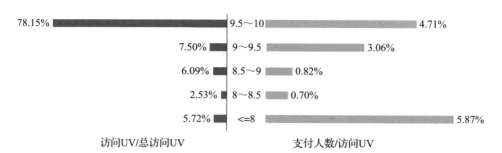

图 6-13　不同专家评分对用户访问、支付行为的影响

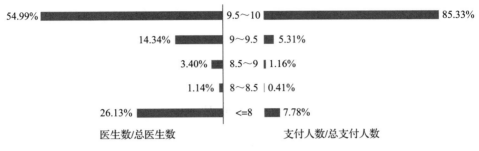

图 6-14　不同评分对应的医生人数及支付人数

6.5　产品改进与运营建议

根据上面三个维度相关的数据表现情况来看，我们针对运营人员下一步的优化方向提出几方面意见。

渠道推广建议：进一步加深与 A 渠道和 B 渠道的合作，增加在 A、B 渠道页面露出的版块，增加在 A、B 渠道投放活动。

前端展示建议：通过运营干涉的方式，人为调整前端展示医生的排序。将咨询价格在 0～40 元的医生，以及订单量在 500 单以上的医生露出在用户刷新页面的前面几个展示位，促进用户单击转化。进一步细化医生展示的评分规则，引导用户选择医生。

6.6　本章小结

本案例介绍了常见的用户分类方式，通过渠道分析、漏斗分析，明确了产品的用户群体特征及消费偏好，使得运营人员的运营策略更有针对性。

第 7 章

案例：RFM 用户价值模型应用

用户分群运营是数据化运营中常见的应用场景，精细运营要求对不同价值用户进行区别对待，而将用户进行分群是区别对待的一种基本方式。用户分群是介于千人千面的个性化运营和未加区分粗放运营的一种折中方式。千人千面的个性化运营需要用户画像中基于用户的标签体系实现，这种形式开发周期较长，而基于 RFM 用户价值分群常见于数据分析项目中，作为业务分析框架对付费用户从整体层面做价值判断。

7.1 应用背景与目标

某互联网医疗产品上入驻了国内几十万名专家，用户通过在该产品上向专家付费，可以用图片 + 文字、语音通话、视频等方式向专家咨询相关问题，专家做出解答后，用户确认付款并填写评价。目前平台上积累大量用户数据，运营人员想针对患有"慢性病"（如糖尿病、高血压、鼻炎等）的用户群体展开研究，分析该类用户群特征，以便在合适的时间向合适的用户传递合适的商品信息，从而提高该类用户的复购率。

在该分析项目中，数据运营人员引入了 RFM 模型做用户分群，RFM 模

第 7 章 案例：RFM 用户价值模型应用

型评分方法是传统行业广泛应用的一种用于评价客户忠诚度、流失倾向和衡量客户生命价值周期的计算方法，但该方法作为一种成熟的用户分析方法，也广泛应用于互联网行业的数据运营中。通过一个客户的近期购买行为、购买的总体频率以及实际消费数这三类指标来动态展示一个客户的整体轮廓。

RFM 模型从三个维度评价用户的总体价值类型，根据单个类别用户的分值与总均值的关系（高于平均值得分为高，低于平均值得分为低），将用户分为 $2 \times 2 \times 2=8$ 类（图 7-1）。

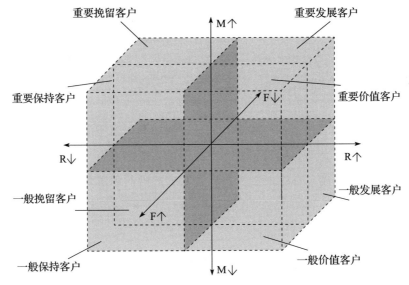

图 7-1　用户价值模型划分示意图

每类用户具有不同的行为特征和消费特征，其对平台的价值程度各不相同，运营人员对每类人群的运营重点也不尽相同（表 7-1）。

表 7-1　用户价值模型划分

R	F	M	用户类型	备　注
高	高	高	重要价值用户	该类用户与企业交易频繁、交易量大，但长时间没有与企业进行交易，存在流失风险。该类高价值用户是企业利润的潜在来源

（续）

R	F	M	用户类型	备注
低	高	高	重要保持用户	该类用户与企业交易频繁、交易量大，且最近一次交易时间间隔短，实际贡献价值很高，是企业优质客户群
高	低	高	重要发展用户	该类用户购买量较大，但是从购买频率和近期购买时间来看交易不频繁。这类用户有很高潜在价值，可采取针对性营销手段吸引他们，提高其购买频率
低	低	高	重要挽留用户	该类用户最近一次交易时间短、购买金额大、但是购买频率较低，具有很高潜在价值
高	高	低	一般价值用户	该类用户购买频率较高，但长时间没有与企业交易，而且购买量很低，企业已很难从他们身上获取更多利润
低	高	低	一般保持用户	该类用户最近一次交易时间间隔短、购买频率高，属于活跃用户，但累计购买金额较少，购买能力有限，属于企业一般维持用户
高	低	低	一般发展用户	从购买频率、购买金额及近期购买情况来看，该类用户都属于低价值用户，企业应作为一般发展用户
低	低	低	一般挽留用户	该类用户最近交易时间间隔短，但是购买频率和购买金额相对水平较低，无法立即给企业带来较大利润

用户价值的划分包括基于规则的划分方法和基于聚类的划分方法。基于上述规则的方法虽然能够识别出不同客户的价值，但是对客户群细分太多，提高了针对性的营销成本。在本案例中我们分别从规则的角度和聚类角度对用户群体进行了聚类划分。

7.2 基于规则的划分

有关产品的所有消费订单记录存储在数据仓库的订单表中，其中记录了用户的消费时间、消费金额等基础信息，在此信息基础上可进一步挖掘出用户的消费时间段、消费频率、消费能力等信息，进而建立出用户消费的 RFM 模型，对用户价值进行分类，针对不同价值客户采取不同营销策略，实现差异化服务。

数据仓库中的用户消费的订单表（dwd.goods_orders_ful）记录了用户订单的主要属性和度量值等信息，如包括订单的创建时间、完成时间、订单类型、订单金额等。订单表的结构如表 7-2 所示。

第 7 章 案例：RFM 用户价值模型应用

表 7-2 用户消费订单表

字段	字段类型	字段定义	备注
user_id	varchar(100)	"用户 ID"。各业务用户编号	
order_id	varchar(100)	原"订单 ID"。各业务的订单编号	
is_paid	smallint	用户是否实际付费	1：付费 0：未付费
actual_amt	double precision	订单金额	
gmt_created_date	date	订单的生成日期，格式 yyyy-mm-dd	
gmt_created_time	timestamp	订单的生成时间，格式 yyyy-mm-dd hh:mm:ss	
gmt_done_date	date	订单的完成日期，格式 yyyy-mm-dd	
gmt_done_time	timestamp	订单的完成时间，格式 yyyy-mm-dd hh:mm:ss	
busi_type	varchar（20）	业务类型	
region_name	varchar（20）	订单所属省份的所属区域划分：东部区域/南部区域/西部区域/北部区域	
order_source_name	varchar（10）	订单的来源平台分为 Web/H5/App	
is_done	smallint	订单是否完成，0 未完成 1 已完成 2 进行中	

创建用户 RFM 模型的临时表，从订单宽表抽取用户 id、最近消费的日期、总订单量、总订单金额等字段，代码执行如下：

```
#用户RFM模型临时表
create table dwd.user_rfm_portrait_model_01
as
select    a.user_id,
          a.beacon_year,
          max(a.beacon_week) as latest_week,        -- 最近消费的周
          max(a.gmt_created_date) as latest_date ,  -- 最近消费日期
          sum(a.orders) as all_of_orders ,          -- 总订单量
          sum(a.paid_orders) as all_of_paid_orders, -- 付费订单量
          sum(a.paid_money) as all_of_money         -- 总订单金额
    from (select    user_id,
                    year(gmt_created_date) beacon_year,         -- 消费日期/年
                    weekofyear(gmt_created_date)beacon_week,    -- 消费日期/周
                    gmt_created_date,                           -- 消费日期/日
                    count(distinct order_id) orders,            -- 总订单数量
                    count(case when is_paid=1 then order_idelse null end)
paid_orders,
                    sum(case when is_paid=1 then actual_amtelse null
end) paid_money                                                 -- 订单金额
```

```
      from   dwd.goods_orders_ful
      where   gmt_created_date between '2017-01-01' and '2017-08-31'
                                                           -- 订单日期
           and   user_id <> '-'
           and   user_id <> ''
    group by   user_id,
            year(gmt_created_date),
            weekofyear(gmt_created_date),
            gmt_created_date)a
group by   a.user_id,
        a.beacon_year
```

创建临时表后，执行 select * from dwd.user_rfm_portrait_model_01 limit 10 命令，查看临时表可以看到用户 id、最近一次登录时间、总订单数量、总消费金额等数据已经建立，其中 null 代表用户没有过消费行为（图 7-2）。

user_id	beacon_year	latest_week	latest_date	all_of_orders	all_of_paid_orders	all_of_money
33483114	2017	32	2017-08-07	7	7	211.6
48405902	2017	18	2017-05-01	2	1	6.93
34210232	2017	3	2017-01-21	1	0	(null)
55268833	2017	32	2017-08-11	4	0	(null)
13801647	2017	52	2017-01-01	1	0	(null)
41511099	2017	2	2017-01-11	3	0	(null)
48665209	2017	23	2017-06-11	4	1	35.9
37310333	2017	8	2017-02-22	1	0	(null)
48704702	2017	20	2017-05-16	2	2	96.5

图 7-2　用户价值模型临时表

接下来从临时表中计算全体付费用户的平均消费次数、平均消费金额和平均最近一次消费时间，用于对每个用户做价值度划分，代码执行如下：

```
      create table dwd.user_rfm_portrait_model_02
      as
      select   avg(a.all_of_paid_orders) as avg_orders,
           avg(a.all_of_money) as avg_money,
            avg(datediff('2017-08-31' , a.latest_date)) as avg_latestdate
      from   dwd.user_rfm_portrait_model_01 a  -- 上一步创建的临时表
    where   a.all_of_money is not null    -- 排除没有成交金额的用户
```

通过查看 dwd.user_rfm_portrait_model_02 表中数据，可以看出用户平均消费订单 3.75 单，平均消费金额 155.71 元，最近一次消费平均至今 61.38 天。

对每个用户从 R、F、M 角度与全体付费用户的平均水平做比较，从各维度划分出用户的价值，代码执行如下：

```
create table dwd.user_rfm_portrait_model_03
as
select a.user_id,
       case when (datediff('2017-08-31' , a.latest_date)) >= 61.38 then '高'
            else '低' end as recency,
       case when a.all_of_orders >= 3.75 then '高'
            else '低' end as frequency,
       case when a.all_of_money >= 155.71 then '高'
            else '低' end as money
  from dwd.user_rfm_portrait_model_01 a
 where a.all_of_money is not null
 group by a.user_id
```

按每个用户在 R、F、M 三个维度上的表现，将其划分到相应的群体，代码执行如下：

```
create table dwd.user_rfm_portrait_model_04
as
select a.user_id,
       a.recency,
       a.frequency,
       a.money,
       case when a.recency='高' and a.frequency= '高' and a.money = '高' then
            '重要价值用户',
            when a.recency='低' and a.frequency= '高' and a.money = '高' then
            '重要保持用户',
            when a.recency='高' and a.frequency= '低' and a.money = '高' then
            '重要发展用户',
            when a.recency='低' and a.frequency= '低' and a.money = '高' then
            '重要挽留用户',
            when a.recency='高' and a.frequency= '高' and a.money = '低' then
            '一般价值用户',
            when a.recency='低' and a.frequency= '高' and a.money = '低' then
```

```
                    '一般保持用户'
            when a.recency='高' and a.frequency='低' and a.money =
'低' then
                    '一般发展用户'
            when a.recency='低' and a.frequency='低' and a.money =
'低' then
                    '一般挽留用户'
            else null end as pattern
    from dwd.user_rfm_portrait_model_03 a
    group by a.user_id,a.recency,a.frequency,a.money,
        case when a.recency='高' and a.frequency='高' and a.money ='高'
then'重要价值用户',
            when a.recency='低' and a.frequency='高' and a.money ='高'
then '重要保持用户',
            when a.recency='高' and a.frequency='低' and a.money ='高'
then '重要发展用户',
            when a.recency='低' and a.frequency='低' and a.money ='高'
then '重要挽留用户',
            when a.recency='高' and a.frequency='高' and a.money ='低'
then '一般价值用户',
            when a.recency='低' and a.frequency='高' and a.money ='低'
then '一般保持用户',
            when a.recency='高' and a.frequency='低' and a.money ='低'
then '一般发展用户',
            when a.recency='低' and a.frequency='低' and a.money ='低'
then '一般挽留用户'
            else null end
```

创建临时表后，执行 select * from dwd_working.user_rfm_portrait_model_04 limit 10 命令，查看每个用户在三个维度上的价值度及其所属于的用户人群（图 7-3）。

user_id	recency	frequency	money	pattern
50948446	低	高	高	重要保持用户
12620734	低	高	低	一般保持用户
36166036	高	低	低	一般发展用户
42756667	高	高	低	一般价值用户
51588073	低	低	低	一般挽留用户
27510718	低	高	高	重要保持用户
36713540	低	低	低	一般挽留用户
14367341	低	低	高	重要挽留用户

图 7-3 用户价值划分

从执行结果可以看出，RFM 模型对每个用户从最近消费时间、消费频率、消费金额三个角度做了价值判断，并将用户划分到相应的群体（图 7-4）。

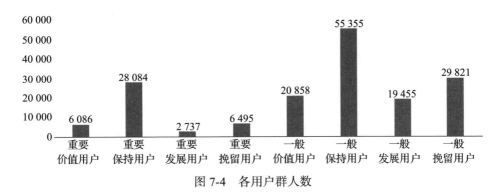

图 7-4　各用户群人数

传统的基于规则的划分用户群体方式也存在一些缺陷，具体表现在以下三方面：

- 划分用户群体过多。每个指标从两个等级描述用户，带来了 8 个用户群体，用户群体的过多导致难以针对每个用户群体制定有效的营销方式。
- 未从更多维度描述用户特征。未从用户消费习惯、物品偏好等角度描述用户特征，导致仅能从大致方向推断用户特征，不能实现对用户的精准推荐产品。
- RFM 权重确定困难。各指标权重的确定在不同的分析场景、不同的分析人员间有不同的做法，没有一个统一的确定标准。

7.3　基于聚类方法的划分

基于聚类的方法与上述根据规则划分方式有所不同。基于"物以类聚"的思想，将每个用户的 R、F、M 三个维度特征数据进行聚类。本节我们介绍基于 k-means 聚类的方式划分用户群体。k-means 是典型的基于距离聚类算法，通过计算不同样本的距离来判断它们的相近关系，将相近的样本会放到同一个类别中。该算法主要包括四步：

1）从 n 个数据样本中选择 m 个数据作为初始聚类中心。

2）分别计算每个数据样本到 m 个数据中心的距离，将该样本归类到距离最近的类别中。

3）所有数据样本分配后，重新更新该类的中心值。

4）对于所有 m 个聚类中心，重复 2、3 步的迭代，当中心值不发生改变时停止迭代，输出最后一步的聚类结果。

本节通过 Python 中 sklearn.cluster 工具箱中的 k-means 包实现聚类算法。使用 .fit() 方法训练数据集，使用 .labels_ 方法得到分类后每个数据样本的标签。

在对数据样本聚类前首先将有慢性疾病需求的用户数据提取出来，该份数据的表结构包括用户 id、用户最近一次消费距今日期、消费频次、消费金额。数据结构示例如图 7-5 所示。

USER ID	R	F	M
38320805	6.6	3	18 770
48445582	3.8	24	35 087
46784384	2.8	9	20 660
57922780	1	12	23 071
44975191	3.17	3	2 897
21567992	1.57	3	4 608
49709779	17.83	2	3 390
50478288	4.13	8	11 797
...	...	...	...

图 7-5　用户价值模型临时表

接下来通过一个 Python 脚本，将数据导入脚本并对每个用户所属类别做聚类，同时在三维坐标系下绘出聚类后特征图形。Python 脚本执行如下（RFM_model.py）：

```
#-*- coding: utf-8 -*-

import pandas as pd
from sklearn.cluster import KMeans      # 导入 k 均值聚类算法
import numpy as np
```

```
import matplotlib.pyplot as plt
from mpl_toolkits.mplot3d import Axes3D
from mpl_toolkits.mplot3d import proj3d
import pylab

if __name__ == '__main__':
    inputfile = 'RFM_model.xlsx'        # 待聚类的数据文件
    k = 3                               # 需要进行的聚类类别数

    # 读取数据并进行聚类分析
    data = pd.read_excel(inputfile)     # 读取数据
    data = data.ix[:,1:4]               # 1-3列是 R F M相对应的数据

    # 调用k-means算法，进行聚类分析
    kmodel = KMeans(n_clusters = k, n_jobs = 4)   # n_jobs是并行数，一般
                                                  # 等于CPU数就比较好

    #kmodel.fit(data) # 训练模型
    result = kmodel.fit_predict(data)
    # kmodel.cluster_centers_  查看聚类中心
    # kmodel.labels_  查看各样本对应的类别

    label =list(kmodel.labels_)         # 分类对应标签

    writer = pd.ExcelWriter('save1.xlsx' )   # 将分类结果写入文件
    df = pd.DataFrame(data=label)
    df.to_excel(writer,'Sheet1')
    writer.save()

    ''' 对于RFM模型中三种变量在空间中分布特征 '''
    ax = plt.subplot(111,projection='3d')
    ax.scatter(data.ix[:,0], data.ix[:,1],data.ix[:,2], c=label)
                                        # 绘制数据点

    ax.set_xlabel('R')
    ax.set_ylabel('F')
    ax.set_zlabel('M')                  # 坐标轴
    plt.show()
```

执行上述代码后，从三维图形中可以看出根据用户在R、F、M三个维度的数值表现将用户分为了三个群体（通过颜色不同标识），第一类人群消费金额较低，人数最多；第二类人群消费金额在中档水平；第三类人群消费金额较高（图7-6）。

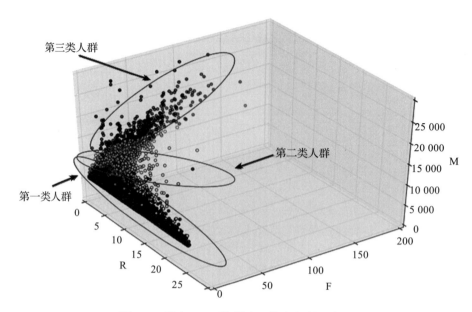

图 7-6 用户 RFM 数据在三维空间的示意图

上面这段代码将用户所属类别写入 save_to_file.xlsx 文件中，将该类别数据粘贴到 pserson_rfm_data.xlsx 的第五列中，得到如图 7-7 所示类型数据。

USER ID	R	F	M	LABEL
38320805	6.6	3	18 770	0
48445582	3.8	24	35 087	0
46784384	2.8	9	20 660	0
57922780	1	12	23 071	1
44975191	3.17	3	2 897	0
21567992	1.57	3	4 608	2
49709779	17.83	2	3 390	2
50478288	4.13	8	11 797	0
…	…	…	…	…

图 7-7 划分用户所属人群

根据聚类后的用户数据，下面使用 Python 中的 pandas 函数查看各用户群特征，代码执行如下（crowd_feature.py）：

第7章 案例：RFM用户价值模型应用

```python
#-*- coding: utf-8 -*-

import pandas as pd
from sklearn.cluster import KMeans          # 导入K均值聚类算法
import numpy as np
import matplotlib.pyplot as plt

if __name__ == '__main__':
    inputfile = 'RFM_model.xlsx'             # 待聚类的数据文件
    data = pd.read_excel(inputfile)          # 读取数据
    data = data.ix[:,[1,2,3,4]]              # 对应是 R F M Label 相对应的数据
    crowd_one = data.loc[data['LABEL']==0]
    crowd_one_num = len(crowd_one.index)     # 第一类用户的人数
    crowd_two = data.loc[data['LABEL']==1]
    crowd_two_num = len(crowd_two.index)
    crowd_three = data.loc[data['LABEL']==2]
    crowd_three_num = len(crowd_three.index)
    # crowd_one.mean()  第一类用户的各维度数据均值
    print('第一类人群特征({}人):\n{}\n第二类人群特征({}人):\n{}\n第三类人群特征({}人):\n{}'.format(crowd_one_num,crowd_one.mean(),crowd_two_num,crowd_two.mean(),crowd_three_num,crowd_three.mean()))

    ax = plt.subplot(321)
    plt.axis([0,30,0,25000])
    plt.xlabel(u'crowd_one_R')
    plt.ylabel(u'crowd_one_M')
    plt.scatter(crowd_one.ix[:, 0], crowd_one.ix[:, 2],s=5)
                                             # 绘制数据点

    ax = plt.subplot(322)
    plt.axis([0, 30, 0, 25000])
    plt.xlabel(u'crowd_one_F')
    plt.ylabel(u'crowd_one_M')
    plt.scatter(crowd_one.ix[:, 1], crowd_one.ix[:, 2], s=5)
                                             # 绘制数据点

    ax = plt.subplot(323)
    plt.axis([0,30,20000,80000])
    plt.xlabel(u'crowd_two_R')
    plt.ylabel(u'crowd_two_M')
    plt.scatter(crowd_two.ix[:, 0], crowd_two.ix[:, 2],s=5)
                                             # 绘制数据点

    ax = plt.subplot(324)
```

```
plt.axis([0, 120,20000,80000])
plt.xlabel(u'crowd_two_F')
plt.ylabel(u'crowd_two_M')
plt.scatter(crowd_two.ix[:, 1], crowd_two.ix[:, 2], s=5)
                                        # 绘制数据点

ax = plt.subplot(325)
plt.axis([0,16,50000,300000])
plt.xlabel(u'crowd_three_R')
plt.ylabel(u'crowd_three_M')
plt.scatter(crowd_three.ix[:, 0], crowd_three.ix[:, 2],s=5)
                                        # 绘制数据点

ax = plt.subplot(326)
plt.axis([0, 230,50000,300000])
plt.xlabel(u'crowd_three_F')
plt.ylabel(u'crowd_three_M')
plt.scatter(crowd_three.ix[:, 1], crowd_three.ix[:, 2], s=5)
                                        # 绘制数据点
plt.show()
```

执行上述脚本后，可在 Pycharm 控制台上看到各用户群人数及消费特征（图 7-8）：

第一类人群特征(15354人):	第二类人群特征(4018人):	第三类人群特征(627人):
R 6.883357	R 2.159263	R 0.834067
F 6.610720	F 25.427327	F 58.791069
M 8761.276866	M 37555.544550	M 99934.094099
LABEL 0.000000	LABEL 1.000000	LABEL 2.000000

图 7-8 各人群消费特征

分群后各用户群内用户的消费表现如图 7-9 所示。其中第一行的两个图分别展示的是第一类人群的最近一次消费和总消费金额的关系，第一类人群的消费频率和总消费金额关系。二、三行的两个图分别表示第二、三类人群的消费特征。

结合展现各用户群特征的图 7-6 可以看出，第一类人群所占人数最多，但其消费时间间隔较长，消费次数较少，且消费金额低，是价值较低的用户群体，做次要运营；第二类人群消费时间间隔较短，集中在 0～8 天，消费次数较多，同时消费金额处于中等水平，是重点运营的用户群；第三类人群消费时间间隔最短，平均每两天就有一次消费，消费次数最多且消费金额最大，属于高价值用户群体，应做重点维护。

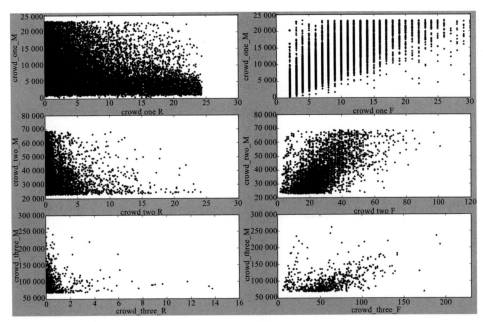

图 7-9　各用户群体内用户消费行为与消费金额关系图

7.4　本章小结

RFM 模型的思想在产品精细化运营中有着广泛的应用，在诸如会员营销、精准营销等活动推送中，运用 RFM 模型思想筛选目标客群，可以带来更高的流量及订单转化。

|第 8 章|

案例：用户流失分析与预测

8.1 应用背景与目标

用户留存和流失是一组相对的概念，就好比一个水池，有进口，也有出口，我们不能只关注进口的进水速率，却忽略了出水口的出水速率。但是大家目前普遍重视新用户引入的问题，没有足够重视用户流失的问题。

挽留一个老用户相比于拉动一个新用户，在增加营业收入、产品周期维护方面都是有好处的。诸如获得一个新用户的成本是留存一个老客户的 5～6 倍等。经过众多商业实践总结出来的数据都证明了一个事实：提升用户留存率，减少用户流失，对于任何一家企业来说都是非常重要的。随着移动互联网的高速发展，传统模式下的很多发展瓶颈得到了重大突破，成本结构也发生了显著变化。但是对于企业来说，用户留存依然是反映企业及产品核心竞争力的关键要素。

某互联网医疗产品上入驻了国内几十万名医生，用户通过在该产品上向医生付费，可以通过图片+文字、语音通话、视频等方式向医生咨询相关疾病问题，医生做出解答后，用户确认付款并填写评价。在近一个季度中，平台上付费医生咨询的整体营收环比上升缓慢，通过运营日报可以发现每天活跃用户没有显著提升，且用户构成中新访客比率逐渐上升，但老用户的留存率逐渐下降。数据分析人员接到运营组的需求，决定对平台上付费用户的流失情况做一个专题数据分析，主要包括识别平台流失用户，定位用户流失原因，预警即将流失用户并提供用户分群名单给运营人员做重点运营。

8.2 问题分析与模型构建

数据分析人员编写 HQL 脚本提取平台上积累用户历史数据（包括用户下单购买等业务行为及登录浏览等活跃行为），从中找到已经流失的用户和没有流失的用户，研究他们在行为特征上的差异。通过构建基于决策树的用户流失预测模型，定量探索用户流失的主要因素，并识别出有流失倾向的用户。后期结合用户研究人员调研得出的用户流失原因，针对各流失人群采取针对性营销策略进行挽留。

为了判断用户是否流失首先需要定义用户的流失周期，这里引入回访用户的概念：即用户满足流失定义，在定义流失周期内没有访问行为后再度访问网站或 App 的用户。根据回访用户数计算用户的回访率，即：回访用户数 / 流失用户数 × 100%。借助用户回访率这一指标可以不断修正用户流失周期长度的判定。用户流失期限越长，用户的回访率越低，存在一个时间拐点，在该周期后用户回访率随周期的延长而下降缓慢，下降缓慢的这批用户即为平台长期活跃用户，而该周期即为用户流失周期。

根据确定的用户流失周期将用户划分为流失用户和非流失用户，根据在线医疗问诊的业务场景将用户访问、消费类行为作为定义活跃的数据指标，建立决策树模型对已知的付费用户进行分类判别。待模型训练好后保存模型数据，后续定期从数据仓库抽取付费用户的行为数据，按固定表结构输入到该模型中，输出该用户是否流失。

图 8-1 是简化后的模型应用流程，每周将经过清洗转换后的数据输入基于决策树的用户流失预测模型中，输出该用户是否流失的标签。抽取出打上流失

标签的用户id，方便运营人员对这些用户采取相应挽留措施。其中数据的清洗转换包括缺失值的处理、衍生字段的处理等过程，均在HQL代码中实现。建立决策树模型，判断用户是否流失代码在Python中实现。

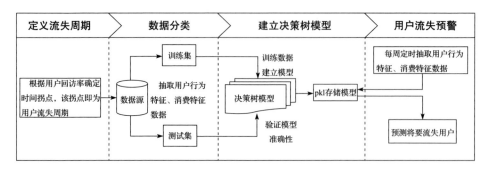

图8-1 用户流失预警建模总体流程

8.3 数据处理与结果

根据SEMMA的数据挖掘方法论，建模分析过程主要包括抽样（sample）、探索（explore）、修改（modify）、建模（model）和评估（assess）5个关键环节。下面就这5个环节实现过程中的一些关键点进行详细讲述。

8.3.1 确定用户流失周期

用户流失周期的确定采用上述的回访率作为判定指标，从日志数据表抽取某阶段（如2017-04-01到2017-08-31）数据建立用户最后一次活跃日期的临时表，该临时表字段包括用户id、最近一次登录日期两个字段。代码执行如下：

```
create table dwd.user_latest_active_date      -- 创建临时表抽取用户最近
                                              -- 登录日期
as
select t1.user_id,
       t1.date_id as latest_active_date       -- 最近一次活跃日期
  from (select user_id as user_id,
```

```
            date_id,
            row_number() over(partition by user_id order by date_id desc) as rownumber
            from dwd.user_active_day_visit    -- 用户访问的日志表
            where date_id >= '2017-04-01'
            and date_id <= '2017-08-31'
        ) t1
    where t1.rownumber=1
    group by t1.user_id,t1.date_id
```

数据仓库中的 dwd.user_active_day_visit 表记录了用户访问行为数据，该段 HQL 的逻辑中嵌套了一层子查询，通过 row_number() over 函数将用户最近一次登录日期查询出来。执行该段代码后，创建的表结构如表 8-1 所示：

表 8-1 用户最后登录日期表

user_id	latest_active_date
45563444	2017-05-25
45783654	2017-05-23
45564056	2017-06-24
……	……

定义研究用户活跃行为的时间段为 4 月 1 日到 8 月 31 日，从用户访问表中抽取某时间节点有过登录行为的用户（如 2017-03-31 日有过登录行为的用户 id）建立用户活跃临时表。代码执行如下：

```
create table dwd.user_active_date   -- 抽取某时间节点有登录 APP 行为
as
select distinct user_id as user_id
    from  dwd.user_active_day_visit
where  date_id ='2017-03-31'
```

以周为时间间隔分别统计自 4 月 1 日起每周回访用户人数，进一步计算回访用户人数占总 3 月 31 日有登录行为用户的比例，统计汇总成曲线图。代码执行如下：

```
    select count(t1.user_id)
    from dwd.user_active_date t1              -- 抽取某时间节点有登录行为用户表
    inner join dwd.user_latest_active_date t2 -- 用户最后一次登录表
        on t1.user_id = t2.user_id
        where t2.latest_active_date > '2017-04-07'  -- 最后一次登录日期大于
                                                    -- 某个时间节点
```

从图 8-2 可以看出，用户在第 5 周以后回访率下降速度减慢，回访率已经低于 5% 且后续趋势保持平稳，第 5 周作为拐点即为用户流失周期。综合分析，我们将本次用户流失分析的目标定义为：用户对该业务的使用出现连续沉默 35 天及以上，流失的关键指标是用户没有登录 App 行为，并基于该定义着手构建建模分析样本。

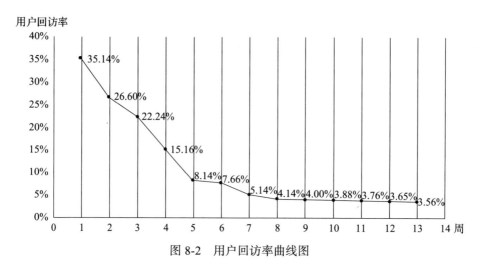

图 8-2　用户回访率曲线图

8.3.2　抽取训练数据建立决策树模型

1. 抽取样本数据

模型指标的选取一方面遵循用户在手机端由浅入深的操作行为，即从用户访问、注册、浏览、付费、评价等一步步递进行为来选取，另一个指标选择维度是根据用户行为发生的时间来划分，根据业务经验，以日为时间粒度提取用户行为指标。在该模型中，基于对业务的理解，提炼出 11 个与用户行为相关的指标，包括用户基本信息、访问行为、消费行为，用于区分用户行为的差异性（图 8-3）。

用户基本信息中的用户 id 不参与建模，但是该字段需要保留，目的是方便运营人员后续对预测可能流失的用户进行流失挽回运营。用户近 35 日访问行为包括用户访问次数、访问天数、访问时长等，有流失倾向的用户访问行为可能会显著不同于正常用户。另外，用户下单、付费等消费类行为可作为用户对平台忠诚度的重要参考指标。最终建立有流失和非流失用户构成的建模样本，并对流失用户和非流失用户分别打上“1”和“0”的状态标签。

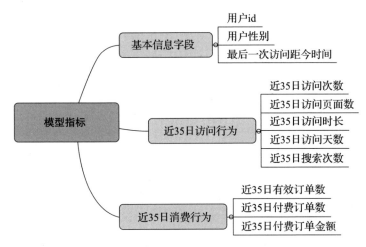

图 8-3　用户流失预测训练集指标

将从数据仓库提取的用户行为数据放入本地 mysql 数据库，方便后续使用 Python 脚本对该批用户数据建模分析。如图 8-4 所示，在数据库中创建 user_churn_warning 用户流失预警表，并将该批用户数据导入表中，如图 8-5 所示。

```
CREATE TABLE `user_churn_warning` (
  `user_id` varchar(255) DEFAULT NULL,
  `gender_id` int(10) DEFAULT NULL,
  `latest_visit` int(30) DEFAULT NULL,
  `visit_cnt` int(30) DEFAULT NULL,
  `visit_pv` int(30) DEFAULT NULL,
  `visit_times` int(30) DEFAULT NULL,
  `visit_days` int(30) DEFAULT NULL,
  `search_cnt` int(30) DEFAULT NULL,
  `sum_orders` int(30) DEFAULT NULL,
  `sum_paid` int(30) DEFAULT NULL,
  `sum_money` double(255,0) DEFAULT NULL,
  `is_churn` int(10) DEFAULT NULL
) ENGINE=InnoDB DEFAULT CHARSET=utf8;
```

图 8-4　用户流失预测训练集指标

2. 建立决策树模型

决策树是一种常见的数据挖掘方法，其代表对象属性和对象值之间的一种映射关系。由于决策树模型对结果具有很好的可解释性，有助于分析人员定位原因，因此该方法在小样本集的分类、预测等领域有广泛应用。

一棵决策树包含一个根节点、若干内部节点和若干叶节点，其中每个非叶节点表示一个属性上的测试，叶节点代表一种类型，根节点代表全部样本集，根据样本数据在属性上的不同取值将其划分成不同的类型。

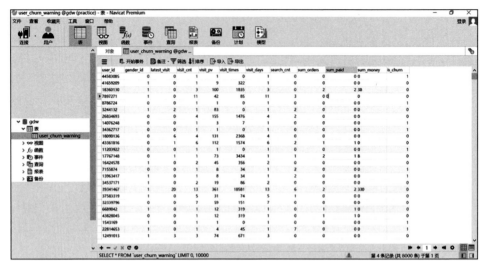

图 8-5　数据导入到本地 mysql 数据库中

常用的决策树算法包括 ID3 算法、C4.5 算法和 CART 算法。其中 ID3 算法是对各个特征信息计算信息增益，然后选择信息增益最大的特征作为决策点将数据进行划分；C4.5 算法与 ID3 算法相比，使用信息增益比代替信息增益作为划分依据；CART 算法是一种分类回归的分割方法，把当前样本划分成两个子样本，生成的决策树是解构简单的二叉树。这里我们通过调用 Python 中的 sklearn 中的 tree 库，tree.DecisionTreeClassifier(criterion="entropy") 引入决策树的 ID3 算法。

在本案例中建立决策树模型，使用一批已知的用户流失和活跃用户的数据作为训练集训练模型，对待判别的用户样本将其分类为流失用户和非流失用户。建立决策树模型代码执行如下（user_churn_warning_DecisionTree.py）：

```
# -*- coding: utf-8 -*-

import pymysql.cursors
from sklearn.externals import joblib
import warnings
import pandas as pd
from matplotlib import pylab
from sklearn import tree
```

```python
from sklearn.cross_validation import train_test_split
from sklearn.metrics import precision_recall_curve,accuracy_score,classification_reportwarnings.filterwarnings("ignore")

conn = pymysql.connect(host='localhost', port=3306, user='root', password='', db='gdw', charset='utf8')
cursor = conn.cursor()

sql_info = ''' select *  from  gdw.user_churn_warning'''
df = pd.read_sql(sql_info,conn)         # 将 SQL 语句放入链接，执行程序
data = pd.DataFrame(df)                 # data 存储待建模数据
Feature = data.ix[0:8000,1:10].as_matrix()   # 第 0 列是用户 id, 1～10 列
                                        # 是用户特征数据
Label = data.ix[0:8000, 11].as_matrix()      # 第 11 列判断用户是否流失
X_train, X_test, y_train, y_test = train_test_split(Feature, Label, random_state=1)
# 将数据随机分成训练集和测试集

clf = tree.DecisionTreeClassifier(max_depth=3)
clf = clf.fit(X_train, y_train)
pre_labels = clf.predict(X_test)
print(len(X_train))                     # 训练集数据量
print(len(X_test))                      # 测试集数据量
# 模型评估：据预测值和真实值来计算一条 precision-recall 曲线
precision, recall, thresholds = precision_recall_curve(y_test,pre_labels)
accuracy_s = accuracy_score(y_test,pre_labels)
print("accuracy_s:{}".format(accuracy_s))          # 准确率
print(classification_report(y_test,pre_labels))    # 分类效果
joblib.dump(clf, 'filename.pkl')        # 将模型数据写入 pkl 文件中
```

为防止决策树分支过多而造成过拟合，使得训练集数据的某些特征作为全部数据一般特性的情况发生，在上面程序中通过 "tree.DecisionTreeClassifier(criterion="enrtopy"，max_depth=3)" 语句将决策树的深度设置为 3 层。

3. 模型评价

针对分类性能的评价方法包括召回率、精确度和 F1- 测度值。其中召回率是检索出的相关文档数与文档库中所有相关文档的比率，衡量的是检索系统的查全率，召回率 = 系统检索到的相关文件数 / 系统所有相关的文件总数。准确

率是检索出的相关文档数与检索出的文档总数的比率，衡量的是检索系统的查准率，精确度=系统检索到的相关文件/系统所有的检索到的文件数。精确度和召回率是相互影响的，理想情况下是二者都高，但是一般情况下精确度高，召回率就低，召回率高，精确度就低。F1值是综合考量准确率和召回率而设计的一个指标，取两个值的平均。

混淆矩阵是分类算法效果评估的一种常用方法，通过划定矩阵的四个区域TP、FP、FN、TN表示分类的准确性，如表8-2所示。使用sklearn.metrics中的accuracy_score、precision_score、recall_score方法可以评定分类效果。

表 8-2 分类结果混淆矩阵

真实情况	预测结果	
	正例	反例
正例	TP（真正例）	FN（假反例）
反例	FP（假正例）	TN（真反例）

- accuracy_score：准确率指标，分类结果中将正例分为正例、将负例分为负例的比例，公式为 (TP+TN)/(TP+FP+FN+TN)。
- precision_score：精确度指标，分类结果中将正例分为正例的比例，公式为 TP/(TP+FP)。
- recall_score：召回率，分类结果中正例分为正例占总的正例的比例，公式为 TP/(TP+FN)。

```
accuracy_s:0.978
             precision    recall  f1-score   support

          0       0.98      1.00      0.99      1578
          1       0.98      0.91      0.95       422

avg / total       0.98      0.98      0.98      2000
```

图 8-6 测试集用户分类效果

执行完程序可以在Pycharm控制台下面看到对于用户分类的准确性报告，从图8-6中看出标签为0的用户（非流失）有1578个测试集样本，标签为1的用户（流失）有422个测试集样本，预测准确率97.8%。

决策树模型对分类结果具有很好的解释性，在"user_churn.pdf"文件中可以看到将用户进行分类的判别标准（图8-7）。

第 8 章 案例：用户流失分析与预测

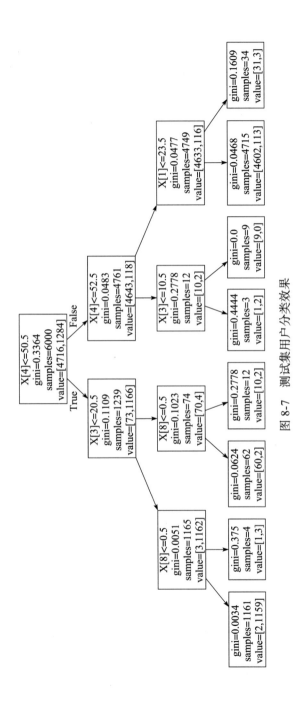

图 8-7 测试集用户分类效果

在图 8-7 中可以看出 X[4] 是分裂节点的名称,对应的字段为 visit_pv(近 35 日访问页面数),samples 为样本量。X[3]<=50.5 是分裂值,其中小于该数值的样本量 1239 个,对应左边 True 分支,大于该数值且小于 52.5 的样本量 12 个,大于 52.5 的样本量 4749 个。按照此类方法对样本进行划分,最终将样本划归到流失和非流失群体下。划分的过程中可以看出 X[1](最后一次访问距今时间)、X[3](近 35 日访问页面数)、X[4](近 35 日访问时长)、X[8](近 35 日付费订单数)被作为分类变量。

通过 PR 曲线可视化查看分类效果。代码执行如下:

```
def plot_precision_recall_curve(auc_score, precision, recall,
label=None):
    '''
    :param auc_score: 准确率
    :param precision: 精确率
    :param recall: 召回率
    :param label:
    '''
    pylab.figure(num=None, figsize=(6, 5))
    pylab.xlim([0.0, 1.0])
    pylab.ylim([0.0, 1.0])
    pylab.xlabel('Recall')
    pylab.ylabel('Precision')
    pylab.title('P/R (AUC=%0.3f) / %s' % (auc_score, label))
    pylab.fill_between(recall, precision, alpha=0.5)
    pylab.grid(True, linestyle='-', color='0.75')
    pylab.plot(recall, precision, lw=1)
    pylab.show()
from sklearn.externals.six import StringIO
from sklearn.feature_extraction import DictVectorizer
import pydot
dot_data = StringIO()
with open("user_churn.dot", 'w') as f:
    f=tree.export_graphviz(clf, out_file=f)
    tree.export_graphviz(clf, out_file=dot_data)
    graph = pydot.graph_from_dot_data(dot_data.getvalue())
    graph[0].write_pdf("user_churn.pdf")      # 将分类依据写入 pdf 文件中
plot_precision_recall_curve(accuracy_s, precision, recall, "pos")
                                          # 绘制 PR 曲线
```

执行完代码后可以看到 precision/recall 曲线,该曲线以查全率为横坐标,以查准率为纵坐标，曲线与坐标轴包围的面积越大模型越精确（图 8-8）。本案例仅讲述分析流程，数据均为示例数据。

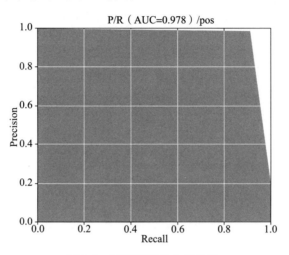

图 8-8　测试集用户分类效果

4. 模型持久化存储

使用机器学习包 sklearn 时，如果训练集是固定的，我们可以将一次训练的模型结果保存下来，以便后续调用，这样可以避免每次运行时都要重新训练模型的麻烦。对于模型的存储 scikit-learn 中提供了 pickle 和 joblib 两种方法，其中 joblib 更适合于大型矩阵数据文件的存储。

在本案例中，将上面训练好的分类模型保存并部署到线上，后续只需定期将线上抽取、清洗后的用户数据输入到模型中即可输出该用户是否流失的标识。代码执行如下：

```
from sklearn.externals import joblib    # 持久化存储模型
joblib.dump(clf, 'filename.pkl')         -- 模型数据持久化存储到 filename.pkl 文件中
clf = joblib.load('filename.pkl')        -- 加载模型
```

8.3.3　线上部署脚本定期监测流失用户

为建立定时执行的任务，每周将之前 5 周用户产生的数据按固定格式字段输入

到模型（filename.pkl 文件），经决策树模型分类后输出用户 id 及其是否流失状态到数据仓库某表中，我们需要创建一个 Python 脚本负责定时将清洗、转化后的用户数据输入到模型中。该脚本命名为"user_churn_waring_email.py"，代码执行如下：

```python
# -*- coding: utf-8 -*-
# 定时调度任务
hive_sql_createtable = '''
    从数据仓库抽取、清洗用户前 5 周行为数据，并写入临时表
'''
# 查询需要的数据
hive_sql_searchdata = '''
    查询执行完 hive_sql_createtable 任务后得到的用户行为数据
'''
import pyhs2
import pandas as pd
from pandas import DataFrame
conn = pyhs2.connect(host='主机地址', port=10000, authMechanism="PLAIN",
    user='user_name', password='xx', database='dwd')   # 连接到线上数据库
cur = conn.cursor()
cur.execute(hive_sql_createtable)
# 模型输入数据
cur.execute(hive_sql_searchdata)
results_x = cur.fetchall()           # 获取查询得到的用户行为数据
getSchema_ = cur.getSchema()         # 获取数据库架构信息
data = DataFrame(results_x,columns= DataFrame(getSchema_)['columnName']) # 输入模型数据
from sklearn import preprocessing
data_x = data.ix[:,1:].as_matrix()        # 将表格转换为矩阵  第 0 列是用户 id
d=data_x.astype('float64')
X = preprocessing.scale(d)                # 标准化数据 d  该数据不包含用户 id
# 用保存的模型进行预测
from sklearn.externals import joblib
MODEL_LOAD = joblib.load("/home/admin/model/filename.pkl")   # 加载之前保存的决策树模型
# 预测
predict_churn = MODEL_LOAD.predict(X)    # X是跑出来的结果，将结果放到
                                         # pkl 数据模型中

# 导出预测结果
user_id = pd.DataFrame(data.ix[:,:2])   # 用户 id
predict_ = pd.DataFrame(predict_churn)  # 是否流失
result = pd.concat([user_id,predict_], axis=1)   # 将三个字段拼接起来
```

```
result.columns = ['user_id',,'predict_churn']

# 导出 txt 到 ftp
import os
filename='/home/admin/model/predict_churn.txt'
os.system('rm -f %s' % filename)
result.to_csv('/home/admin/model/predict_churn.txt', index=False,
header=False)

# 连接 ftp 上传
from ftplib  import FTP
ftp=FTP()
ftp.connect(host = ' 主机地址 ',port = 21)
ftp.login('username','password')
ftp.cwd('user')  # 存储到 user 目录下
remotepath = '/user/predict_churn.txt'
ftp.storbinary('STOR ' + os.path.basename(remotepath), open(filename),
1024)
```

该段脚本中 hive_sql_createtable 语句负责从数据仓库抽取、清洗用户前 5 周产生的行为数据，并将其写入临时表中。hive_sql_searchdata 语句负责从该临时表读取数据加载到 filename.pkl 数据模型文件中，经过决策树分类对每个用户打上是否流失的 "0、1" 标识，并将该数据写入数据仓库中。

为实现定期预测将要流失的用户，需要将上面创建的 Python 脚本文件 "user_churn_waring_email.py" 和在 8.3.2 中持久化创建的决策树模型 filename.pkl 文件上传到服务器，而后通过在服务器端的 crontab 命令开启定时任务执行 Python 脚本文件，每周定时从数据仓库提取数据，经过清洗、转化后放入 pkl 数据模型文件中预测将要流失的用户，将预测结果写入数据仓库中。

首先输入账号、密码登录服务器端，键入 "cd yourfilename" 进入存放 pkl 数据模型的文件夹，键入 "ls" 命令可查看当前文件夹下的全部文件名称。这里需要重新创建一个文件夹存放 pkl 数据模型，键入 "mkdir file" 命令，创建一个名称为 file 的文件夹。创建完文件夹后，键入 "cd file" 命令进入 file 文件夹下，键入 "rz" 命令，从本地上传 pkl 文件和写好的 Python 脚本文件 "user_churn_waring_email.py" 到该文件夹目录下（图 8-9）。

图 8-9 将 pkl 文件上传至服务器指定文件夹下

将文件上传至文件夹后，下一步需要设置定时调度任务，以便在每周指定时间定时从数据仓库提取上周运营产生的用户数据放入模型中，预警将要流失用户。

首先键入"cd"命令从当前路径退出至主目录下，键入"crontab -e"命令查看当前的全部定时调度任务命令。然后键入"a"命令进入设置定时任务模型，设置定时任务命令"30 09 * * 1 python /home/pgxl/admin/ user_churn_waring_email.py"，表示每周一早上 9:30 定时执行该任务。设置完成后，按下"ESC"按钮，输入"：wq"即可退出设定任务的命令，此时退至主目录下。键入"crontab -l"命令，查看当前所有定时调度任务，检查刚才键入的调度命令是否保存成功。

这样，每周一早上 9:30 任务将会自动执行，将上周运行产生的数据讲过清洗转换后按固定格式输入 pkl 数据模型中，然后输出每个用户的 id 及其对应是否流失的标识，模型输出数据写入数据仓库中，方便数据分析人员分析及运营人员采取相应的挽留措施。

8.3.4 流失用户分析

经过上面步骤，数据分析人员拿到了流失用户的 id，结合 RFM 模型（第

7章案例）将用户聚为三类人群：包括 A 类高价值、高活跃人群；B 类高价值、低活跃人群；C 类低价值、低活跃人群（图 8-10）。

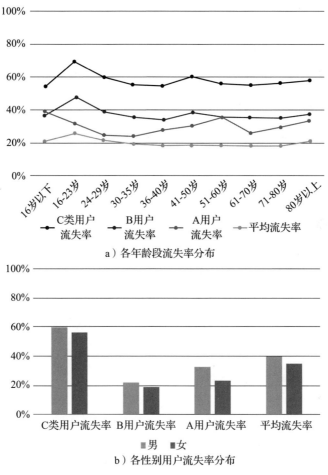

图 8-10 流失用户人群分析（示意数据）

从流失用户的年龄来看，可以看出 C 类用户流失率 >B 类用户流失率 >A 类用户流失率，其中 A 类用户在 24 ~ 39 年龄段流失率最低。从流失用户性别来看，各年龄段中男性用户的流失率普遍高于女性。结合平台上注册用户女性人数多于男性用户，可重点针对女性用户做用户挽留方案。

此外，通过单变量分析找出对业务有突出影响的一系列指标。对关键影响指标的量化分析，可以帮助业务有效指定运营目标。

从图 8-11 可以看出，在该用户流失预警分析中，我们发现若干对用户流失显著相关的特征指标，例如浏览医生主页数，浏览医生主页 30 次及以上的用户流失率只有浏览医生主页 30 次以下用户的 40% 左右，可见浏览医生主页次数对于用户留存存在正向作用。对于运营人员来说大力开展适合用户特征的医生推荐、优化医生排名的必要性。

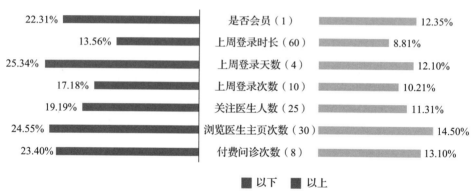

图 8-11　单个业务因素对流失的影响程度（示意数据）

8.4　问题定位与解决方案

在用户流失预警案例中，数据分析可以帮助我们找到流失用户的特征以及提前发现将要流失的用户。但数据分析也不是万能的，它同样存在瓶颈，各维度的分析只能对用户流失的原因提出假想，但流失用户究竟因为什么原因离开平台，还需要调研才能得知。接下来我们需要将这些数据分析不能解决的问题交给用研人员通过调研得出结论。

通过上面对用户历史交易数据的建模分析与挖掘我们定位到了流失用户，为唤醒流失用户，运营人员可以进一步通过调研的方式了解用户流失原因，进而制定预防后续用户继续流失的运营策略。

基于调研目的，可采取定性和定量调研相结合的方式进行展开。定性调研以与流失用户面对面深访的方式展开，充分挖掘用户流失原因，为定量调研提供问题支持，保证调研的深度性。定量调研以网络问卷的形式展开，进一步验证定性调研的结论，并量化结论，保证调研对象的广度性。通过定性深访 10 位流失用户，定量调研从第三方平台上收回的 1200 份有效问卷，得出了用户流失的原因。

从图 8-12 可以看出，大部分用户流失的原因是没有在本平台上进行咨询医生疾病的需求（占 74%），其中实际没有咨询需求的用户占 24%，有咨询需求但没有选择本产品平台的用户占 50%。另外 26% 的少数用户由于在使用产品过程中对产品不满意而流失。针对此情况可以从用户选择平台的关注点入手来召回用户。

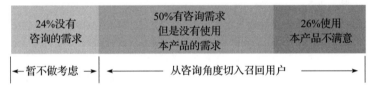

图 8-12　用户流失原因分类（示意数据）

对有咨询医生需求但没有选择本平台的用户做进一步深入访谈，发现流失用户多停留在初诊阶段，而诊前、诊后的需求没有得到充分满足（图 8-13）。针对出现比例较高的"长辈不习惯用"以及"线下门诊看"的情况，可以加大推广力度，提升医生直接对其患者的推荐，从而提升用户对本产品的认知和认可。

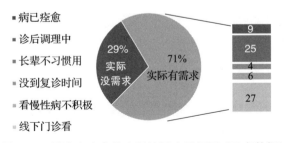

图 8-13　没有在本产品上问诊医生的原因（示意数据）

在使用本平台不满意而流失的用户中,他们对账户注册流程、医生的回复时间、医生的回答质量满意度较低。通过问卷的进一步调研发现在使用本平台不满意的用户中有超过 70% 的用户转为使用竞品作为替代(图 8-14)。针对这部分用户的召回策略,在产品优化层面,可以从用户选择平台的关注点入手,归结为两方面优化建议。一方面优化产品交互上的功能,减少用户操作上的繁琐,突出功能上的优势;另一方面加强与专家的合作,通过基于用户打分的搜索排名激励专家不断提高为用户的服务质量。

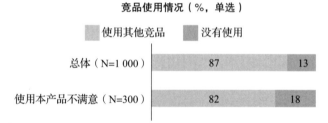

图 8-14　用户使用竞品情况(示意数据)

在召回方式层面,从电子问卷的统计结果来看(图 8-15),用户对于手机短信推送消息的查看率最低,且该种方式推送成本最高。综合考虑后以保留 App 的用户为优先召回人群,以手机桌面通知、App 站内的消息推送为主要召回方式。

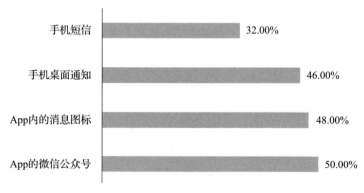

图 8-15　用户查看消息推送方式 / 多选(示意数据)

由于我们无法得知用户是否卸载 App，这里将默认近期有过登录 App 行为的用户为保留 App 的用户人群，通过编写 HQL 脚本从 App 日志表可找到该用户群。

在推送内容方面，从调研结果（图 8-16）可以看出用户更希望看到与其疾病相关的医生及接收问诊优惠券。至于如何精确推送与用户疾病相关的医生涉及用户画像建模，在第 10 章有详细讲述。

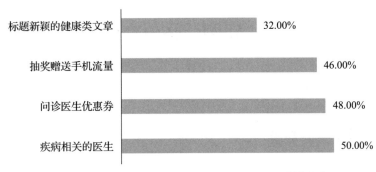

图 8-16 用户感兴趣的推送内容/多选（示意数据）

8.5 本章小结

用户流失分析是数据运营中常见的场景，在本案例前半部分介绍中，我们根据业务现状并结合用户回访率定义了平台上流失用户和活跃用户，而后根据该批样本数据建立决策树模型并存储该模型数据，通过每周定时调度的脚本将用户行为数据清洗后放入该模型中，输出得到流失用户的名单，可交由运营人员做重点运营。

在后半部分的介绍中一方面从数据的角度对流失用户人群的特征做了定量分析，另一方面从用户调研的角度对流失用户的原因分别从定性、定量的角度做了深入研究。

第 9 章

案例：站内文章自动分类打标签

9.1 应用背景与目标

本案例中目标网站上积累了大量与疾病主题相关的文章、帖子等文本数据。由于历史原因，这些文章没有做内容归类，也没有打上相应的标签，不便于对内容进行管理。现在为了对文章按主题进行分类、做集约化管理，方便后期向用户做个性化推荐，需要先将大量历史文章、帖子（见图 9-1）做分类整理，同时为每篇文章打上与其主题相关的标签。

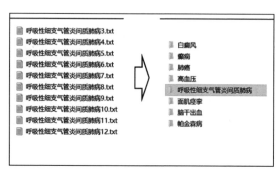

图 9-1　文章类别划分图

对网站内的全部历史文章、帖子进行如下操作：

1)根据已经划定的文章内容类型,将未做过分类的文章自动划分到相应类型下。

2)为支持文章的集约化管理,根据文章内容自动为每篇文章打上与其主题相关的标签。

9.2 问题分析与模型构建

机器学习以统计理论为基础,通过算法对已知的训练数据做统计分析从而获得规律,再运用规律对未知数据做预测。在文本分类问题上的基本思路是:

1)标注:首先人工对一批文档进行准确分类,然后这批文档作为训练集样本;

2)训练:计算机从标注好的文档集中挖掘出能够有效分类的规则,生成分类器;

3)分类:将生成的分类器应用在待分类的文档集中,从而获得文档的分类结果。

首先对待分类的文章做切词处理,将切好后的词语写入指定的路径下。对文本进行分类是需要基于特征的,拿到数据后怎么抽取具有区分度的特征是关键的一步。本案例中使用 Bunch 方法构建文本特征。

本案例的文章自动分类打标签的总体流程如图 9-2 所示。

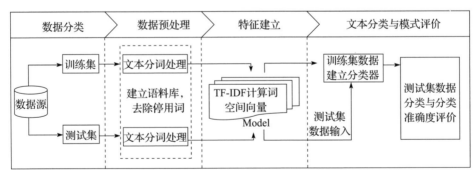

图 9-2 文章分类打标签数据建模总体流程

对文章进行分类、打标签、建模的主要步骤如下:

1)将已划分好类型的文本集(训练集)和待划分类型的文本集(测试集)

进行分词处理，将长句划分为单个词组；

2）将步骤 1 中切好的词组放入词包中，并扩展成链式结构，形成 bag of word；

3）应用 TF-IDF 算法计算训练集文档中每篇文章的 TF-IDF 权重矩阵；

4）使用朴素贝叶斯分类方法对训练集数据进行训练，然后利用得到的参数对测试集数据进行分类处理；

模型中用到的算法和数据处理技术包括文本分词、TF-IDF 算法、朴素贝叶斯分类算法。

9.3 案例中主要应用的技术

9.3.1 数据预处理

案例数据来自某互联网医疗公司内部部分疾病类文章，其中包括糖尿病、帕金森病、肺癌、面肌痉挛等疾病类型。训练集数据中每个疾病类型下面均包含用于训练的文章，我们需要将测试集的文章归类到其所属的疾病类型下，并为每篇文章打上与其主题相关的标签。涉及的数据预处理包括分词、文本特征的构建。

1. 分词

该案例使用 Python 中的 jieba 库做中文分词，jieba 支持 3 种分词模式：

- 精确模式：对句子进行最精确切开，适合文本分析。对应 jieba.cut() 中的 cut_all 参数，默认为 False，即为精确模式；
- 全模式：把句子中所有可以成为词的词语都匹配出来，对应 jieba.cut() 中的 cut_all 参数，默认为 True；
- 搜索引擎模式：在精确模式的基础上，对长词再次切分，适用于搜索引擎切词，对应 jieba.cut_for_search() 方法。

2. 文本特征构建

为了对每篇文章的信息进行结构化处理，要先对文章的名称、类别、内容进行结构化处理，以便对数据进行建模与分类。Sklearn 中的 Bunch 库继承自 dict 类型，可以参数形式创建相关对象，并以 key/value 的形式存储数据。下面我们通过一段简短的代码熟悉一下 Bunch 的使用方法，代码如下：

```
from sklearn.datasets.base import Bunch          # 引入 Bunch 类
bunch = Bunch(target_name=[], label=[], filenames=[], contents=[])
bunch.target_name = '文章标题'                    # 对象.属性
bunch.label = '文章类型'
bunch.filenames = '文章所在路径'
bunch.contents = '文章内容'

print(bunch)
print('{}\n{}\n{}\n{}'.format(bunch.target_name,bunch.label,bunch.filenames,bunch.contents))
```

上面这段代码中，实例化了 Bunch 类并设置了 4 个属性。代码执行结果如下：

```
{'label':'文章类型','target_name':'文章标题','contents':'文章内容','filenames':'文章所在路径'}
文章标题
文章类型
文章所在路径
文章内容
```

在本案例中，可以创建 Bunch(target_name=[]，label=[]，filenames=[]，contents=[]) 形式的 Bunch 实例，其中 target_name 对应值为文章标题、label 对应值为文章类型、filenames 对应值为文章所在路径、contents 对应值为文章内容。

9.3.2 TF-IDF 词空间向量转换

TF-IDF（Term Frequency-Inverse Document Frequency）是一种针对关键词的统计分析方法，用于评估一个词对于一个文件集或一个语料库的重要程度。一个词的重要程度跟它在文章中出现的次数成正比，与它在语料库出现的频率成反比。这种计算方式能有效避免常用词对关键词的影响，提高了关键词与文章之间的相关性。

其中 TF=(某词在文档中出现的总次数 / 文档的词总数)，IDF= loge(语料库中文档总数 / 包含该词的文档数)+1。

在 sklearn 中调用 TfidfVectorizer 库实现 TF-IDF 算法，并且可以通过 stop_

words 参数来设置文档中的停用词（没有意义的词，如助词、语气词等），使停用词不纳入计算范围。

TF-IDF 是一种常用于信息处理和数据挖掘的加权技术。该技术采用一种统计方法，根据字词在文本中出现的次数和整个语料出现在文档中的频率来计算一个字词在整个语料中的重要程度。可以过滤掉常出现却非重要的词汇，如"的、了、么"，同时保留影响整个文本的重要字词。计算公式 TFIDF = TF × IDF，TFIDF 值越大表示该特征词对这个文本的重要性越大。其中 TF（Term Frequency）表示某个关键词在整篇文章中出现的频率，IDF（Inverse Document Frequency）表示计算逆文档频率。

9.3.3 文章关键词提取

关键词提取是指从文章中提取与内容主题最相关的词，本案例中通过抽取关键词为每篇文章打上主题标签。Python 中使用 jieba.analyse 方法实现对文本关键词的抽取，该方法同样基于 TF-IDF 算法。Jieba.analyse 方法如下：

```
jieba.analyse.extract_tags(sentence,topK,withWight=False,allowPOS=())
```

其中：

❑ sentence：待提取的文本。

❑ topK：返回多少个 TF-IDF 权重最大的关键词，默认为 20。

❑ withWeight：是否一并返回关键词权重，默认为 False。

❑ allowPOS：是否仅包括制定词性的词，默认值为空，即不筛选。

下面我们通过一段简短的代码熟悉一下 jieba.analyse 的使用方法，代码如下：

```
import jieba.analyse                    # 导入提取关键词的库
fn = open('肺癌文章.txt')                # 打开文件
sentence = fn.read()
tags = jieba.analyse.extract_tags(sentence, topK=3, withWeight=True, allowPOS=\
        ['n', 'v'],withFlag=True)
print('关键词\t词性\t权重')
for i in tags:
    print('{}\t{}\t{}'.format(i[0].word, i[0].flag, i[1]))
```

上面这段代码中，设置了抽取 3 个关键词，词性包括名称和动词。代码执行结果如下：

```
关键词      词性    权重
间质性       n     0.365970883613569
肺病         n     0.2155521604725314
肺癌         n     0.181802866690286201
```

9.3.4 朴素贝叶斯分类

在介绍朴素贝叶斯之前，先简要了解一下贝叶斯分类。贝叶斯分类中基于先验概率（$P(b)$）、条件概率（$P(a|b)$）来计算后验概率（$P(b|a)$）。其中先验概率表示样本空间中各类样本所占的比例，条件概率是样本 a 相对于类别 b 的类条件概率。而在这个计算过程中，条件概率是所有属性上的联合概率，不方便获得，由此引出了朴素贝叶斯概念。

$$P(b|a) = \frac{P(b)P(a|b)}{P(a)}$$

朴素贝叶斯中对于已知类别，假设所有的属性相互独立。就文本分类而言，假设词袋中各词组之间没有任何关系，是相互独立的。在朴素贝叶斯分类中：对于给出的待分类项，在求出此项出现的条件下各个类别出现的概率，哪个最大，此分类就属于哪个。

本案例中使用 Scikit-Learn 中的 MultinomialNB 包实现对文章的朴素贝叶斯分类。

9.4 数据处理与模型检验

从建模流程上来看，首先需要对文本进行分词处理从而方便构建各文本的特征向量。接下来在数据存储结构的处理过程中，对每份文本的语料、类别和存储路径进行统一格式存储，保证数据格式一致。而后使用 TF-IDF 算法计算每个文本语料的空间向量特征，为后续分类构建特征值。在使用朴素贝叶斯进行文章分类的时候需要注意的是，由于各文本的特征向量长度可能不同，需要归一化为通长度的向量。下面对各处理流程展开介绍。

9.4.1 文本分词处理（数据分类与数据预处理）

分词是将连续的字序列按照一定的规范重新组合成词序列的过程，中文分词将一个汉字序列（句子）切分成一个个独立的单词。为了构建词空间向量，首先需要对待分类文本做切词处理，将切好后的词语写入指定的路径下。在这里，我们使用 Python 中的 jieba 工具对文本进行分词，同时使用 jieba.analyse.extract_tags 方法（基于 TF-IDF 算法）抽取文章的主题标签。

在对训练集和测试集数据进行切词处理后，将切词后的文本写入指定文件夹中，代码如下（文件 cut_words.py）：

```python
#!/usr/bin/env python
# -*- coding: UTF-8 -*-

import os
import jieba
import jieba.analyse     # 导入提取关键词的库

# 对训练集、测试集文本都进行切词处理，为测试集数据打上主题标签

# 保存至文件
def save_file(save_path, content):
    with open(save_path, "a",encoding= 'utf-8',errors='ignore') as fp:
        fp.write(content)

# 读取文件
def read_file(file_path):
    with open(file_path, "r",encoding= 'utf-8',errors='ignore') as fp:
        content = fp.readlines()
        # print(content)
    return str(content)

# 抽取测试集的主题关键词
def extract_theme(content):
    themes = []
    tags = jieba.analyse.extract_tags(content, topK=3, withWeight=True, allowPOS=\
                    ['n','ns','v','vn'],withFlag=True)
    for i in tags:
        themes.append(i[0].word)
    return str(themes)
```

```python
def cast_words(origin_path, save_path, theme_tag):
    '''
    train_words_path: 原始文本路径
    train_save_path: 切词后文本路径
    :return:
    '''
    file_lists = os.listdir(origin_path)        # 原文档所在路径

    for dir_1 in file_lists:         # 找到文件夹
        file_path = origin_path + dir_1 + "/"     # 原始文件路径
        seg_path = save_path + dir_1 + "/"        # 切词后文件路径

        if not os.path.exists(seg_path):
            os.makedirs(seg_path)

        detail_paths = os.listdir(file_path)
        for detail_path in detail_paths:       # 找到文件夹下具体文件路径
            full_path = file_path + detail_path  # 原始文件下每个文档路径
            file_content = read_file(full_path)
            file_content = file_content.strip()   # replace("\r\n", " ")
                                                   # 删除换行
            file_content = file_content.replace("\'", "")
            file_content = file_content.replace(" \ n ", "")

            content_seg = jieba.cut(file_content)   # 为文件内容分词

            if theme_tag is not None:
                print(" 文件路径:{} ".format(theme_tag + detail_path))
                theme = extract_theme(" ".join(content_seg))
                                    # theme 为该文章的主题关键词
                print(" 文章主题关键词:{} ".format(theme))
                save_file(theme_tag + detail_path, theme)
                        # 将训练集文章的主题关键词 保存到标签存储路径

            save_file(seg_path + detail_path, " ".join(content_seg))
                        # 将处理后的文件保存到分词后的语料目录

if __name__ == "__main__":
    # 对训练集进行分词
    train_words_path = './train_words/'
    train_save_path = './train_segments/'
    cast_words(train_words_path,train_save_path,theme_tag=None)

    # 对测试集进行分词 抽取文章主题标签
    train_words_path = './test_words/'
```

```
train_save_path = './test_segments/'
theme_tag_path = './theme_tag/'        # 存放测试集文章主题标签路径
cast_words(train_words_path, train_save_path, theme_tag=theme_tag_path)
```

执行程序后，训练集和测试集对应文件夹下未经处理的原始 txt 文档被切词处理，并将切词后的 txt 文件存入新建立的文件夹下（见图 9-3）。

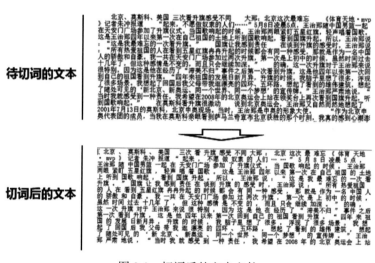

图 9-3　切词后的文本文件

9.4.2　数据结构处理

为了方便后续生成词向量空间模型，需要将这些分词后的文本信息转换成文本向量信息并对象化⊖。这里使用 Scikit-Learn 库中的 Bunch 数据结构⊜，将文本存储成链式结构。Bunch 是一个"字典"类型的数据，在实例化 Bunch 的时候，应先定义 Bunch 中包含的 key 类型，在使用时为 key 参数赋予 value 值。关于 Bunch 的使用方法在 9.3.1 节中已经介绍了，这里不再赘述。

本案例中定义 Bunch(label=[],filepath=[],contents=[])，其中：

❏ label：标注训练集每份文本归属的类别，如"糖尿病""肺癌""白癜风"。

⊖ Python 中文文本分类，孙相国 .http://blog.csdn.net/github_36326955/article/details/54891204
⊜ 《机器学习算法原理与编程实践》，郑捷编著。

❑ filepath：标注文件的存储路径。

❑ contents：保存训练集和测试集中每一类别下的文本内容。

代码如下（文件 word_to_bunch.py）：

```python
#!/usr/bin/env python
# -*- coding: UTF-8 -*-

import os
import pickle
import time
from sklearn.datasets.base import Bunch

'''
label：  文章类型
filepath： 文章路径
contents：  分词后的文章
'''
def read_file(file_path):
    with open(file_path, "r",encoding= 'utf-8',errors='ignore') as fp:
        content = fp.readlines()
    return str(content)

def word_to_bunch(train_save_path, train_bunch_path):
    bunch = Bunch(label=[], filepath=[], contents=[])
    all_labels = os.listdir(train_save_path)

    for label in all_labels:
        detail_path = train_save_path + label + '/'

        all_details = os.listdir(detail_path)

        for all_detail in all_details:
            file_detail_path = detail_path + all_detail   # 文件具体路径
            bunch.label.append(label)
            # print(bunch.label)   #
            bunch.filepath.append(file_detail_path)
            # print(bunch.filepath)     #
            contents = read_file(file_detail_path)
            # print(contents)   #
            bunch.contents.append(contents)
            # print(bunch.contents)   #

    with open(train_bunch_path, "wb+") as fp:
```

```
        pickle.dump(bunch, fp)
    print(" 创建完成 ")

if __name__ == "__main__":
    train_save_path = './train_segments/'
    train_bunch_path = "train_bunch_bag.dat"
    word_to_bunch(train_save_path, train_bunch_path)

    test_save_path = './test_segments/'
    test_bunch_path = "test_bunch_bag.dat"
    word_to_bunch(test_save_path, test_bunch_path)
```

该程序中将每篇文档的类型、存储路径、文章内容写入 Bunch 数据结构中，这样后面对训练集、测试集数据进行建模、分类会更方便。执行完程序后生成 train_bunch_bag.dat 和 test_bunch_bag.dat 数据文件。

9.4.3 计算文本的 TF-IDF 权重矩阵

该步骤中将上一步存储的结构化数据构建成为一个 TF-IDF 词向量空间，空间中的词均来自该训练集，各个词的权重矩阵也都一并保存下来。在建模的过程中需要注意将训练集的词向量空间坐标赋值给测试集，代码如下（文件 tfidf_space.py）：

```
#!/usr/bin/env python
# -*- coding: UTF-8 -*-

from sklearn.feature_extraction.text import TfidfVectorizer
from sklearn.feature_extraction.text import TfidfTransformer
import pickle
from sklearn.datasets.base import Bunch

# 读取 bunch 对象
def read_bunch(path):
    with open(path, "rb") as fp:
        bunch = pickle.load(fp)        # joblib 同样可用于存储模型文件
    return bunch

# 读取文件对象
def read_file(path):
    with open(path, "rb") as fp:
        bunch = fp.read()
```

```python
        return bunch

# 写入 bunch 对象
def write_bunch(path,bunch):
    with open(path, "wb") as fp:
        pickle.dump(bunch,fp)

# 训练集
def train_tfidf_space(stopword_path, train_bunch_path, train_tfidf_data):
    '''

    stopword_path: 停用词路径
    train_bunch_path: 训练集语料路径
    train_tfidf_data: 训练集 tfidf 数据路径
    '''
    bunch = read_bunch(train_bunch_path)

    stopwords = read_file(stopword_path).splitlines()    # 读取停用词
    tfidf_space = Bunch(label=bunch.label, filepath=bunch.filepath,
contents=bunch.contents, tdm=[], space={})

    vectorizer = TfidfVectorizer(stop_words=stopwords, sublinear_tf=True, max_df=0.5)
    tfidf_space.tdm = vectorizer.fit_transform(bunch.contents)
    tfidf_space.space = vectorizer.vocabulary_

    write_bunch(train_tfidf_data,tfidf_space)

# 测试集
def test_tfidf_space(stopword_path, test_bunch_path, test_tfidf_data, train_tfidf_data):
    '''
    stopword_path: 停用词路径
    test_bunch_path: 测试集语料路径
    test_tfidf_data: 测试集 tfidf 数据路径
    train_tfidf_data: 训练集 tfidf 数据路径，将训练集的词向量空间坐标赋值给测试集
    '''
    bunch = read_bunch(test_bunch_path)
    stopwords = read_file(stopword_path).splitlines()    # 读取停用词
    tfidf_space = Bunch(label=bunch.label, filepath=bunch.filepath,
contents=bunch.contents, tdm=[], space={})

    train_bunch = read_bunch(train_tfidf_data)    # 训练集 tfidf 数据
    tfidf_space.space = train_bunch.space    # 将训练集的词向量空间坐标赋
                                             # 值给测试集
```

```
        vectorizer = TfidfVectorizer(stop_words=stopwords, sublinear_
tf=True, max_df=0.5, vocabulary=train_bunch.space)

        tfidf_space.tdm = vectorizer.fit_transform(bunch.contents)
        write_bunch(test_tfidf_data, tfidf_space)

    if __name__ == '__main__':
        # 训练集数据处理
        stopword_path = "./chinese_stop_words.txt"    # 停用词表的路径

        train_bunch_path = './train_bunch_bag.dat'
        train_tfidf_data = './train_tfidfspace.dat'
        train_tfidf_space(stopword_path, train_bunch_path,train_tfidf_data)

        # 测试集数据处理
        test_bunch_path = './test_bunch_bag.dat'
        test_tfidf_data = './test_tfidfspace.dat'
        test_tfidf_space(stopword_path, test_bunch_path, test_tfidf_
data,train_tfidf_data)
```

执行该程序会将训练集和测试集数据转换为 TF-IDF 词向量空间中的实例，其中 space 表示词向量空间坐标，tdm 表示训练集和测试集数据的 TF-IDF 权重矩阵。程序中需要注意的是，需要将训练集的词向量空间坐标赋值给测试集数据，该处的逻辑实现在测试集函数 test_tfidf_space 中。

执行完程序后生成 train_tfidfspace.dat 和 test_tfidfspace.dat 数据文件。

9.4.4 用朴素贝叶斯方法分类文章

一般的模式分类方法都可应用在文本分类中，常用的分类算法包括朴素贝叶斯分类、支持向量机分类。

关于如何评价模型执行效果，在 8.3.2 节中讲过，这里不再赘述。本案例针对文本分类，从精度、召回率和 F- 测度值三个角度评价。用 a 表示分类器将输入文本正确分类到某个类别的个数；b 表示分类器将输入文本错误分类到某个类别的个数；c 表示分类器将输入文本错误排除在某个类别之外的个数；d 表示分类器将输入文本正确地排除在某个类别之外的个数。该分类器的召回率、正确率和 F- 测度值的计算公式如下：

- 精度 $p = a / (a + b) \times 100\%$；
- 召回率 $r = a / (a + c) \times 100\%$；
- F – 测度值 $F = (2 \times p \times r) / (p + r)$。

从执行结果来看（精度 0.941、召回率 0.933、F- 测度值 0.933），分类效果还算不错。

该过程代码如下（文件 nbayes.py）：

```python
#!/usr/bin/env python
# -*- coding: UTF-8 -*-

import pickle
from sklearn.naive_bayes import MultinomialNB
import warnings
from sklearn import metrics
warnings.filterwarnings("ignore")

# 读取 bunch 对象
def read_bunch(path):
    with open(path, "rb") as fp:
        bunch = pickle.load(fp)          # joblib 可用于存储模型文件
    return bunch

# 分类结果保存至文件
def save_file(save_path, content):
    with open(save_path, "a",encoding= 'utf-8',errors='ignore') as fp:
        fp.write(content)

# 朴素贝叶斯分类
def nbayes_classify(train_set, test_set):

    '''
    train_set：训练集样本数据
    test_set：测试集样本数据
    :return：测试集样本分类
    '''
    clf = MultinomialNB(alpha=0.5)
    clf.fit(train_set.tdm, train_set.label)   #  训练模型
    predict = clf.predict(test_set.tdm)
    return predict

def classification_result(actual, predict):
    print(' 精度:{0:.3f}'.format(metrics.precision_score(actual,predict,average='weighted')))
```

```python
        print('召回:{0:0.3f}'.format(metrics.recall_score(actual, predict,average='weighted')))
        print('f1-score:{0:.3f}'.format(metrics.f1_score(actual, predict,average='weighted')))


if __name__ == '__main__':
    # 导入训练集
    train_path = './train_tfdifspace.dat'
    train_set = read_bunch(train_path)

    # 导入测试集
    test_path = "./test_tfidfspace.dat"
    test_set = read_bunch(test_path)

    predict = nbayes_classify(train_set, test_set)    #
    classification_result(test_set.label, predict)
    print('-' * 100)

    # 保存结果路径
    save_path = './classify_file.txt'
    for label, filename, predict in zip(test_set.label, test_set.filepath , predict):              # test_set
        print(filename, "\t 实际类别:",label,"\t--> 预测类别:", predict)
        save_content = filename + "\t 实际类别:" + label + "\t--> 预测类别:" + predict + '\n'
        save_file(save_path, save_content)   # 将分类结果写入 txt
```

执行上述代码后可在 Pycharm 控制台下看到执行效果，如图 9-4 所示。

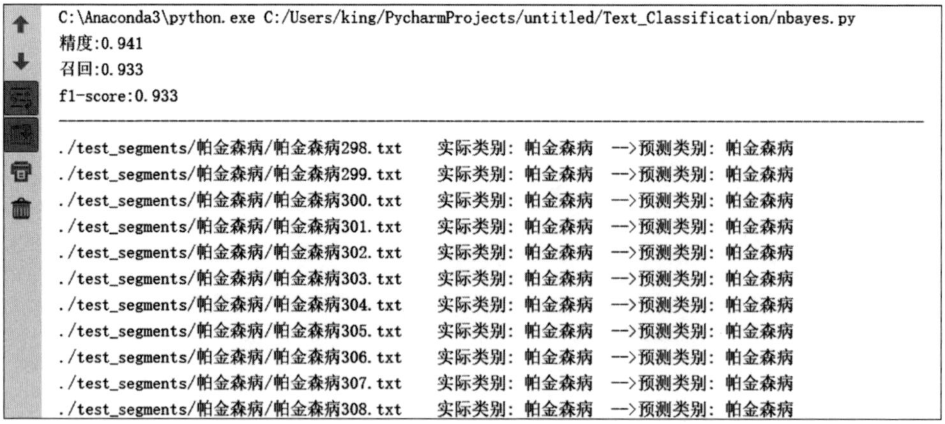

```
C:\Anaconda3\python.exe C:/Users/king/PycharmProjects/untitled/Text_Classification/nbayes.py
精度:0.941
召回:0.933
f1-score:0.933
----------------------------------------------------------------------------------------------------
./test_segments/帕金森病/帕金森病298.txt    实际类别: 帕金森病    -->预测类别: 帕金森病
./test_segments/帕金森病/帕金森病299.txt    实际类别: 帕金森病    -->预测类别: 帕金森病
./test_segments/帕金森病/帕金森病300.txt    实际类别: 帕金森病    -->预测类别: 帕金森病
./test_segments/帕金森病/帕金森病301.txt    实际类别: 帕金森病    -->预测类别: 帕金森病
./test_segments/帕金森病/帕金森病302.txt    实际类别: 帕金森病    -->预测类别: 帕金森病
./test_segments/帕金森病/帕金森病303.txt    实际类别: 帕金森病    -->预测类别: 帕金森病
./test_segments/帕金森病/帕金森病304.txt    实际类别: 帕金森病    -->预测类别: 帕金森病
./test_segments/帕金森病/帕金森病305.txt    实际类别: 帕金森病    -->预测类别: 帕金森病
./test_segments/帕金森病/帕金森病306.txt    实际类别: 帕金森病    -->预测类别: 帕金森病
./test_segments/帕金森病/帕金森病307.txt    实际类别: 帕金森病    -->预测类别: 帕金森病
./test_segments/帕金森病/帕金森病308.txt    实际类别: 帕金森病    -->预测类别: 帕金森病
```

图 9-4　文本分类执行效果

至此，文本分类流程中各模块的数据处理方式就介绍完了，下面通过图9-5所示的文件结构对各模块再熟悉一遍。

9.5 本章小结

本章通过对文章分类、打标签讲解了两个常用算法——TF-IDF算法和朴素贝叶斯算法，其中TF-IDF算法在10.4.5也会用到。

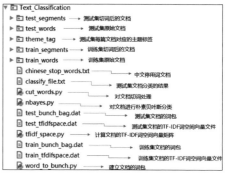

图 9-5 文件结构

从建模流程来看，对文章分类、打标签包括4个主要步骤：

1）文章数据分词处理，抽取文章的主题标签；

2）构建文章的词袋模型；

3）使用TF-IDF计算文章的词空间向量；

4）使用朴素贝叶斯算法对测试集文章进行分类。

在建模处理数据的过程中，使用基于Python的开源包Scikit-Learn。代码已经调试过，读者可从本书github地址上下载本案例程序，使用示例数据进行操作。

从模型执行结果来看，模型的分类精度达到86.7%，召回率达85%。可基本实现对文章的有效归类。

文本分类有着广泛的应用场景，如新闻网站包含大量报道文章，需要将这些文章按题材进行自动分类（如划分成政治、军事、经济、体育等）；电子邮箱频繁接收到垃圾广告邮件，通过文本分类可从众多邮件中识别出垃圾邮件并过滤掉，以提高用户对邮箱的使用效率。

提 高 篇

- 第 10 章　应用：用户画像建模

第 10 章

应用：用户画像建模

在进入大数据时代后，用户行为给企业的产品和服务带来了一系列改变和重塑，其中最大的变化在于，用户的一切行为在企业面前是可追溯、可分析的。企业内保存了大量的原始数据和各种业务数据，这是企业经营活动的真实记录，如何更加有效地对这些数据加以利用，如何用这些数据进行分析和评估，是企业当下最关心的问题。随着对大数据技术的深入研究与应用，企业的专注点日益聚焦在如何利用大数据来为精细化运营和精准营销服务，而要做精细化运营，首先要建立本企业的用户画像。

用户画像可以使产品的服务对象更加聚焦和专注，增加用户的黏性、提高订单转化率。本章首先介绍用户画像的概念和开发流程，然后通过一个工程案例详细讲解用户画像是如何在产品上"落地应用"的。

10.1 用户画像简介

用户画像是大数据技术的一种重要应用方式。建立用户画像所用的数据源是与用户相关的全部数据，包括用户的属性数据、行为数据及内容数据。其中属性数据表示包括用户性别、年龄、地域等用户自身固有的属性，这类数据可以在用户注册、填写各类表单的环节中收集；行为数据描述用户所执行的行为，包括访问次数、访问停留时间、加关注、加入购物车、取出购物车、形成订单、付款等；内容数据表示用户行为的对象，如用户加关注、加入购物车、形成订单所对应的商品。这些数据源构成了建立用户画像模型的基础。

10.1.1 什么是用户画像

用户画像，即用户信息标签化，通过收集用户社会属性、消费习惯、偏好特征等各个维度的数据，对用户或者产品特征属性进行刻画，并对这些特征进行分析、统计以挖掘潜在价值信息，从而抽象出一个用户的信息全貌。用户画像可看作企业应用大数据的根基，是定向广告投放与个性化推荐的前置条件，为数据驱动运营奠定了基础。如何从海量数据中挖掘出有价值的信息已经愈发重要。

用户画像的核心目的是了解用户，画像是真实用户的虚拟代表，是建立在一系列真实数据之上的目标用户模型。图 10-1 所示为程序员小 z 在某电商网站进行注册、浏览、收藏、购物等系列行为后，该网站的数据挖掘人员针对收集的数据经过建模、清洗、挖掘等操作之后，给小 z 打上的相应的标签。这刻画出了小 z 的人物属性及消费偏好。

图 10-1 程序员小 z 的用户信息标签

企业建立用户画像的初衷是发掘用户千人千面的特征，简而言之：通过分析不同用户个体、不同用户群体的特征，针对不同的特征人群推荐不同内容。在企业信息量越来越大的背景下，借助用户画像可有效利用企业产品平台上的内容资源。可以说，用户画像已成为流量精准的分发中心。

10.1.2 用户画像模型及应用场景

用户画像的构建是一个系统性的工作，需要区分不同的场景和不同的应用模式。

用户画像建模其实就是为用户打标签。为用户打的标签分为三种：基于统计类的标签、基于规则类的标签和基于挖掘类的标签。下面我们介绍这三种类型标签的区别：

- ❑ 基于统计类的标签：这类标签是最为基础和常见的标签类型。例如对于某个用户来说，他的性别、年龄、所在城市、星座、近7日活跃时长、近7日活跃天数、近7日活跃次数等字段可以从用户注册数据、用户访问数据、消费类数据中统计得出。该类标签构成了用户画像的基础。

- ❑ 基于规则类的标签：该类标签基于用户行为及确定的规则产生。例如对平台上"消费活跃"的用户的定义为近30天交易次数不少于2次的用户。在实际开发画像的过程中，由于运营人员对业务更为熟悉，而数据人员对数据的结构、分布、特征更为熟悉，因此基于规则类标签中涉及的规则由运营人员和数据人员共同协商确定。

- ❑ 基于挖掘类的标签：该类标签通过数据挖掘产生，用于对用户的某些属性或某些行为进行预测。例如，根据一个用户的行为习惯判断该用户是男性还是女性，根据一个用户的消费习惯判断其对某商品的偏好程度。该类标签需要通过算法挖掘产生。

在开发画像建立的过程中要用的数据非常多，按数据粒度及应用场景大体可分为三个层级（图10-2为示例）：

- 明细层数据：以"日"为数据粒度，直接从各个业务数据表、日志数据表、埋点数据表抽取用户每天的每一次行为，按固定表结构插入相关表中，在此过程中不对数据做任何汇总、统计类的处理。可视为数据仓库中 ODS 层数据。
- 统计中间层数据：以"用户"为数据粒度，对明细层的全量历史数据进行统计加工、汇总计算，可视为数据仓库中 DW 层数据。
- 应用层数据：以"用户"为数据粒度，对统计中间层数据做进一步挖掘处理，处理过程中要考虑业务应用场景，关联行为权重、标签权重等。应用层数据输出后可支持产品应用。应用层数据可视为数据仓库中 DM 层数据。

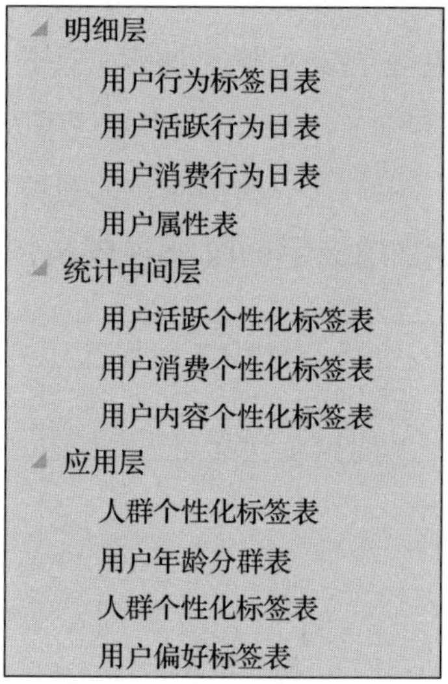

```
▲ 明细层
    用户行为标签日表
    用户活跃行为日表
    用户消费行为日表
    用户属性表
▲ 统计中间层
    用户活跃个性化标签表
    用户消费个性化标签表
    用户内容个性化标签表
▲ 应用层
    人群个性化标签表
    用户年龄分群表
    人群个性化标签表
    用户偏好标签表
```

图 10-2　某用户画像数据层级示意图

开发出的用户画像相关宽表及明细标签表，按应用场景一般分为用户人口属性画像、用户个性化标签、各业务线用户画像、用户偏好画像和用户群体属性画像等。下面从不同维度讲述用户画像模型的建立背景及应用场景。

1. 用户人口属性画像

用户在平台注册账号或填写收货地址时会填写一些基础信息，如性别、年龄、所在城市、行业、手机号、身份证号等。在用户填写的信息的基础上还可以二次加工出信息：如根据用户填写的身份证号可计算出用户的年龄、地区、生肖、星座等信息。一般当身份证号加工出信息与用户自填信息有冲突时，以身份证号加工信息为准。

用户人口属性画像是对用户静态属性刻画的重要依据，所以对基础信息的真实性要求更为严格。在加工的过程中需要从多维度（如用户自填、调研问卷、身份证绑定、登录 IP 等）去验证基础信息的真实性。基础信息对时效性要求不高（用户的年龄、所在地区等发生改变的情况属于低频事件）。

用户人口属性画像的最终呈现形式是一张用户宽表，该宽表包括了除常见的用户属性，如图 10-3 所示。

user_id	login_name	user_name	user_status_id	gender_id	birthday	user_age	constellation_name
用户 id	登录名	用户名	用户状态	性别	生日	年龄	星座
zodiac_name	cert_id	cellphone_id	zone_province	zone_city	zone_ragen	is_temp	
生肖	身份证号	电话	省份	城市	区域名称	是否临时账号	

图 10-3　用户人口属性表字段（示意）

2. 用户个性化标签

用户在产品上的浏览、搜索、关注、收藏、加入购物车、付款、评价等行为会带来一系列标签。根据这些标签的发生时间、行为次数、行为类型能够统计出用户与某些标签之间联系的紧密程度。在行为标签的基础上经过综合打分可以进一步挖掘出用户偏好的物品或内容。

用户个性化标签的最终呈现形式是一张用户行为标签表，该标签表记录了用户在平台上发生每一次行为的日期、类型及因此带来标签，如图 10-4 所示。

user_id	tag_id	tag_name	cnt	date_id	tag_type_id	act_type_id
用户 id	标签 id	标签名称	行为次数	行为日期	标签类型	行为类型

图 10-4　用户个性化标签表（示意）

对于图 10-4 所示标签表的几个关键字段释义如下：

❑ 标签 id：用户对物品的操作行为（浏览、搜索、收藏、下单等）将带来与该物品相关的标签。该标签数据存储在相关业务数据表、日志数据表、埋点数据表中，需要对相关记录数据做抽取、清洗等操作，之所才能转化成标签。

- 行为次数：用户在当日触发该标签的次数，如用户 2017 年 07 月 01 日浏览《平凡的世界》一书 3 次，则行为日期记为"2017-07-01"，行为次数记为"3"。
- 标签类型：该标签归属的类型，如图书类标签、服饰类标签、数码产品类标签、食品类标签等，不同类型的标签需要区分开来。从应用角度来说需要根据产品的业务线来做划分。
- 行为类型：包括用户进行的浏览、搜索、关注、收藏、付款等行为，不同类型的行为对用户的重要性不同，一般来说复杂程度越高的操作对用户的意义越大。该字段在计算用户偏好属性时有重要作用。

3. 各业务线用户画像

针对各业务线的业务特征，设计一套标签用于监控用户在该业务线上的操作行为。例如针对资讯版块，可以用户单击资讯内各子版块 TAB 的次数、在各子版块的浏览时长、在各子版块内的收藏文章数等维度进行画像标签的设置。

4. 用户偏好画像

在用户个性化标签的基础上，根据业务规则设定用户各种行为类型的权重、时间衰减方式、标签权重，并通过基于物品相关的协同过滤算法建立用户偏好画像的数据表，如图 10-5 所示。

user_id	tag_id	tag_name	org_id	cnt
用户 id	标签 id	标签名称	权重值	行为次数

图 10-5 用户偏好标签表（示意）

5. 群体属性画像

俗话说"物以类聚，人以群分"，对用户进行"群分"的过程即对用户进行聚类。这里主要讲解如何根据业务规则对用户进行聚类。一方面可以根据用户注册账号填写的性别、年龄、省份等基础信息将用户按性别、年龄段、区域等进行划分；另一方面可以根据用户购买商品的频率、价格按消费能力属性、行为属性进行划分。

具体来说,用户群体属性画像可应用在两个方面:一方面,在冷启动阶段,由于缺少更细粒度的用户个性化标签,可以根据用户群体属性画像给用户推荐该群体所偏好的商品;另一方面,在向用户个性化推荐商品时,可根据用户所在群体偏好的物品种类向用户推荐。图10-6所示为某个根据用户年龄段建立的群体属性画像的表结构。

sex	age	tag_id	tag_name	ratio
性别	年龄段	标签id	标签名称	比率

图10-6 用户群体属性画像的表结构(示意)

10.1.3 数仓架构及项目流程

对于用户画像的应用流程来说,从原始的数据输入开始到模型应用为止可分为5块(见图10-7),包括将操作型环境数据经ETL后集中存储在数据仓库,之后经过对数据的建模、挖掘、分析建立用户画像模型,最终将建好用户画像的数据接口调用到BI报表、经营分析、精准营销、个性化推荐等各系统模块。

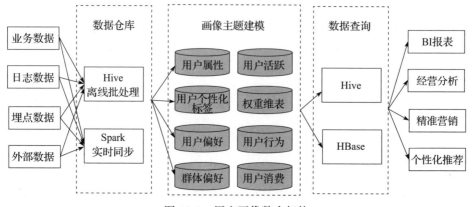

图10-7 用户画像数仓架构

数据运营团队的主要任务是结合需求方对画像应用场景的需要及数据仓库已有数据来构建用户画像模型。在图10-7中,主要工作体现在"画像主题建模"

环节。本章的重点是介绍如何在 Hive 数据仓库上基于业务和数据建立用户画像模型。

Hive 是一个建立在分布式存储系统（HDFS）上的 SQL 引擎，通过将用户编写的 Hive SQL 语句转化成 MapReduce 作业实现对数据的查询，适合应用在大数据集的批处理作业上。

在明确用户画像的数据仓库架构和数据运营人员的工作重点后，我们需要进一步明确在项目中整个用户画像模型的构建流程，如图 10-8 所示。

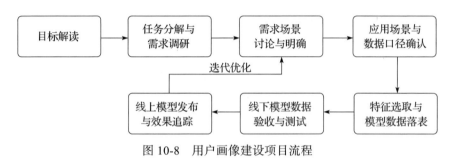

图 10-8　用户画像建设项目流程

1. 目标解读

在建立用户画像前，首先需要明确用户画像所服务的企业对象，根据业务方需求、未来产品建设目标和用户画像分析预期效果。

一般而言，用户画像的服务对象包括运营人员、数据分析人员。不同业务方对用户画像的需求有不同的侧重点，就运营人员来说，他们需要分析用户的特征、定位用户行为偏好，做商品或内容的个性化推送以提高单击转化率，所以画像的侧重点落在用户个人行为偏好；就数据分析人员来说，他们需要分析用户行为特征，做好用户的流失预警工作，还可根据用户的消费偏好做更有针对性的营销。

2. 任务分解与需求调研

经过第一阶段的需求调研和目标解读，我们已经明确了用户画像的服务对象与应用场景，接下来需要针对服务对象的需求，结合产品现有业务体系和"数据字典"规约实体和标签之间的关联关系，明确分析纬度。就下面将要介绍的案例而言，需要从用户属性画像、用户行为画像、用户偏好画像、用户群体偏好画像等角度去进行业务建模。

3. 需求场景讨论与明确

在本阶段，数据运营人员需要根据前面与需求方的沟通结果，输出《产品用户画像需求文档》，在该文档中明确画像应用场景、最终开发出的标签内容与应用方式，并就该份文档与需求方反复沟通以确认无误。

4. 应用场景与数据口径确认

经过第三个阶段，已明确了需求场景与最终实现的标签纬度和类型，数据运营人员需要结合业务与数据仓库中已有的相关表，明确与各业务场景相关的数据口径。在该阶段中，数据运营方需要输出《产品用户画像实施文档》，该文档需要明确应用场景、标签开发的模型、涉及的数据库与表，以及应用实施流程。该文档不需要再与运营方讨论，只需要数据运营团队内部就开发实施流程达成一致。

5. 特征选取与模型数据落表

本阶段中数据分析挖掘人员需要根据前面明确的需求场景进行业务建模，写好HQL逻辑，将相应的模型逻辑写入临时表中，抽取数据以校验是否符合业务场景需求。

6. 线下模型数据验收与测试

数据仓库团队的人员将相关数据落表后，设置定时调度任务，对数据进行定期增量更新。数据运营人员需要验收数据仓库加工的HQL逻辑是否符合需求，根据业务需求抽取并查看表中数据范围是否在合理范围内。如果发现问题应及时反馈给数据仓库人员调整代码逻辑和行为权重的数值。

7. 线上模型发布与效果追踪

数据通过验收之后，就可以将数据接口给到搜索或技术团队部署上线了。上线后应对用户单击转化行为的持续追踪，以调整优化模型及相关权重配置。

10.2 用户画像管理

用户画像数据需要结合业务需求进行开发，本节从模块化开发、存储方式、更新机制三个方面进行介绍。

10.2.1 模块化开发

一套完整的用户标签体系所涉及许多人员，而且不是一两天的事情。它牵动着产品经理、运营人员、数据分析挖掘人员数据仓库的 ETL 开发人员等。虽然数据分析挖掘人员的工作核心在于标签的业务建模，但是其中的开发和维护工作，需要协同产品经理、运营方和开发方来展开。

在用户画像开发前需要考虑到随着业务的不断发展，画像开发人员随时都可能面临新增标签类型的需求。在接到新需求时，是否要重新单独构建一套模型去适应业务的不断发展？当然不是，我们需要用模块化思维去进行画像的开发。模块化开发可以在有限的资源里高效、快捷地进行标签模型开发以及后续的迭代。将画像工程划分成很多功能独立的模块，再进行迭代、重构和维护等工作时，只需要针对具体的模块进行处理，不需要重新构建模型。

具体来说，用户画像需要结合业务需求进行开发。从应用角度看，标签主要可分为两大类——通用类标签和业务类标签，如图 10-9 所示。

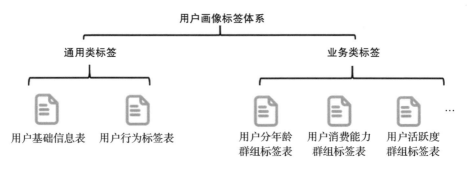

图 10-9 用户画像标签体系

通用类标签是从原业务标签表抽取并经过初步统计得到的标签，这类标签还未与业务深度结合，做出来的标签表无法直接服务于各业务单元。但是其为建立面向各业务场景的相关标签表打下了基础，是前置条件。比如，用户基础信息表记录了用户性别、年龄、地域等属性，通过人口属性刻画，可达到对用户初步认知的目的；用户行为标签表记录了用户在产品使用过程中浏览、关注、收藏、搜索等行为的时间、行为次数。各业务标签表都是在通用类标签表的基础上结合业务进行深度加工、挖掘得到的。

业务类标签服务于各项业务属性，如在产品的"推荐"或"猜你喜欢"版块上推荐与用户属性相关的内容。在这类标签开发的过程中，数据方需要与运营方深入沟通需求，明确业务场景、应用方式与推荐规则，确定标签种类与行为权重，再结合推荐产品的类型才能给用户打上相应的属性标签。

从类型角度看，标签可分为个人用户画像和群体用户画像。前者主要用于用户个性化定位，而后者用于对用户群体的定位。群体用户画像的建立都是基于个人的用户画像建立的，即先建立个人用户的画像（根据每个人的标签与对应权重确定属性值），而后建立群体的画像（统计各属性值在各属性中所占的比例），如图10-10所示。

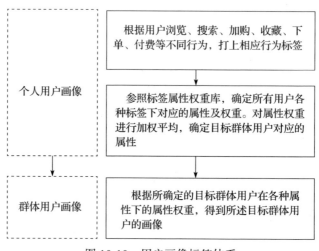

图10-10 用户画像标签体系

10.2.2 存储方式

用户画像的数据会基于用户每天的各类行为不断增量更新，因此其是海量的，是快速增长的。这就要求其存储介绍具有容量大、扩展性好的特点。另外因为建立用户画像是为了辅助数据分析与业务精细化运营，为用户的搜索、广告系统提供个性化推荐，因此存储机制的设计应能支持快速、多维数据的联合存取。

Hive 数据仓库较为适合用户画像数据的存储、管理与分析。采用数据仓库技术不仅可以管理海量用户画像数据，而且可以通过有效的综合分析进一步挖掘数据的潜在价值。从图 10-11 所示可以看出，画像建模人员通过从数据仓库的相关业务表、日志表、埋点表中抽取与用户基础属性、行为属性、消费属性等相关的数据进行建模加工，输出用户人口属性表、用户个性化标签表等用户画像相关表，并将这些画像表重新写回数据仓库中，以便后续的应用。

Hive 数据仓库封装用户画像模型的各明细表和宽表，各业务方及运营方可通过直接访问数据库或者登录数据提取平台的方式，访问画像模型数据宽表。也可以通过线上 Dashboard 展示平台配置用户分群规则，提取相关用户标签，实时反馈运营及营销接触数据问题，整合并更新画像模型。通过配置分析及应用平台可视化展现推荐标签库，以实现权限管控。

10.2.3 更新机制

一个简单的用户信息标签表就会有成百上千个特征标签，其中有些特征标签在短期内是不变的，如用户的性别、年龄、归属地等基础信息；有些是随时间变化的，如用户的浏览、关注、收藏、购买等行为指标。此外，随着产品业务线的不断拓展，以及更详细的划分维度，这些标签的特征类型可能会增加。因此，有效的用户画像需要不断地进行完善和更新。

在画像开发过程中，使用 HQL 语言将建模后的各维度用户画像表写入 Hive，在 Hive 中建立分区表，以当天日期作为分区依据，每天定时刷新前一天运营产生的数据，增量插入数据到已建立的画像表中，如图 10-12 所示。

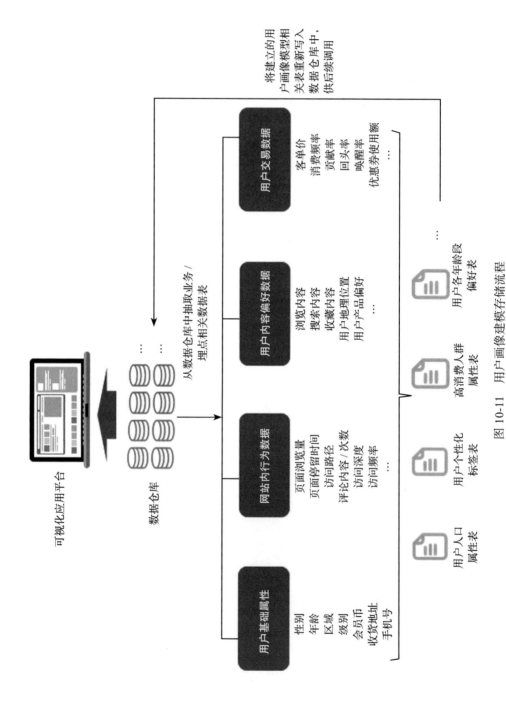

图 10-11 用户画像建模存储流程

第 10 章　应用：用户画像建模

用户id user_id	标签id org_id	标签名称 org_name	行为次数 cnt	行为时间 date_id	行为类型 tag_type
50287505	B14d0ec9a8b1190000	电子书	3	2017-06-01	1
50287505	dc06dd07797a000	电子书	3	2017-06-02	1
50287505	5f03be84a266000	平板电脑	1	2017-06-03	2
...	...	...	...	...	...

↓ 每天定时刷新业务数据库，增量更新用户标签表

用户id user_id	标签id org_id	标签名称 org_name	行为次数 cnt	行为时间 date_id	行为类型 tag_type
50287505	B14d0ec9a8b1190000	电子书A	3	2017-06-01	1
50287505	dc06dd07797a000	电子书B	3	2017-06-02	1
50287505	5f03be84a266000	平板电脑	1	2017-06-03	2
50287505	5cf9dd2e7135000	电子书C	2	2017-06-04	3
...	...	...	...	...	...

图 10-12　用户标签表定期刷新

下面介绍与用户购买图书行为对应的场景。用户标签表通过每天定时抽取自订单表中的用户下单行为，增量更新用户标签表中用户购买类标签。刷新方式的实现代码如下（通过 '${HIVE_DATA_DATE}' 获取每天对应日期，增量更新对应的标签表）：

```
    insert into dwd.persona_user_tag_relation_public    -- 将数据插入相应用
                                                        -- 户画像表中
        select t1.user_id as user_id,
               t2.book_id as tag_id,    -- 以所购买图书对应的图书id作为标签id
               t2.book_name as tag_name,
               count(1) as cnt,
               t1.create_date as date_id,
               t3.book_type_tag as tag_type_id,
               1 as act_type_id                         -- 行为类型1
          from dwd.gdm_ord_order t1                     -- 商品订单表
    inner join dwd.book_base_basic_info t2              -- 图书信息表
            on t1.std_book_id = t2.book_id
    inner join dwd.book_std_type_df t3                  -- 图书类目表
            on t2.book_id = t3.book_id
         where t1.date_id  '${HIVE_DATA_DATE}'   -- 每天增量更新标签
           and user_id <> ''
           and user_id <> '-'
      group by t1.user_id
               t2.book_id,
               t2.book_name,
               t1.create_date,
               t3.book_type_tag,
               1
```

10.3 业务背景

本节通过一个图书垂直电商的用户画像案例介绍如何结合业务需求、应用场景、数据字典，建立用户画像标签体系。

10.3.1 案例背景介绍

某图书电商网站拥有超过千万的网购用户群体，所售各品类图书 100 余万种。用户在平台上可进行浏览、搜索、收藏、下单、购买等行为。商城的运营需要解决的两个问题是：在企业产品线逐渐扩张、信息资源过载的背景下如何在兼顾自身商业目标的同时更好地满足消费者的需求，为用户带来更个性化的购物体验，并通过内容的精准推荐，更好地提高用户的单击转化率；在用户规模不断增长的背景下，运营方考虑建立用户流失预警机制，以及时识别出将要流失的用户群体，采取运营措施进行用户挽回。

10.3.2 数据仓库相关表介绍

商城自建立以来，数据仓库中积累着大量业务数据、日志数据及埋点数据。如何充分挖掘沉淀在数据仓库中的数据的价值，有效支持用户画像的建设，成为当前的重要工作。

在本案例中，可以获取的数据按其类型可分为：业务类数据、用户行为数据。其中业务类数据是指用户在平台上下单、购买、收藏物品，以及货物配送等与业务相关的数据；用户行为数据指用户搜索某条信息、访问某个页面、单击某个按钮、提交某个表单等通过操作行为产生（在解析日志的埋点表中）的数据。

涉及数据仓库中的表主要包括：用户信息表、商品订单表、图书信息表、图书类目表、App 端日志表、Web 端日志表、商品评论表等。下面就用户画像建模过程中一些用到的主要数据表做详细介绍。

用户信息表（见表 10-1）存放着用户的各种信息，例如用户姓名、年龄、性别、号码、归属地等信息。

表 10-1　用户信息表（dwd.user_basic_info）

字段	字段类型	字段定义	备　　注
user_id	character varying(50)	用户编码	
user_name	character varying(50)	用户姓名	
user_status_id	integer	用户状态	0：未注册；1：已注册；2：已注销
mail_id	character varying(40)	邮箱编码	
birthday	character varying(40)	用户生日	
gender_id	smallint	性别	0：男　1：女　2：其他
call_phone_id	character varying(64)	电话号码	
is_has_photo	smallint	是否有头像	
gmt_created	timestamp	创建时间	
gmt_created_date	date	注册日期	
province_name	character varying(20)	归属省	用户填写 > 手机号归属地 > 身份证归属地
city_name	character varying(20)	归属市	同上
user_address	character varying(320)	详细地址	

商品订单表（见表 10-2）存放商品订单的各类信息，包括订单编号、用户 id、用户姓名、订单生成时间、订单状态等信息。

表 10-2　商品订单表（dwd.gdm_ord_order）

字段	字段类型	字段定义	备　　注
id	bigint	自增主键	
source_id	bigint	订单来源标识	0:App 1:Web 2: H5 3:其他
user_id	character varying(50)	用户编码	
user_name	character varying(50)	用户姓名	
order_id	integer	订单号	
std_book_id	bigint	图书编码	
std_book_name	character varying(80)	图书名称	
create_time	timestamp	订单生成时间	
create_date	date	订单日期	
order_remark	character varying(80)	订单备注	
status_id	bigint	订单状态	1：待支付　2：已完成　3：已取消　4：已退款　5：支付失败
status_time	timestamp	订单状态时间	
order_amount	double precision	订单金额	
pay_account	character varying(50)	付款账户	
pay_type_id	character varying(30)	付款方式	

图书信息表（见表 10-3）存放图书名称、作者、出版社、价格、页数、出版时间等信息。

表 10-3　图书信息表（dwd.book_base_basic_info）

字段	字段类型	字段定义	备注
book_id	bigint	图书 id	
book_name	character varying(50)	图书名称	
author	character varying(50)	作者	
republic_name	character varying(50)	出版社	
republic_time	timestamp	出版时间	
book_price	double precision	价格	
book_isbn	character varying(50)	ISBN 编号	
book_pages	bigint	页数	
book_words	bigint	字数	
print_time	timestamp	印刷时间	
book_font	bigint	开本	
book_pattern	character varying(50)	纸张类型	
print_times	bigint	印次	

图书类目表（见表 10-4）存放图书归属的类别信息，可通过图书 id 与图书信息表建立关联。

表 10-4　图书类目表（dwd.book_std_type_df）

字段	字段类型	字段定义	备注
book_id	bigint	图书 id	
book_name	character varying(50)	图书名称	
book_type_tag	bigint	图书类型编码	
book_type_name	character varying(50)	图书类型名称	
create_time	timestamp	创建时间	
modify_time	timestamp	更新时间	
create_date	date	创建日期	

Web 端日志表（见表 10-5）存放用户访问 Web 页面的信息及用户的 LBS 相关信息，通过在客户端做埋点，从日志数据解析出来。

表 10-5　Web 端日志表（dwd.beacon_web_books_client_pv_log）

字段	字段类型	字段定义	备注
login_id	character varying(50)	设备登录名	设备记录的用户登录名
user_id	character varying(50)	用户 id	
session_id	character varying(50)	设备 id	
visit_time	timestamp	访问时间	本次访问操作在日志表中生成时间
report_time	timestamp	上报时间	终端记录用户单击按钮时间
province	character varying(50)	用户所在省份	通过 IP 地址解析获取用户省份
city	character varying(50)	用户所在城市	通过 IP 地址解析获取用户城市
referer_url	character varying(50)	上一个页面 url	上一个访问页面地址
url	character varying(50)	当前页面 URL	当前访问页面的链接地址
client	character varying(50)	操作系统	mac/windows
date_id	date	登录日期	YYYY-MM-DD
lon	character varying(50)	经度	用户设备登录时所在经度
lat	character varying(50)	纬度	用户设备登录时所在纬度

App 端日志表（见表 10-6）存放用户访问 APP 的相关信息及用户的 LBS 相关信息，通过在客户端埋点，从日志数据解析出来。

表 10-6　App 端日志表（dwd.beacon_app_books_client_pv_log）

字段	字段类型	字段定义	备注
login_id	character varying(50)	设备登录名	设备记录的用户登录名
user_id	character varying(50)	用户 id	
session_id	character varying(50)	设备 ID	
date_id	date	访问日期	YYYY-MM-DD
visit_time	timestamp	访问时间	本次访问操作在日志表中生成时间
report_time	timestamp	上报时间	终端记录用户单击按钮时间
province	character varying(50)	用户所在省份	通过 IP 地址解析获取用户省份
city	character varying(50)	用户所在城市	通过 IP 地址解析获取用户城市
referer_url	character varying(50)	上一个页面 URL	上一个访问页面地址
url	character varying(50)	当前页面 URL	当前访问页面的链接地址
client	character varying(50)	操作系统	Android/iOS/Windows
lon	character varying(50)	经度	用户设备登录时所在经度
lat	character varying(50)	纬度	用户设备登录时所在纬度

商品评论表（见表 10-7）存放用户对商品的评论信息。

表 10-7 商品评论表（dwd.book_comment）

字段	字段类型	字段定义	备注
user_id	character varying(15)	用户 id	
user_name	character varying(15)	用户姓名	
user_content	character varying(64)	评论内容	
user_images	character varying(15)	评论图片	
status_id	bigint	评论状态	1：待审核 2：已审核 3：已屏蔽
order_code	integer	订单 id，订单对应编号	
create_time	character varying(15)	创建时间	
create_date	date	创建日期	
content_ip	character varying(15)	评论用户 ip	
modify_time	timestamp	更新时间	

搜索日志表（见表 10-8）存放用户在 App 端进行搜索的相关日志数据。

表 10-8 搜索日志表（dwd.app_search_log）

字段	字段类型	字段定义	备注
login_id	character varying(15)	设备登录名	设备记录的用户登录名
user_id	character varying(15)	用户 id	
session_id	character varying(15)	设备 id	
search_rad	character varying(15)	搜索 id	
date_id	date	搜索日期	
visit_time	timestamp	搜索时间	
search_q	character varying(15)	用户搜索的关键词	
tag_name	character varying(15)	标签内容	用户搜索关键词切词后与标签库模糊匹配到的标签内容
random_id	character varying(15)	每个访次的随机数	

用户收藏表（见表 10-9）记录用户收藏图书数据。

表 10-9 用户收藏表（dwd.book_collection_df）

字段	字段类型	字段定义	备注
user_id	character varying(15)	用户 id	
create_date	date	收藏日期	
creat_time	timestamp	收藏时间	
book_id	bigint	图书 id	

（续）

字段	字段类型	字段定义	备注
book_name	character varying(50)	图书名称	
status_id	bigint	收藏状态	1：收藏　0：取消收藏
modify_date	date	修改日期	
modify_time	timestamp	修改时间	

购物车信息表（见表 10-10）记录用户将图书加入购物车的数据。

表 10-10　购物车信息表（dwd.book_shopping_cart_df）

字段	字段类型	字段定义	备注
user_id	character varying(15)	用户 id	
book_id	bigint	图书 id	
book_name	character varying(50)	图书名称	
quantity	bigint	图书数量	
create_date	date	创建日期	
creat_time	timestamp	创建时间	
status_id	bigint	图书状态	1：加入购物车　0：移出购物车
modify_date	date	修改日期	
modify_time	timestamp	修改时间	

10.4　用户画像建模

本节对 10.3 节中的案例进行分析，并结合业务场景和数据梳理该案例中用户画像建模的思路。

10.4.1　业务需求梳理

用户画像在产品推荐、内容管理、业务洞察等方面具有广泛的用途（见图 10-13），企业中不同的业务部门对用户画像的需求也不尽相同。产品经理需要根据用户浏览、下单的偏好，面向用户做商品推荐，将平台优质资源呈现给有相应需求的用户。运营方需要根据用户的浏览习惯、行为偏好将平台上对应的内容资源精准推送给相应的用户，通过对潜在用户进行优惠券定向投放，提高用户单击转化率。数据分析人员一方面需要承担画像应用方面的需求，如根据用户画像做用户的价值分析、用户流失预警、挖掘即将从平台流失的用户，为业务方提供分析支持；另一方面需要承担整个用户画像建模挖掘，以及协调各业务方推进用户画像建设的重任。在画像建模的过程中还有一个重要的参与方，即数据开发人员，他们需要根据数据分析挖掘人员组建好的画像模型进行开发调度，保证画像模型数据的准确性和及时性。

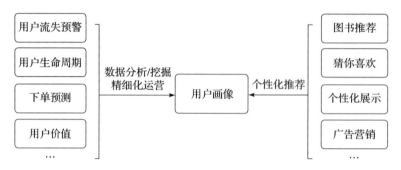

图 10-13　用户画像用途

数据分析人员在收集到来自产品方和运营方的需求后，通过分解需求可以明确，产品方需要的是对用户偏好进行定位，为用户个性化推荐商品。所以工作的重点是根据用户行为定性用户消费偏好属性。而运营方需要的是面向消费类用户投放活动券。所以工作的重点是根据用户的消费周期、消费时间段、消费频率确定进行优惠券的定向投放方式。因此在用户画像开发前，需要明确项目中各参与方的责任边界（见图 10-14）。

10.4.2　用户标签体系及开发内容

梳理用户标签体系是用户画像建模过程中最基础，也是最重要的工作，后续的数据开发、画像应用都依赖于标签体系的搭建。本案例中需要开发的用户标签体系包括用户个人标签（用户属性标签、用户行为标签、用户偏好图书标签）和用户群体标签（用户群组图书标签 top10 排序）。其中用户群体标签是在用户个人标签相关表的基础上加工而来。下面我们对需要开发的各画像表的需求背景和开发内容进行详细介绍。

第 10 章 应用：用户画像建模

	产品经理	运营人员	★ 数据分析人员	数据开发人员
承担角色	统筹管理	需求方	方案规划与实施	项目执行
参与要点	• 提供产品原型交互稿及用户的推荐逻辑方案。 • 审核数据分析人员输出的《用户画像需求文档》和《用户画像实施文档》，提出修改意见。 • 用户画像应用效果反馈	• 结合运营需求提出线上资源的配置方式（如对用户个性化配置内容）。 • 审核数据分析人员输出的《用户画像需求文档》和《用户画像实施文档》，提出修改意见。 • 用户画像应用效果反馈	• 对接产品、运营与开发人员，理解业务背景与应用途，建立画像模型。输出用户画像模型的HQL逻辑，交由数据开发人员进行开发。 • 在调研和建模阶段分别输出《用户画像需求文档》和《用户画像实施文档》。 • 在用户画像开发完成后，进行数据验收	• 主要负责对接数据分析人员，将数据分析人员建立的用户画像上落表，定期进行增量刷新。 • 逻辑开发的画像模型运行过程中数据的准确性
职责	项目管理推进	直接需求方	需求对接，建立用户画像模型与数据验收	数据开发
目标	提升用户体验	优化平台上的资源配置	确保用户画像模型满足需求方的业务需求	数据落地与稳定运行

图 10-14　用户画像建设中各参与方的责任边界

1. 用户属性标签表

用户属性标签表用于定位用户的基础信息，如性别、年龄、所在地等，是识别用户特征的基础。用户属性表由用户所填的信息（如性别、年龄、邮箱等）及根据所填信息推算出来的信息（如根据收货地址、身份证号推算用户年龄、区域、星座等）组成。其主要数据来源包括用户信息表、商品订单表、App端日志表（见图10-15）。其中，用户信息表记录了用户性别、年龄、邮箱、注册时间等基本属性；商品订单表记录了用户的消费金额、消费频率等信息；通过App端日志表可以挖掘用户常登录时间段和常登录地址等信息。

图 10-15　用户属性标签表加工逻辑

用户属性标签表可以用于人群营销，如针对90后人群营销、对某星座人群营销、对过生日的会员营销，以用户常登录地为中心推荐周边相关资源。在用户属性标签表的基础上可进一步加工用户行为标签表。

用户属性标签开发内容：

- 需求背景：用户人口属性标签是用户的基本信息，这些信息是用户在注册、填写收货地址、评论已购商品等过程中记录的信息，如性别、年龄、手机号、收货地址、身份证号等。通过人口属性刻画，可达到对用户初步认知的目的。
- 数据来源：用户信息表、商品订单表、App端日志表。如表10-11所示。

表 10-11　用户属性标签表加工逻辑

标签名	标签解释	示例	数据来源
用户id	用户注册时填写表单识别	0000000000	用户信息表
姓名	用户注册信息	张三	用户信息表
性别	用户注册信息	0：男 1：女 2：其他	用户信息表
年龄	用户注册信息	23	用户信息表
城市	用户注册表单填写的城市	西安	用户信息表

（续）

标签名	标签解释	示例	数据来源
常登录地	根据日志数据判断用户常登录地址	上海|杭州|西安	App端日志表
地区	根据收货地址判断所在地区	西北地区	用户信息表
电话		131633xxxxx	用户信息表
邮箱		xxxxxx@gmail.com	用户信息表
首次购买时间	判断新老用户，格式yyyy-mm-dd	2017-05-01	商品订单表
第一次消费距今时间	判断新老用户	300天	商品订单表
最近一次消费距今时间		15天	商品订单表
累计消费金额	判断用户消费能力	500元	商品订单表
用户状态	判断用户的登录状态	0:游客 1:注册用户	用户信息表

2. 用户行为标签表

用户行为标签表是根据用户在产品上的访问行为、下单行为提取的用户标签汇成的表，用于定位用户在产品上的访问情况，进而根据用户的浏览习惯、消费偏好做推荐和营销。其主要数据来源包括业务类数据、日志数据和埋点数据（见图10-16）。其中日志数据和埋点数据记录了用户在产品上的全部行为，如用户浏览某个页面、搜索某个关键词、单击某个点位即会在日志数据中有相应记录。日志数据量非常大，需要数据仓库人员将其解析成结构化数据，落表以供调用。业务数据库记录用户购买、添加购物车等业务相关行为。

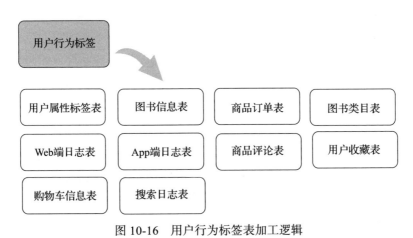

图10-16 用户行为标签表加工逻辑

用户行为标签表开发内容包括：

- **需求背景**：用户行为属性标签是用户使用产品过程中产生的标签，包括搜索、浏览、关注、评价、退订货等行为数据。通过统计、分析了解用户的行为周期、活跃时段，判断用户类型（学生/上班族/中老年）做定向推荐，预警用户流失（近几周未活跃用户）以挽回用户。
- **数据来源**：用户行为属性标签主要来自用户属性标签表、商品订单表、图书信息表、图书类目表、Web端日志表、App端日志表、商品评论表、用户收藏表、购物车信息表、搜索日志表、行为权重配置表。表10-12只列举了部分内容。

表10-12　用户行为标签表加工逻辑

标签名	标签解释	示例	数据来源
用户id	用户id	xxxxxxxxx	用户属性标签表
标签id	标签id	xxxxxxxxx	图书信息表
标签名称	标签名称	钢铁是怎样炼成的	图书信息表
用户行为次数	用户当日与该标签相关行为次数	3	Web端日志表、App端日志表、商品评论表等
日期	用户行为产生该标签的日期	2017-08-01	Web端日志表、App端日志表、商品评论表
用户行为类型	用户通过哪些行为带来的标签	浏览、搜索、收藏、购买、评论等	商品订单表、Web端日志表、App端日志表、搜索日志表、商品评论表、用户收藏表等
标签类型	标签类型	图书、作者、出版社等	标签类型维表
标签权重	用户该标签权重值	0.7877	使用综合打分法计算该标签的权重值

3. 用户偏好标签表

用户关注标签表是在用户行为标签表的基础上加工而来的，用于定位每个用户最感兴趣的10本图书。其主要数据来源包括用户行为标签表、行为权重配置维表、标签权重配置维表（见图10-17），经过这三个表的关联计算可得到用户行为标签权重表。在此基础上通过基于物品相似度的协同过滤算法，可以得到用户关注标签的词频共现矩阵表，也即用户偏好标签表。

图 10-17　用户偏好标签表加工逻辑

行为标签表通过 act_type 与行为权重配置表关联，计算用户浏览、搜索、收藏等行为的权重；标签权重配置表使用 TF-IDF 算法计算每个标签自身的权重大小，通过 tag_id 与用户行为标签表相关联。使用公式"用户标签权重 = 行为权重 × 标签权重"计算出与用户每个行为标签对应的权重大小。将每个用户的相同标签的权重加总后按照从大到小的顺序排列，取出该用户最为关心的 10 个图书标签。

用户偏好类标签表开发内容包括：

- 需求背景：用户偏好标签是用户基于平台产品使用的喜好特征或者行为习惯，重点分析用户的搜索、浏览、收藏、加入购物车等内容。可以给用户推荐与其偏好相关的书籍。
- 数据来源：用户偏好类标签主要来自用户行为标签表、用户属性标签表。如表 10-13 所示。

表 10-13　用户偏好标签表加工逻辑

标签名	标签解释	示例	数据来源
用户 id	用户唯一 id	10000202	用户行为标签表、用户属性标签表
标签 id	标签唯一 id	c4feb5dae3e24af286	用户行为标签表、用户属性标签表
标签名称	标签的名称	钢铁是怎样炼成的	用户行为标签表、用户属性标签表
综合权重	用户偏好标签的综合打分	7.26599	用户行为标签表、用户属性标签表

4. 用户群组 top10 图书标签

用户群组图书标签 top10 表是在用户信息表、用户行为标签表、用户 top10 图书标签表的基础上加工而来的（见图 10-18）。用户群组图书标签 top10 为用户个人标签的兜底逻辑，通过将用户按年龄分段归入相应的用户群组，在项目冷启动阶段或用户相关信息不够完善，不能判断出用户的属性及偏好时，为用户推荐其所在年龄段人群的偏好图书。

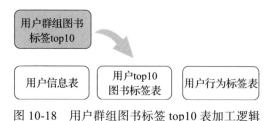

图 10-18　用户群组图书标签 top10 表加工逻辑

用户群组 top10 标签表开发内容：

- 需求背景：用户偏好标签是用户对于平台产品的喜好特征或者行为习惯，重点分析用户的搜索、浏览、收藏、加入购物车等内容。可以给用户推荐其加入收藏夹、加入购物车但未支付的书籍，或与该书籍同属一类型的其他书籍。
- 数据来源：用户偏好类标签主要来自用户行为标签表、用户属性标签表。如表 10-14 所示。

表 10-14　用户群组 top10 图书标签表加工逻辑

标签名	标签解释	示例	数据来源
人群性别	该人群的性别属性	男性、女性	用户行为标签表、用户属性标签表
人群年龄段	该人群年龄段属性	0～10 岁、11～20 岁	用户行为标签表、用户属性标签表
标签 id	标签唯一 id	xxxxxxxxx	用户行为标签表、用户属性标签表
标签名称	标签对应中文名称	xxxxxxxxx	用户行为标签表、用户属性标签表
标签权重值	人群中该标签对应的权重值	7.26399	用户行为标签表、用户属性标签表

10.4.3　用户画像开发流程

在利用数据仓库中存储的数据设计用户画像模型前，数据运营人员需要对画像模型的开发流程和各维度画像表的加工逻辑有清晰认知，这样才能对画像的设计起到指导作用。本小节将介绍用户画像模型建立的流程，针对10.4.2节中涉及的4个表分别详细介绍其开发流程。

1. 用户属性标签表开发流程

用户属性标签表介绍用户的基础属性信息，需要分别从用户信息表抽取用户性别、年龄等信息，从用户收货地址表抽取邮箱、电话、地址等信息，从订单宽表提取用户下单类信息，从App页面访问表提取用户常登录地信息，将从这些抽取的信息通过用户id相关联。

2. 用户行为标签表开发流程

开发用户行为标签表是最为复杂且最为重要的一个环节，后面无论是用户偏好标签表还是用户群体偏好标签表，都是在用户行为标签表的基础上进行的二次开发。因此在整体用户画像建模的过程中，对用户行为标签表的逻辑严谨性和数据准确性都提出了很高的要求。需要将用户在全平台上的所有行为纳入标签表的开发中。具体来说，用户行为标签表的开发流程主要分以下四个步骤，如图10-19所示。

Step1：从业务数据表和日志数据表中抽取用户在产品平台上浏览、收藏、加入购物车、下单购买等行为带来的标签，同时记录用户的行为类型、标签类型、行为次数、行为日期等数据。通过检测用户行为，为用户打上各类标签。

Step2：根据一段时间在用户身上打上每种标签的数量和、时效性、行为次数、标签权重（TF-IDF计算），利用用户标签权重推导规则，计算用户身上每个标签的权重值。

Step3：计算各标签对应的属性参考值，与预定阈值进行对比，判断是否包含该种属性。若不能包含，则将该标签的属性参考值连同其他标签下的对应于该属性的参考值进行累计后与该预定阈值进行对比，判断是否能够确定用户归属于该属性。

Step4：根据所确定的用户各维度属性，完成用户画像。

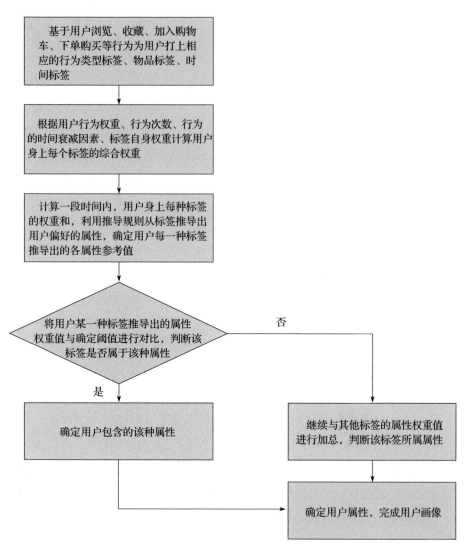

图 10-19 用户行为标签表开发流程

在第三步建立标签与属性之间的关系时一般存在两种情况：第一种情况，当前已存在一个建立好了标签与属性之间映射关系的表。这种情况比较简单，只需将该表通过标签 id 关联到用户标签表上，在用户标签表的基础上建立属性字段。第二种情况下，当前不存在标签与属性之间的映射关系表时，需要用标签聚类的方法找到每个标签归属于哪类属性下。这里讲解如何使用词频共现矩阵的方式，通过计算两两标签之间的相关性，来做标签的聚类。

3. 用户偏好标签表开发流程

用户偏好标签表在用户行为标签表的基础上，结合标签相似度的表开发而成，其主要开发过程分为三步，如图 10-20 所示。

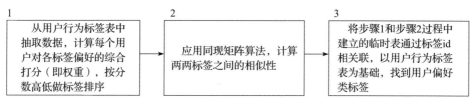

图 10-20　用户偏好标签表开发流程

Step1：从用户行为标签表抽取各个用户的数据，计算用户对每个标签的偏好程度（即权重），对各标签的权重做历史加总后，按从高到低的顺序做排序。排名靠前的即为用户当前最关心的标签类型。

Step2：应用词频共现矩阵，计算两两标签之间的相关性。

Step3：将 Step1 和 Step2 中创建的临时表通过标签 id 相关联，以 Step1 中的表为基础，找到与排名靠前标签（即用户当前最关心标签）关联性最大的标签（来自 Step2），即为用户偏好的同类标签。抽取 top N 标签即为给用户推荐的标签。

下面对 Step2 中对用词频共现矩阵方法计算标签之间相似性的方法做展开讲解。

假设 $N(a)$ 表示喜欢 a 物品的人数，$N(b)$ 表示喜欢 b 物品的人数，$N(a) \cap N(b)$ 表示同时喜欢 a 和 b 物品的人数，在实际应用中可以通过相关库表中的 user_id 追踪每个用户对每个物品的偏好情况。可以用 $N(a) \cap N(b)/\text{sqrt}(N(a) \times N(b))$ 表示 a 物品和 b 物品之间的相关性，用 sqrt（$N(a) \times N(b)$）表示分别喜欢 a 物品和分别喜欢 b 物品人数的平方根。以此方法，通过建立标签间的词频共现矩阵可以计算两两标签间相关性，如图 10-21 所示。

标签	A	B	C	D	E
有该标签人数	2	3	3	4	1

	A	B	C	D	E
A		0.41		0.71	
B	0.41		0.67	0.58	0.58
C		0.67		0.58	0.58
D	0.71	0.58	0.58		
E		0.58	0.58		

$N \times N$ 共现矩阵样式

A	A	
A	B	0.41
A	C	
A	D	0.71
A	E	
B	A	0.41
…	…	…

HQL写的（$N \times N$）行×3列共现矩阵样式

图 10-21　词频共现矩阵示意图

4. 用户群体偏好画像开发流程

用户群体画像需要在用户标签表的基础上进行二次开发，其主要过程分三步进行，如图 10-22 所示。

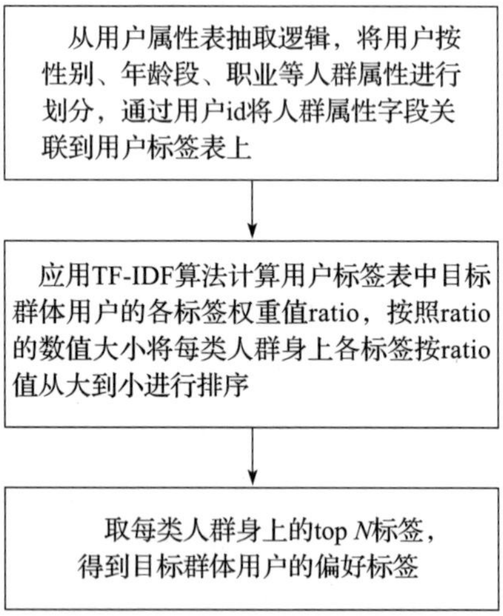

Step1：先将用户按性别、年龄段等人群属性进行划分（不同的应用场景有不同的划分方式），从用户属性表抽取相应的逻辑做用户属性归类，然后将每个用户通过用户 id 关联到用户标签表上。

Step2：应用 TF-IDF 算法计算用户标签表中每类人群中各标签的权重值 ratio，对标签按 ratio 值的大小做排序。

Step3：取出每类用户群体中的 top N 标签，即得到目标群体用户的偏好标签。

图 10-22　用户群体偏好标签表开发流程

10.4.4 时间衰减系数

当用户数据达到足够的密集程度后，用户身上打的标签对应的属性会表现出较高的稳定性，这种稳定性与用户长期行为形成的个人真实特征达到了匹配。但是也存在灵活变化的适应性较弱问题。

例如，用户是主要从事软件开发的人员，因此其在某图书类电商网站上进行的搜索、收藏、购买等行为主要集中在与编程相关的内容上。然而，如果该用户近期内转为从事运营类岗位，则近期的浏览与搜索就会突变为与运营相关的内容上。但是，将用户画像的属性描述从编程转为运营并不会立刻实现，仍需要长时间用户行为的积累，直至在运营下积累了比编程更多的子分类标签。在转换期间，若系统仍对用户推送编程相关类书籍，这显然就脱离用户的真实关注了。

为解决这个问题，我们引入时间衰减这个参数，即根据发生时间的先后为用户行为数据分配权重。时间衰减是指用户的行为会随着时间，在历史行为和当前相关性方面不断减弱。在建立与时间衰减相关的函数时，我们可套用牛顿冷却定律数学模型。牛顿冷却定律描述的场景是：一个较热的物体在一个温度比这个物体低的环境下，这个较热的物体的温度是要降低的，周围的物体温度要上升，最后物体的温度和周围的温度达到平衡。在这个平衡的过程中，较热物体的温度 $F(t)$ 是随着时间 t 的增长而呈现指数型衰减的，其温度衰减公式为：

$$F(t) = 初始温度 \times \exp(-冷却系数 \times 间隔的时间)$$

其中冷却系数 α 为衰减常数，通过回归可计算得出。例如，指定 45 分钟后物体温度为初始温度的 0.5，即 $0.5 = 1 \times \exp(-\alpha \times 45)$，求得 $\alpha = 0.1556$。

在用户画像的应用中，用户的某些行为会随时间衰减，而某些行为不会随时间衰减。一般用户行为的复杂程度越高，其随时间衰减的影响性越小，我们可视该类行为为不随时间衰减（如下单、购买行为）。对于随时间衰减的行为，在计算行为权重时需考虑时间因素，衰减方式可套用牛顿冷却定律。对于不随时间衰减的行为，则不必考虑时间的影响，如表 10-15 所示。

表 10-15 用户行为受时间影响因素

行为名称	是否受时间影响	行为权重值计算
用户搜索图书	1	行为标签权重 × 时间衰减函数
用户搜索图书对应作者	1	行为标签权重 × 时间衰减函数
用户搜索作者	1	行为标签权重 × 时间衰减函数
用户支付成功	0	行为标签权重
用户收藏图书	0	行为标签权重
用户支付成功的图书对应的作者	1	行为标签权重 × 时间衰减函数
用户收藏的图书对应的作者	1	行为标签权重 × 时间衰减函数

10.4.5 标签权重配置

用户在平台上的不同行为，对应到用户标签层面有着不同的行为权重。该权重影响着对用户属性的归类。属性归类不准确，后续基于画像对用户进行推荐、营销的准确性也就无从谈起。在案例场景中，用户购买某类图书的行为权重要比用户添加到购物车、收藏某类图书、浏览某类图书的行为权重高。具体到某个产品层面需要用户画像建模人员与运营人员密切沟通，结合业务场景给不同的行为类型定权重（基本思想是复杂程度越高的行为权重越大），同时需要考虑标签本身在全体标签类型中的权重属性。下面介绍主观权重打分结合 TF-IDF 算法的综合权重计算方法。

TF-IDF 是一种统计方法，用以评估一个字或词相对于一个文件集或一个语料库中的其他词语的重要程度。字词的重要性与它在文件集中出现的次数成正比，同时与它在语料库出现的频率成反比。在本章介绍的案例中，对于每个用户来说，其身上同一个标签出现的次数越多，该标签对于这个用户来说越重要。该标签在全部用户的所有标签产生的标签集中出现的次数越多，该标签的重要性越低。

使用 TF-IDF 的方法来表示标签 (tag，T) 和用户 (user，P) 之间的关系：其中 $w(P, T)$ 表示一个标签 T 被用于标记某个用户 P 的次数，TF(P，T) 表示这个标记次数在所有标记用户 P 的标签中所占比例，TF 计算公式如下：

$$\text{TF}(P,T) = \frac{w(P,T)}{\sum_{T_i=\text{tags}} w(P,T_i)}$$

在一定程度上,这个比例反映了用户 P 被认为与标签 T 有关联的度量。这个度量越大说明在更多情况下用户 P 与标签 T 之间的关系越紧密。

IDF(P, T) 表示标签 T 的稀缺程度,即这个标签在全体用户的所有标签中出现的概率。对一个标签 T 来说,如果它本身出现的概率就比较小,而确被用来标记用户 P,这会使得用户 P 与标签 T 之间的关系更加紧密。IDF 计算公式如下:

$$\text{IDF}(P,T) \ = \ \log \frac{\sum\limits_{P_j=\text{users}} \sum\limits_{T_i=\text{tags}} w(P_j,T_i)}{\sum\limits_{P_j=\text{tags}} w(P_j,T)}$$

这样,用户 P 和标签 T 之间的关系系数为 TF(P, T) 和 IDF(P, T) 的乘积,公式为:

$$\text{rel}(P,T) = \text{TF}(P,T) \times \text{IDF}(P,T)$$

举一个简单的例子:如图 10-23 所示,A～C 代表用户,a～e 代表标签,数字代表 A～C 用户身上该标签的个数。以用户 A 为例,A 身上有 a、b、d、e 四类标签,共 4 + 3 + 0 + 5 + 3 = 15 个;a 标签对 A 用户的 TF 值为 4/15。全体用户共有 a 标签 4 + 5 + 0 = 9 个,全体用户的全部标签为 4 + 5 + 3 + 6 + 5 + 5 + 6 + 3 + 4 = 41 个,a 标签的 IDF 值为 41/9。A 用户身上的 a 标签 TF-IDF 值为 4/15 × 41/9 = 1.21。

至此,通过 TF-IDF 算法求出了用户与标签之间的权重关系。但是此时计

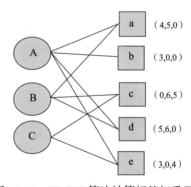

图 10-23 TF-IDF 算法计算标签权重示例

算用户标签的权重还没有结束,当前的标签权重是未考虑业务场景,仅考虑用户与标签之间的关系求出的,这显然是不够的。用户身上标签的权重最终还是需要进一步结合标签所处的业务场景、发生时间距离当前时间多久、用户行为产生该标签的行为次数等因素,最终得到用户标签权重的综合打分公式:

用户标签权重 = 行为类型权重 × 时间衰减 × 用户行为次数
× TF-IDF 计算标签权重

公式中各参数的释义如下：

- 行为类型权重：用户浏览、搜索、收藏、下单、购买等不同行为对用户而言有着不同的重要性。一般而言，操作复杂度越高，其行为权重越大。该权重值一般由运营人员或数据分析人员主观给出。
- 时间衰减：用户某些行为受时间影响不断减弱，行为时间距现在越远，该行为对用户当前来说的意义越小。
- 用户行为次数：用户标签权重按天统计，用户某天与该标签产生的行为次数越多，该标签对用户的影响越大。
- TF-IDF 计算标签权重：根据每个标签对用户的重要性及该标签在全体标签中的重要性的乘积得出每个标签的客观权重值。

10.5 用户画像数据开发

本节中将针对前面的业务逻辑分析，使用 HQL 语言以代码 + 详细讲解的方式进行画像建模，使读者对建模的细节有更深入的了解。

个人用户画像用来刻画用户个人的基础属性、行为/消费偏好、使用频率/时间段、消费能力等情况。不同的业务场景需要建立不同的个人用户画像模型。这里我们接着 10.4.2 中讲述的标签体系及开发内容对那 4 个画像表的具体开发过程展开详细讲解。

- 第一个是用户属性表。用户属性表存储用户基础信息，如性别、年龄、地址、累计消费金额、累计消费次数、常用登录地址等信息。通过用户属性表可以对用户的基础属性有大致判断。
- 第二个是用户行为标签表。用户行为标签表将用户在平台上浏览、搜索、购买、收藏等行为对应的标签存储下来，并计算与用户每条行为标签对应的权重，作为后续计算用户偏好类标签的基础表。

- 第三个是用户偏好标签表。该标签表在用户行为标签表的基础上进一步开发，通过计算用户对物品偏好的同现矩阵，做用户的个性化内容推荐。
- 第四个是用户群体偏好表。该表在用户偏好标签表的基础上开发，按照用户年龄段做聚类划分，计算每个年龄段用户的偏好标签。

限制于篇幅，下面仅讲述了需要从哪些维度建立起用户画像模型，以及如何开发相关的画像表，对于每个表中字段的丰富性没有展开，而且关联的几张表也比较基础。**在实际开发中，根据业务需求建立一个用户模型表通常需要关联数十张相关的业务表或日志表。**

下面讲述的是 HQL 开发过程，为了便于阅读程序并更好地理解开发过程，大家可以从官网下载一个 notepad++，这是一个文本编辑器，支持识别各种程序语言。官网下载地址：https://notepad-plus-plus.org/download/v7.5.4.html。

10.5.1　建立用户属性画像

通过建立用户属性画像，可以对用户的性别、年龄、所在区域、消费特征建立起初步的判断。在建立用户属性画像的过程中，需要创建多个临时表，从用户信息表、商品订单表、App 端日志表里挖掘用户基础属性、消费属性和活跃属性。

在画像的开发过程中，需要建立大量的临时表，临时表顾名思义即为临时存储数据的表。由于建立画像的过程比较复杂，不可能将最终想要的字段的数据一次性插入结果表中，因此需要建立临时表存储这些过程数据。而临时表之间可以通过用户 id 或标签 id 等主键建立连接关系。

下面通过 HQL 代码详细介绍用户属性表的建立过程。

首先确定用户属性表的表结构包含哪些字段，这些字段都是什么数据类型。用户属性表创建代码如下：

```
drop table if exists dwd.user_profile_basic_informatin;
create table dwd.user_profile_basic_informatin          -- 用户属性表
    (
        user_id      string comment '用户编码',
```

```
            user_name   string comment '姓名',
            gender_id    int comment '性别',
            create_date timestamp comment '注册日期',
            province_name    string comment '省份',
            city_name    string comment '城市',
            mail_id      string comment '邮箱地址',
            call_phone_id int   comment '电话',
            first_order_time timestamp  comment '首次购买时间',
            last_order_time timestamp  comment '最近一次消费时间',
            first_order_ago int   comment '首次消费时间距今日期',
            last_order_ago int   comment '最近一次消费距今日期',
            max_order_amt double   comment '最大消费金额',
            min_order_amt double   comment '最小消费金额',
            sum_order_amount int   comment '累计消费次数',
            sum_order_cnt double   comment '累计消费金额',
            city_ratio string comment '常登录地址',
        )
comment '用户画像-用户属性画像';
```

在 Hive 数据仓库里面执行上述逻辑,完成用户属性表的创建。下面将介绍如何将相关数据插入该表中。

Step1:从用户信息表中抽取用户基础信息并建立临时表 1

从用户基础信息表中抽取用户的姓名、用户 id、性别、所在地区字段,创建用户信息临时表 1,代码如下:

```
drop table if exists dwd.user_profile_basic_informatin_01;
                                    -- 创建用户属性表临时表 1
create table dwd.user_profile_basic_informatin_01
as
select t.user_name as user_name,            -- 姓名
       t.user_id as user_id,                -- 用户 id
       t.age as age,                        -- 年龄
       t.gender_id,                         -- 性别
       t.gmt_created_date as create_date,   -- 注册日期
       t.province_name as province_name,    -- 省份
       t.city_name as city_name,            -- 城市
       t.mail_id as mail_id,                -- 邮箱地址
       t.call_phone_id as call_phone_id     -- 电话
    from dwd.user_basic_info t              -- 从用户信息表中抽取字段
where t.user_status_id =1
group by t.user_name,t.user_id,t.age,t.gender_id,t.province_name,t.city_name,
t.mail_id,t.call_phone_id
```

创建完临时表 1 后，执行命令 select * from dwd.user_profile_basic_informatin_01 limit 5 查看临时表数据。结果（见图 10-24）显示，需要的字段已经被成功添加到临时表中。

user_id	user_name	age	gender_id	create_date	province_name	city_name	mail_id	call_phone_id
5491544555	甲	25	0	2014-10-25	湖北	武汉	07D5BDDC058F2CF	00DB648140B2CE7
6445416919	乙	27	1	2015-08-24	湖北	武汉	15E445D4776F755C	571775BF04054412
5664341484	丙	34	1	2017-10-31	浙江	宁波	F464B3054AFDA2CD	7C71CB08392E369
4908134420	丁	42	0	2016-10-11	广东	广州	4A732F9DF0636FFD	B96F214A9E97758
1852359271	戊	18	1	2017-06-19	湖南	长沙	A5196FFB0FF344CD	94E3481DF8EAE12

图 10-24 用户属性临时表 1 数据

Step2：从商品订单表中挖掘用户消费属性并建立临时表 2

从商品订单表里面挖掘用户的首次购买时间，以此判断该用户属于平台新用户还是老用户；挖掘用户最近一次消费时间和近 30 天消费次数，可以判断用户活跃度；挖掘用户的最大消费金额和累计消费金额，可以分析用户所属价值人群；通过挖掘用户累计使用消费券金额可以分析用户的消费券偏好程度。代码如下：

```
create table dwd.user_profile_basic_informatin_02
as
select t.user_id as user_id,                         -- 用户id
    min(create_date) as first_order_time ,           -- 首次购买日期
    max(create_date) as last_order_time ,            -- 最近一次消费日期
    datediff(from_unixtime(unix_timestamp(),'yyyy-MM-dd'),min(create_date)) as first_order_ago,   -- 首次消费时间距今日期
    datediff(from_unixtime(unix_timestamp(),'yyyy-MM-dd'),max(create_date)) as last_order_ago,    -- 最近一次消费距今日期
    max(t.order_amount) as max_order_amt,            -- 最大消费金额
    min(t.order_amount) as min_order_amt,            -- 最小消费金额
    sum(t.order_amount) as sum_order_cnt,            -- 累计消费金额
    count(distinct order_id) as sum_order_amount,    -- 累计消费次数
from  dwd.gdm_ord_order t                            -- 从商品订单表抽取字段
where  t.status_id in (2,4)                          -- 订单已完成 已退款
group by t.user_id
```

创建完临时表 2 后，执行 select*from dwd.user_profile_basic_infor matin_02 limit 5 查看临时表创建效果，如图 10-25 所示。

user_id	first_order_time	last_order_time	first_order_ago	last_order_ago	max_order_amt	min_order_amt	sum_order_amount
5491544555	2014-10-27	2017-10-25	1133	37	500	15	1000
6445416919	2015-08-27	2017-08-24	830	99	266	16	2000
5664341484	2017-03-01	2017-10-31	271	31	300	13	600
4908134420	2016-10-21	2017-10-11	416	51	450	12	900
1852359371	2017-06-02	2017-06-19	182	165	560	6	1500

图 10-25　用户属性临时表 2 数据

Step3：从 App 端日志表挖掘用户常登录地信息并创建临时表 3

用户注册时填写的地址不一定是用户的常登录地址，如果是经常出差类型的用户，考虑到可能会向用户推荐其常登录地（所在地）附近的商品，我们需要挖掘用户真实的常登录地信息。App 端日志表中记录了用户每一次登录 App 的地理位置，下面将通过四个步骤从该表中挖掘出用户经常登录的三个地点及登录概率。

第一步：从 App 端日志表中抽取用户近一个月内登录 App 时所在的城市及登录次数。代码如下：

```
create table dwd.user_profile_basic_informatin_03_01
as
select user_id,                                    -- 用户 id
       city,                                       -- 城市
       count(*) as num                             -- 访问次数
from   dwd.beacon_app_books_client_pv_log          -- App 端日志表
where  date_id >= date_sub(from_unixtime(unix_timestamp(),'yyyy-MM-dd'),30)
                                                   -- 30 日前
   and date_id <= date_sub(from_unixtime(unix_timestamp(),'yyyy-MM-dd'),1)
                                                   -- 昨日
group by user_id,city
```

第二步：计算用户登录过每个城市的比例，由于 App 端日志表会存在少量数据缺失的情况，因此在信息抽取的过程中需要去除城市字段取值为空的对应脏数据（避免将空值作为用户其中一个常登录城市）。代码如下：

```
create table dwd.user_profile_basic_informatin_03_02
as
select t1.user_id,                                 -- 用户 id
       t1.city,                                    -- 城市
       t1.num/t2.all_nums as ratio                 -- 访问比率
from dwd.user_profile_basic_informatin_03_01 t1
```

```
        left join (select user_id,
                         sum(num) as all_nums        -- 总访问次数
                  from dwd.user_profile_basic_informatin_03_01
                                                     -- 上一步建立的临时表
                  group by user_id
                 ) t2
            on t1.user_id = t2.user_id
        where t1.city  <> ''                         -- 城市不能为空值
    group by t1.user_id,t1.city,t1.num/t2.all_nums
```

第三步：将用户登录城市的比例按从高到低进行排序，取登录比例前三的城市。代码如下：

```
drop table if exists dwd.user_profile_basic_informatin_03_03;
create table dwd.user_profile_basic_informatin_03_03
as
select user_id,                                      -- 用户id
       city,                                         -- 城市
       ratio                                         -- 比率
    from (
        select user_id,
              city,
              ratio,
              row_number() over(partition by user_id order by ratio desc) row_id
                    -- 固定用户id不变，按比率（城市）从高到低排序
            from dwd.user_profile_basic_informatin_03_02
                                                     -- 上一步建立的临时表
        ) t1
    where row_id <= 3                                -- 取登录比率前三的城市
```

第四步：为方便数据存储和调用，将用户常登录城市的数据格式调整为城市"比例|城市：比例|城市：比例"的形式。代码如下：

```
create table dwd.user_profile_basic_informatin_03
as
select t1.user_id,                                   -- 用户id
       concat_ws('|', collect_set(t1.concats)) as city_ratio
                                                     -- 常登录地址
    from (
        select user_id,
              concat(city,':',cast(ratio as string)) as concats
            from dwd.user_profile_basic_informatin_03_03
        ) t1
group by t1.user_id
```

创建完临时表3后，执行 select * from dwd.user_profile_basic_infor matin_03 limit 5 查看临时表创建效果，如图10-26所示。

Step4：创建用户属性表

将前面三步创建的用户临时表1、临时表2和用户临时表3通过用户id相关联，创建用户属性表。代码如下：

user_id	city_ratio
5491544555	上海:0.1|北京:0.8|南京:0.1
6445416919	西安:0.9|北京:0.05|天津:0.05
5664341484	上海:0.4|北京:0.6
4908134420	上海:0.9|南京:0.1
1852359371	上海:1

图10-26　用户属性临时表3数据

```
            insert into dwd.user_profile_basic_informatin    -- 将临时表数据插入
                                                              -- 用户属性表
            select t1.user_id,                                -- 用户id
                   t1.user_name,                              -- 姓名
                   t1.gender_id,                              -- 性别
                   t1.create_date,                            -- 年龄
                   t1.province_name,                          -- 省份
                   t1.city_name,                              -- 城市
                   t1.mail_id,                                -- 邮箱
                   t1.call_phone_id,                          -- 电话
                   t2.first_order_time,                       -- 首次购买时间
                   t2.last_order_time,                        -- 最近一次消费时间
                   t2.first_order_ago,                        -- 首次消费时间距今日期
                   t2.last_order_ago,                         -- 最近一次消费距今日期
                   t2.max_order_amt,                          -- 最大消费金额
                   t2.min_order_amt,                          -- 最小消费金额
                   t2.sum_order_amount,                       -- 累计消费次数
                   t2.sum_order_cnt,                          -- 累计消费金额
                   t3.city_ratio                              -- 常登录地址
            from dwd.user_profile_basic_informatin_01 t1      -- 临时表1
      inner join dwd.user_profile_basic_informatin_02 t2      -- 临时表2
              on t1.user_id = t2.user_id
      inner join dwd.user_profile_basic_informatin_03 t3      -- 临时表3
              on t1.user_id = t3.user_id
        group by t1.user_id,t1.user_name,t1.gender_id,t1.create_date,
                 t1.province_name, t1.city_name,t1.mail_id,t1.call_phone_id,
                 t2.first_order_time,t2.last_order_time,t2.first_order_ago,
                 t2.last_order_ago,t2.max_order_amt,t2.min_order_amt,
                 t2.sum_order_amount,t2.sum_order_cnt,t3.city_ratio
```

创建用户属性表后，通过 select * from dwd.user_profile_basic_informatin limit 5 查看该表数据，结果如图10-27所示。由图可知，用户姓名、性别、年龄、所在地区、近期消费行为等信息被添加到用户属性表中。

user_id	user_name	gender_id	create_date	province_name	city_name	mail_id	call_phone_id	first_order_time	last_order_time	first_order_ago	last_order_ago	max_order_amt
5491544555	甲	0	2014-10-25	湖北	武汉	07D5BDDC00DB648140B2CE	2014-10-27	2017-10-25	1133	37	500
6445416919	乙		2015-08-24	湖北		15E445D47571775BF040544	2015-08-24		830	99	266
5664341484	丙	1	2017-10-31	浙江	宁波	F464B30547C71C808392E36	2017-03-01	2017-10-31	271	31	300
4908134420	丁	0	2016-10-11	广东	广州	4A732F9D1B96F214A9E9775	2016-10-21	2017-10-11	416	51	450
1852359371	戊	1	2017-06-19	湖南	长沙	A5196FFBC94E3481DFBEAE1	2017-06-02	2017-06-19	182	165	560

图 10-27　用户属性表数据

10.5.2　建立用户行为画像

用户行为标签表记录了用户在 Web/App 端浏览、评论、收藏、取消收藏、分享、购买、放入购物车等行为所带来的标签、行为发生的时间、行为的类型、行为次数等以"日"为粒度的明细数据。在得到用户行为的明细标签后进一步通过用户行为类型、行为时间、行为次数，并结合 TF-IDF 算法计算出该标签的权重（标签权重算法详见 10.4.5 节）最终计算出与该标签对应的权重大小。

从图 10-28 中可以看出，用户行为标签表在整个用户标签体系中处于关键位置，它是计算用户行为标签权重以及用户偏好标签的重要前置条件。

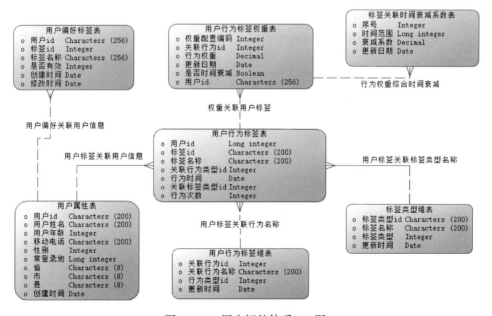

图 10-28　用户标签体系 ER 图

1. 用户行为标签表

这里首先确定用户行为标签表的结构包含哪些字段，这些字段都是什么数据类型。用户属性表创建代码如下：

```
drop table if exists dwd.persona_user_tag_relation_public;
create table dwd.persona_user_tag_relation_public    -- 用户行为标签表
(
    user_id     string comment '用户编码',
    tag_id      string comment '标签id',
    tag_name    string comment '标签名称',
    cnt         int    comment '行为次数',
    date_id     timestamp comment '行为日期',
    tag_type_id int    comment '标签类型',
    act_type_id int    comment '行为类型',
)
comment '用户画像-用户行为标签表';
```

在开发用户行为标签表，将用户与图书相关行为的标签打在用户身上的过程中，需要建立系列临时表，下面分 5 步详细介绍用户个性化标签表的建立过程。

Step1：建立临时表获取图书和图书类型的信息

从图书信息表和图书类型表中抽取图书 id、图书名称、图书类型等信息以建立图书相关信息的临时表 1，其中图书信息表和图书类型维表通过图书 id 相关联。代码如下：

```
drop table if exists dwd.persona_user_tag_relation_public_01;
    create table dwd.persona_user_tag_relation_public_01
        as
        select t1.book_id,                        -- 图书编码
            t1.book_name,                         -- 图书名称
            t2.book_type_tag,                     -- 图书类型编码
            t2.book_type_name                     -- 图书类型名称
        from dwd.book_base_basic_info   t1        -- 图书信息表
    inner join dwd.book_std_type_df   t2          -- 图书类目表
        on t1.book_id = t2.book_id                -- 通过图书id两表相关联
        where t2.book_type_name not in  ('未定义','其他')
    group by t1.book_id,
        t1.book_name,
        t2.book_type_tag,
        t2.book_type_name
```

Step2：建立临时表从日志数据中提取用户浏览信息

与传统行业相比，互联网天然具有存储海量日志数据的优势，日志数据对用户的每一次操作行为都进行了记录，对于探究用户行为偏好具有非常重要的意义。例如用户在 Web 端浏览过某个图书详情页，与之对应，在 Web 日志表中会记录该次浏览行为，包括时间、日期、页面 URL、来源页 URL、用户 id、设备 id、IP 地址等数据。一般商品页面链接中包含有该商品 id 的参数，通过对 URL 进行解析可以找到该商品的 id。

这里从日志相关的表中（包括 App 日志表和 Web 日志表）获取与用户浏览的图书对应的页面链接，通过正则表达式匹配出与用户浏览图书页面链接所对应的图书 id。代码如下：

```
drop table if exists dwd.persona_user_tag_relation_public_02;
create table dwd.persona_user_tag_relation_public_02
as
select  t1.user_id,
        t1.date_id,
        t1.book_id,
        count(1) as cnt
    from (
        select user_id as user_id,
               date_id as date_id,
               regexp_extract(parse_url(url,'PATH','.*/(.*?)$',1)) as book_id
            from dwd.beacon_web_books_client_pv_log    --web 页面访问表
                where date_id = date_sub(from_unixtime(unix_timestamp(),'yyyy-MM-dd'),1)          -- 昨日
                and url like '%books.com/detail/%'
                and user_id <> ''
                and user_id <> '-'
        union all
        select user_id as user_id,
               date_id as date_id,
               regexp_extract(parse_url(url,'PATH','.*/(.*?)$',1)) as book_id
            from dwd.beacon_app_books_client_pv_log    --app 页面访问表
                where date_id = date_sub(from_unixtime(unix_timestamp(),'yyyy-MM-dd'),1)          -- 昨日
                and url like '%books.com/detail/%'
```

```
                    and user_id <> ''
                    and user_id <> '-'
         ) t1
    where t1.book_id <> ''
group by t1.user_id,
        t1.date_id,
        t1.book_id
```

上面这段逻辑中用了嵌套语句，匹配出页面链接中 detail/ 后面的对应该图书的 id 参数。

Step3：将用户行为产生的图书标签插入用户行为标签表中

用户行为标签表记录了用户在平台上进行购买、浏览、评论、收藏、取消收藏、放入购物车、搜索等各种行为时所带来的标签。需要开发的表结构包括用户 id、标签 id、标签名称、行为次数、标签类型、行为日期、用户行为类型共计 7 个字段。开发过程中需要对相关表的数据进行抽取、清洗，之后插入用户行为标签表中。关于行为标签表的 7 个字段的释义如下：

- 用户 id（user_id）：用户唯一 id。
- 标签 id（tag_id）：图书 id。
- 标签名称（tag_name）：图书名称。
- 用户行为次数（cnt）：用户当日产生该标签的次数，如用户当日浏览一本图书 4 次，则记录为 4。
- 行为日期（date_id）：产生与该条标签对应的日期。
- 标签类型（tag_type_id）：在本案例中，通过与图书类型表相关联，取出每本图书对应的类型，如《钢铁是怎么炼成的》对应"名著"。
- 用户行为类型（act_type_id）：即用户的购买、浏览、评论等操作行为。在本例中通过预设数值 1～7 来定义用户对应的行为类型。1 为购买行为，2 为浏览行为，3 为评论行为，4 为收藏行为，5 为取消收藏行为，6 为加入购物车行为，7 为搜索行为。

下面通过 7 段代码来讲述如何将用户每一种行为所带来的标签插入用户标签表中。

行为类型 1：用户购买图书行为带来的标签，代码如下：

```
insert into dwd.persona_user_tag_relation_public    -- 建立用户行为标签表
    select t1.user_id as user_id,
           t2.book_id as tag_id,    -- 将与购买图书对应的图书 id 作为标签 id
           t2.book_name as tag_name,
           count(1) as cnt,
           t1.create_date as date_id,
           t3.book_type_tag as tag_type_id,
           1 as act_type_id                         -- 行为类型 1
      from dwd.gdm_ord_order t1                     -- 商品订单表
inner join dwd.book_base_basic_info t2              -- 图书信息表
        on t1.std_book_id = t2.book_id
inner join dwd.book_std_type_df t3                  -- 图书类目表
        on t2.book_id = t3.book_id
     where t1.date_id  = date_sub(from_unixtime(unix_timestamp(),'yyyy-MM-dd'),1)
                                                    -- 昨日行为
       and t1.user_id <> ''
       and t1.user_id <> '-'
  group by t1.user_id
           t2.book_id,
           t2.book_name,
           t1.create_date,
           t3.book_type_tag,
           1
```

在该段 HQL 逻辑中，我们从商品订单中抽取用户因购买图书行为带来的标签数据，并将其放入该表中。第 8 行的逻辑是通过将数值 1 定义为用户购买行为，逻辑写死。后面当需要查看用户购买行为带来的标签时，只需要添加限制条件"where as act_type_id=1"。同理，下面几段业务逻辑中，我们分别为 act_type_id 设置值 2、3、4、5、6、7 以此来代表用户相应行为。

这里虽然将 act_type_id 的数值与对应的用户行为逻辑写死，但是每个用户行为带来的标签都是从与该行为相关的表中抽取的，这里保证了每类行为带来标签的完整性及便于维护性。

行为类型 2：用户浏览图书行为带来的标签，代码如下：

```
insert into dwd.persona_user_tag_relation_public
    select t1.user_id as user_id,
```

```sql
            t1.book_id as tag_id,
            t2.book_name as tag_name,
            count(1) as cnt,
            t1.date_id as date_id,
            t2.book_type_tag as tag_type_id,
            2 as act_type_id            -- 行为类型2
        from dwd.persona_user_tag_relation_public_02 t1 -- 用户浏览图书信息表
    inner join dwd.persona_user_tag_relation_public_01 t2 -- 获取图书信息临时表
            on t1.book_id = t2.book_id
            where t1.date_id = date_sub(from_unixtime(unix_
timestamp(),'yyyy-MM-dd'),1)
            and t1.user_id <> ''             -- 过滤用户id为空的脏数据
            and t1.user_id <> '-'            -- 过滤用户id为-的脏数据
    group by t1.user_id,
            t1.book_id,
            t2.book_name,
            t1.create_date,
            t2.book_type_tag,
            2
```

行为类型3：用户评论图书行为带来的标签，代码如下：

```sql
insert into dwd.persona_user_tag_relation_public
    select t1.user_id,
            t3.book_id as tag_id,
            t3.book_name as tag_name,
            count(1) as cnt,
            t1.create_date as date_id,
            t2.book_type_tag as tag_type_id,
            3 as act_type_id
        from dwd.book_comment t1        -- 商品评论表
    inner join dwd.gdm_ord_order t2     -- 商品订单表
            on t1.order_code = t2.order_id -- 订单id相关联
    inner join dwd.persona_user_tag_relation_public_01 t3 -- 图书信息临时表
            on t2.std_book_id = t3.book_id
            where t1.create_date = date_sub(from_unixtime(unix_
timestamp(),'yyyy-MM-dd'),1)
            and t1.status_id = 2             -- 评论状态：已审核
            and t1.user_id <> ''             -- 过滤用户id为空的脏数据
            and t1.user_id <> '-'            -- 过滤用户id为-的脏数据
        group by t1.user_id,
            t3.book_id,
            t3.book_name,
            t1.create_date,
            t2.book_type_tag,
            3
```

上述代码中在解析评论带来的图书标签时，首先需要将商品评论表和商品订单表关联起来（通过订单 id），然后从商品订单表中找到对应的图书 id。

行为类型 4：用户收藏图书行为带来的标签，代码如下：

```
insert into dwd.persona_user_tag_relation_public
    select t1.user_id as user_id,
           t1.book_id as tag_id,
           t2.book_name as tag_name,
           count(1) as cnt,
           t1.create_date as date_id,
           t2.book_type_tag as tag_type_id,
           4 as act_type_id
      from dwd.book_collection_df t1            -- 用户收藏表
inner join dwd.persona_user_tag_relation_public_01 t2  -- 获取图书信息临时表
        on t1.book_id = t2.book_id
     where t1.date_id = date_sub(from_unixtime(unix_timestamp(),'yyyy-MM-dd'),1)
       and t1.status_id = 1                     -- 状态 1 收藏
       and t1.user_id <> ''
       and t1.user_id <> '-'
  group by t1.user_id,
           t1.book_id,
           t2.book_name,
           t1.create_date,
           t2.book_type_tag,
           4
```

行为类型 5：用户取消收藏图书行为带来的标签，代码如下：

```
insert into  dwd.persona_user_tag_relation_public
    select t1.user_id as user_id,
           t1.book_id as tag_id,
           t2.book_name as tag_name,
           count(1) as cnt,
           t1.create_date as date_id,
           t2.book_type_tag as tag_type_id,
           5 as act_type_id
      from dwd.book_collection_df t1            -- 用户收藏标签表
inner join dwd.persona_user_tag_relation_public_01 t2  -- 获取图书信息临时表
        on t1.book_id = t2.book_id
     where t1.date_id = date_sub(from_unixtime(unix_timestamp(),'yyyy-MM-dd'),1)
       and t1.status_id = 0                     -- 状态 0 取消收藏
```

```
        and t1.user_id <> ''
        and t1.user_id <> '-'
    group by t1.user_id
        t1.book_id,
        t2.book_name,
        t1.create_date,
        t2.book_type_tag,
        5
```

行为类型 6：用户加入购物车行为带来的标签，代码如下：

```
insert into dwd.persona_user_tag_relation_public
    select t1.user_id as user_id,
        t1.book_id as tag_id,
        t2.book_name as tag_name,
        count(1) as cnt,
        t1.create_date as date_id,
        t2.book_type_tag as tag_type_id,
        6 as act_type_id              -- 用户行为类型固定写死
        from dwd.book_shopping_cart_df t1    -- 购物车信息表
    inner join dwd.persona_user_tag_relation_public_01 t2 -- 获取图书信息临时表
            on t1.book_id = t2.book_id
            where t1.date_id = date_sub(from_unixtime(unix_timestamp(),'yyyy-MM-dd'),1)
        and t1.user_id <> ''
        and t1.user_id <> '-'
        and t1.status_id = 1                -- 状态1加入购物车
    group by t1.user_id
        t1.book_id,
        t2.book_name,
        t1.create_date,
        t2.book_type_tag,
        6
```

行为类型 7：用户搜索图书行为带来的标签，代码如下：

```
insert into dwd.persona_user_tag_relation_public
    select  t.user_id,
            t.tag_id,
            t.tag_name,
            t.cnt,
            t.date_id,
            t.tag_type_id,
            act_type_id
        from (
```

```sql
select t1.user_id,
       t2.book_id as tag_id,
       t2.book_name as tag_name,
       count(1) as cnt
       t1.date_id,                              -- 搜索日期
       t3.book_type_tag as tag_type_id,
       7 as act_type_id
from dwd.app_search_log t1                      -- 搜索日志表
inner join dwd.book_base_basic_info t2          -- 图书信息表
    on t1.tag_name = t2.book_name               -- 搜索匹配到的标签与图书
                                                -- 名称相关联
inner join dwd.persona_user_tag_relation_public_01 t3
                                                -- 图书信息临时表
    on t2.book_id = t3.book_id
where t1.date_id = date_sub(from_unixtime(unix_timestamp(),'yyyy-MM-dd'),1)
    ) t
group by t.user_id,
         t.tag_id,
         t.tag_name,
         t.cnt,
         t.date_id,
         t.tag_type_id,
         t.act_type_id
```

到这里，用户个性化标签表的创建工作就完成了。用户个性化标签表记录了用户在 Web/App 端每一次操作带来标签的明细数据，并且该表每天增量更新昨天产生的数据（数仓 $T+1$ 天更新数据）。增量更新保证了用户所有历史行为的全量记录，如用户甲 2017 年 6 月 20 日浏览了图书《钢铁是怎样炼成的》，标签表中会在 6 月 20 日打上这样一条记录。该用户隔了，即在两天 6 月 22 日又浏览了《钢铁是怎样炼成的》，标签表同样在 6 月 22 日再次打上一条记录（不会覆盖历史数据）。

user_id	tag_id	tag_name	cnt	date_id	tag_type_id	act_type_id
5491544555	26cfb189-5629-11e7-a258	历史	5	2017-10-25	3	2
6445416919	26d065f0-5629-11e7-a258	法律	2	2017-08-24	4	2
5664341484	26d36d6a-5629-11e8-a258	云计算与大数据	1	2017-10-31	2	1
4908134420	475514d7-3ee7-11e7-9403	数据分析	1	2017-10-11	2	7
1852359371	4768fe2d-3ee7-14t7-9406	数据开发	4	2017-06-19	2	6

图 10-29 用户行为标签表

用户标签表记录了平台上所有用户的标签明细数据，要想对用户身上标签

的明细数据做进一步加工,找出用户偏好的标签,接下来需要建立与标签对应的权重关系表。

2. 用户行为标签权重表

上一小节建立起的用户行为标签表记录了用户每一次行为带来的标签,为了进一步挖掘用户的行为偏好,需要计算用户身上与每个标签对应的权重(详见10.4.5节),通过对同一标签的历史权重加总计算,明确用户偏好的图书及其类型。本小节介绍行为标签权重表的开发过程。

首先确定用户行为标签权重表的结构包含哪些字段,这些字段都是什么数据类型,标签权重表的创建代码如下:

```
drop table if exists dwd.person_user_tag_relation_weight;
create table dwd.person_user_tag_relation_weight  -- 用户行为标签权重表
    (
        user_id    string  comment '用户编码',
        tag_id     string  comment '标签id',
        tag_name   string  comment '标签名称',
        cnt        int     comment '行为次数',
        tag_type_id    int   comment '标签类型',
        date_id    date    comment '行为日期',
        act_weight int     comment '权重值'
    )
comment '用户画像-用户行为标签权重表';
```

该表主要字段释义如下:

- 标签id(tag_id):该字段为用户操作行为带来的图书标签id,数据从用户行为标签表(dwd.persona_user_tag_relation_public)抽取。
- 行为次数(cnt):用户历史上(或某段时间)被打上该标签的次数,数据从用户行为标签表(dwd.persona_user_tag_relation_public)抽取,并对每个标签的次数做汇总统计。
- 权重值(act_weight):该字段为用户身上每个标签对应的权重值,即该标签对用户的重要程度。权重值=行为类型权重 × 时间衰减 × 用户行为次数 × TF-IDF 计算标签权重。关于该权重值的计算方法详见10.4.5节。

Step1：建立行为类型权重维表

在权重值的计算过程中，行为类型权重的值由运营人员或数据分析人员主观给出，这里通过建立行为权重维表为用户的每种行为打上权重值。

建立用户行为权重维表的代码如下：

```
drop table if exists dwd.act_weight_plan_detail;
create table dwd.act_weight_plan_detail(
    act_type_id   int comment '行为类型',
    act_weight_detail   comment '行为权重',
    date_id date   comment '维表创建日期',
    is_time_reduce int comment '是否时间衰减')
comment '用户画像-用户行为权重维表';
```

接下来向行为权重维表中插入数据，代码如下：

```
-- is_time_reduce: 1 衰减    0 不衰减
insert into dwd.act_weight_plan_detail
values(1, 1.5, '2017-10-01',1);          --1：购买行为 权重 1.5
insert into dwd.act_weight_plan_detail
values(2, 0.3, '2017-10-01',1);          --2：浏览行为 权重 0.3
insert into dwd.act_weight_plan_detail
values(3, 0.5, '2017-10-01',0);          --3：评论行为 权重 0.5
insert into dwd.act_weight_plan_detail
values(4, 0.5, '2017-10-01',1);          --4：收藏行为 权重 0.5
insert into dwd.act_weight_plan_detail
values(5, -0.5, '2017-10-01',0);         --5：取消收藏行为 权重 -0.5
insert into dwd.act_weight_plan_detail
values(6, 1, '2017-10-01',0);            --6：加入购物车行为 权重 1
insert into dwd.act_weight_plan_detail
values(7, 0.8, '2017-10-01',1)           --7：搜索行为 权重 0.8
```

Step2：应用 TF-IDF 算法计算标签权重

TF-IDF 算法的原理在 10.4.5 节中已做了详细讲解，这里使用 HQL 将案例中的标签权重用该算法计算出来。首先用 TF 公式计算每个用户标签自身权重，其中 weight_m_p 字段表示每个用户身上每个标签的个数，weight_m_s 字段表示每个用户身上标签总数，代码如下：

```
drop table if exists dwd.tag_weight_of_tfidf_01;
    create table dwd.tag_weight_of_tfidf_01
    as
```

```sql
    select  t1.user_id,
            t1.tag_id,
            t1.tag_name,
            t1.weight_m_p,                        -- 用户身上每个标签个数
            t2.weight_m_s                         -- 用户身上标签总数
    from (
            select t.user_id,
                   t.tag_id,
                   t.tag_name,
                   count(t.tag_id) as weight_m_p-- 用户身上每个标签个数
            from dwd.persona_user_tag_relation_public t
            group by t.user_id,t.tag_id,t.tag_name
         ) t1
    left join (
            select t.user_id,
                   count(t.tag_id) as weight_m_s   -- 用户身上标签总数
            from dwd.persona_user_tag_relation_public t
            group by t.user_id
         ) t2
        on t1.user_id = t2.user_id
    group by  t1.user_id,t1.tag_id,t1.tag_name,t1.weight_m_p,t2.weight_m_s
```

该段 HQL 脚本中做了一层嵌套, 第一个 from 后面的那一层嵌套语句用于计算每个用户身上每类标签个数, left join 后面的那一层嵌套用于计算每个用户身上标签总数。这两张表通过用户 id 相关联。

接下来用 IDF 公式计算每个标签在全体标签中的权重, 其中 weight_w_p 字段表示每个标签在全体标签中共有多少个, weight_w_s 字段表示所有标签的总个数。代码如下:

```sql
    drop table if exists dwd.tag_weight_of_tfidf_02;
      create table  dwd.tag_weight_of_tfidf_02
        as
      select t1.tag_id,
             t1.tag_name,
             t1.weight_w_p,-- 每个标签在全体标签中共有多少个
             t2.weight_w_s -- 所有标签的总个数
      from (
             select t.tag_id,
                    t.tag_name,
                    sum(weight_m_p) as weight_w_p
```

```
                from dwd.tag_weight_of_tfidf_01 t
            group by t.tag_id,t.tag_name
            ) t1
cross join (
            select sum(t.weight_m_p) as weight_w_s
                from dwd.tag_weight_of_tfidf_01 t
            ) t2
```

该段 HQL 脚本同上一段的格式一样，同样做了一层嵌套。第一个 from 后面的那一层嵌套语句用于计算每个标签在全体标签中共有多少个，cross join 后面的那一层嵌套用于计算所有标签的总个数。

在前两步建立的临时表的基础上用 TF-IDF 公式计算每个用户身上的标签权重，代码如下：

```
-- TF-IDF 计算每个用户身上标签权重
drop table if exists dwd.tag_weight_of_tfidf_03;
    create table dwd.tag_weight_of_tfidf_03
    as
    select t1.user_id,
           t1.tag_id,
           t1.tag_name,
           (t1.weight_m_p/t1.weight_m_s)*(log10(t2.weight_w_s/t2.weight_w_p)) as ratio
        from dwd.tag_weight_of_tfidf_01 t1
    left join dwd.tag_weight_of_tfidf_02 t1
        on t1.tag_id = t2.tag_id
    group by t1.user_id,t1.tag_id,t1.tag_name,
           (t1.weight_m_p/t1.weight_m_s)*(log10(t2.weight_w_s/t2.weight_w_p))
```

Step3：计算用户标签权重

在用户行为标签表 dwd.persona_user_tag_relation_public 的基础上，应用权重计算公式"用户标签权重 = 行为类型权重 × 时间衰减 × 用户行为次数 ×TF-IDF 标签权重"计算出用户标签的权重，代码如下：

```
insert into  dwd.person_user_tag_relation_weight
    select t1.user_id,
           t1.tag_id,
           t1.tag_name,
           t1.cnt,
```

```sql
        t1.date_id,
        t1.tag_type_id,
        case when t2.is_time_reduce = 1 then
                exp(datediff('2017-10-01', t1.date_id) * (-0.1556)) *
                t2.act_weight * t1.cnt * t3.ratio -- 随时间衰减行为
             when t2.is_time_reduce = 0 then
                t2.act_weight * t1.cnt * t3.ratio -- 不随时间衰减行为
        end as act_weight
    from  dwd.persona_user_tag_relation_public t1    -- 用户行为标签表
inner join  dwd.act_weight_plan_detail t2            -- 行为权重维表
       on  t1.tag_type_id = t2.act_type_id          -- 通过行为类型关联
inner join  dwd.tag_weight_of_tfidf_03 t3           --TF-IDF 标签权重表
       on  (t1.user_id = t3.user_id and t1.tag_id = t3.tag_id)
        -- 用户 id 和标签 id 两个字段做主键关联
    where  t1.date_id <= '2017-10-01'   -- 以 '2017-10-01' 作为当前日期,
                                        -- 跑批历史数据
group by t1.user_id,t1.tag_id,t1.tag_name,t1.cnt,t1.date_id,t1.tag_type_id,
        case when t2.is_time_reduce = 1 then
                exp(datediff('2017-10-01', t1.date_id) * (-0.1556)) *
                t2.act_weight * t1.cnt * t3.ratio -- 随时间衰减行为
             when t2.is_time_reduce = 0 then
                t2.act_weight * t1.cnt * t3.ratio end
```

执行完上述 HQL 逻辑后，计算出了与用户每个标签对应的权重值。由于与用户每个标签对应的行为日期不同，即同一个标签也可能是在不同日期操作打上的，所以用户每个标签对应的权重值大小是不同的。

执行 select * from dwd.person_user_tag_relation_weight limit 5 查看行为画像表，效果如图 10-30 所示。

user_id	tag_id	tag_name	cnt	date_id	tag_type_id	act_type_id	act_weight
5491544555	26cfb189-5629-11e7-a258	历史	5	2017-10-25	3	2	4
6445416919	26d065f0-5629-11e7-a258	法律	2	2017-08-24	4	2	6
5664341484	26d36d6a-5629-11e8-a258	云计算与大数据	1	2017-10-31	2	1	11
4908134420	475514d7-3ee7-11e7-9403	数据分析	1	2017-10-11	2	7	6
1852359371	4768fe2d-3ee7-14t7-9406	数据开发	4	2017-06-19	2	6	3

图 10-30 用户性化标签权重表

如果用户历史上对哪一个标签最感兴趣，只需在该表的基础上对每个标签的权重值做历史加总，将每个标签历史总权重值做从大到小的排序即可。

在本小节中，我们介绍了用户行为画像的开发方式，在实际应用中对用户的描述需要结合业务需求从多方面展开，统计维度会比上面案例中的更加丰富，但建模方式是相同的。图 10-31 介绍了对用户活跃信息可以从哪些方面建立指标。

图 10-31　用户活跃信息指标

10.5.3　建立用户偏好画像

用户偏好类标签是指根据用户在平台上的操作行为，通过基于物品的协同过滤方法找出用户偏好的书籍标签。在本案例中该算法的应用流程如图 10-32 所示。

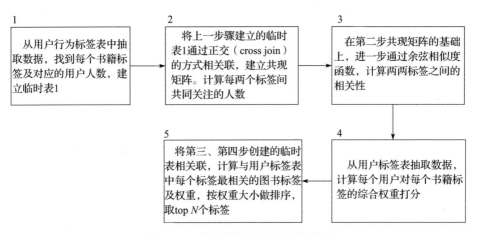

图 10-32　用户偏好标签表开发流程

用户偏好标签表开发总体上分为五步：

第一步，需要从用户标签表中抽取用户近期的标签，并计算每个标签打在多少个用户的身上，对应下面 Step1 和 Step2 中的逻辑代码。

第二步，将用户标签表的数据以正交的方式相关联，找到两两标签共同拥有的用户人数，对应下面的 Step3 的代码。

第三步，在第二步词频正交矩阵的基础上，通过余弦相似度函数计算两两标签之间的相关性，对应下面 Step4 的代码。

第四步，由于用户标签表中的数据是按日期依次插入的，同一个标签在不同时间可能被多次插入，这里需要对用户的同一标签做权重加总计算，对应下面 Step5 的代码。

第五步，将第三、四步创建的临时表通过标签 id 相关联，根据标签相似度和用户历史标签计算用户的推荐标签，并按标签权重大小做排序，取出 top N 个标签，即为推荐给用户的标签，对应 Step6 中的代码。

上述的第一到三步骤用于计算标签之间的相似度，第四步计算用户历史偏好标签，第五步计算给用户推荐的标签。下面 Step1 ～ Step6 将以 HQL 代码加描述的方式详细介绍了如何求出用户偏好类标签。

这里首先确定用户偏好画像表的结构包含哪些字段，这些字段都是什么数据类型，用户偏好画像表创建代码如下：

```
drop table if exists dwd.user_prefer_peasona_tag;
create table dwd.user_prefer_peasona_tag           -- 用户偏好画像表
    (
        user_id      string comment '用户编码',
           tag_id    string comment '标签id',
        tag_name    string comment '标签名称',
        recommend string comment '推荐值'
        )
comment '用户画像-用户偏好画像表';
```

Step1：从用户行为标签表抽取标签

从用户行为标签表抽取用户购买、评论、收藏、加入购物车、分享等动作行为带来的标签，通过 where 条件限制时间范围为近一个月，代码如下：

```
drop table dwd.user_prefer_peasona_user_tag_01;
    create table dwd.user_prefer_peasona_user_tag_01
    as
        select user_id,
            org_id,
```

```
                org_name,
                cnt,
                date_id,
                tag_type_id,
                act_type_id
        from dwd.persona_user_tag_relation_public    -- 用户行为标签表
        where date_id >= date_sub(from_unixtime(unix_timestamp(),'yyyy-MM-dd'),31)
            and date_id <= date_sub(from_unixtime(unix_timestamp(),'yyyy-MM-dd'),1)
            -- 示例 抽取近一个月的标签行为
            and act_type_id in (1,3,4,6,7)
            -- 取用户购买、评论、收藏、加入购物车、搜索行为带来的标签
    group by user_id,org_id,org_name,cnt,
            date_id,tag_type_id,act_type_id
```

Step2：计算每个标签对应的用户人数

从用户行为标签表抽取数据，计算每个标签一共打在多少用户身上，代码执行如下：

```
drop table dwd.user_prefer_peasona_user_tag_02;
    create table dwd.user_prefer_peasona_user_tag_02
        as
        select org_id,                                      -- 标签 id
                org_name,
                count(distinct user_id) user_num,  -- 有该标签的用户数
                row_number() over (order by count(distinct user_id) desc) rank
            from dwd.user_prefer_peasona_user_tag_01
    group by org_id,org_name
```

Step3：计算每个标签共同关注人数的同现矩阵

将 Step1 建立的标签表通过 cross join 的方式正交连接，得到用户—标签的同现矩阵。Step3 和 Step4 用于计算标签间的相似度，用到公式如下：

$$W_{ij} = \frac{|M(i) \cap N(j)|}{\sqrt{M(i)*N(j)}}$$

其中 $M(i)$ 是带有 i 标签的用户人数；$N(j)$ 是带有 j 标签的用户人数；分子中取 M 和 N 的交集是同时带有 i 和 j 标签的人数；W_{ij} 是待求的 i 标签和 j 标签的相似度。相关的代码如下：

```
drop table dwd.user_prefer_peasona_user_tag_03;
create table dwd.user_prefer_peasona_user_tag_03
as
select t.org_id_1,
       t.org_name_1,
       t.org_id_2,
       t.org_name_2,
       t.num
  from (
       select t1.org_id org_id_1,
              t1.org_name org_name_1,
              t2.org_id org_id_2,
              t2.org_name org_name_2,
              count(distinct t1.user_id) as num
         from dwd.user_prefer_peasona_user_tag_01 t1
       cross join dwd.user_prefer_peasona_user_tag_01 t2
        where t1.user_id <> t2.user_id          -- 不同的用户
        group by t1.org_id,
                 t1.org_name,
                 t2.org_id,
                 t2.org_name
       ) t
```

Step4：余弦相似度矩阵 – 计算两两标签之间的相似性

在 Step3 的共现矩阵中已经计算出了两两标签共有的人数（即某用户身上既有 A 标签又有 B 标签）。为计算两两标签之间的相关性，这里引入余弦相似度函数（相关性 = 标签 A、标签 B 共有人数 /sqrt（有标签 A 用户数 × 有标签 B 用户数））。代码如下：

```
drop table dwd.user_prefer_peasona_user_tag_04
   create table dwd.user_prefer_peasona_user_tag_04
   as
   select t1.org_id_1,               -- 第一个标签 id
          t1.org_name_1,             -- 第一个标签名称
          t2.user_num_1,             -- 第一个标签人数
          t1.org_id_2,               -- 第二个标签 id
          t1.org_name_2,
          t3.user_num_2,
          t1.num,                    -- 两个标签共同的用户人数
          (t1.num/sqrt(t2.user_num_1 * t3.user_num_2)) as power,
          row_number() over(order by (t1.num/sqrt(t2.user_num_1 * t3.user_num_2)) desc) rank
```

```
            from dwd.user_prefer_peasona_user_tag_03 t1
left join (select org_id,
                  user_num as user_num_1
             from dwd.user_prefer_peasona_user_tag_02
          ) t2
       on t1.org_id_1 = t2.org_id
left join (select org_id,
                  user_num as user_num_2
             from dwd.user_prefer_peasona_user_tag_02
          ) t3
       on t1.org_id_2 = t3.org_id
group by t1.org_id_1,t1.org_name_1,t2.user_num_1,
         t1.org_id_2,t1.org_name_2,t3.user_num_2,
         t1.num,(t1.num/sqrt(t2.user_num_1 * t3.user_num_2))
```

Step5：对每个用户的历史标签权重加总

从用户标签表抽取数据，计算用户身上每个标签的综合权重得分，并对同个标签 id 的历史权重做加总，计算用户对每个标签的总偏好得分，代码如下：

```
drop table dwd.user_prefer_peasona_user_tag_05;
    create table dwd.user_prefer_peasona_user_tag_05
    as
    select user_id,
           org_id,
           org_name,
           sum(act_weight) as weight,
           row_number() over(order by sum(act_weight) desc) as rank
      from dwd.person_user_tag_relation_weight    -- 用户标签权重表
     where act_type_id in (1,3,4,6,7)
     -- 取用户购买、评论、收藏、加入购物车、搜索行为带来的标签
    group by user_id,org_id,org_name
```

Step6：计算推荐给用户的相关标签

将 Step5 建立的用户历史标签权重加总表与 Step4 计算的标签相似度表通过标签 id 相关联，对标签的权重做排序，即可找到每个用户偏好的标签，代码如下：

```
    insert into dwd.user_prefer_peasona_tag        -- 数据插入用户偏好画像表
    select t.user_id,
           t.tag_id,
           t.tag_name,
           t.recommend
      from(
```

```sql
select t1.user_id,
       t2.org_id_2 as tag_id,              -- 推荐的标签
       t1.org_name_2 as tag_name,
       sum(t1.weight * t2.power) as recommend,
       row_number() over (order by sum(t1.weight * t2.power) desc) as row_rank
  from dwd.user_prefer_peasona_user_tag_05 t1 -- 用户历史偏好标签
  left join dwd.user_prefer_peasona_user_tag_04 t2 -- 标签相似度表
    on t1.org_id = t2.org_id_1
 group by t2.user_id,
          t1.org_id_2,
          t1.org_name_2
) t
where t.row_rank <=10                       -- 每个用户取前10个推荐的标签
```

最后可以看到写入 dwd. user_prefer_peasona_tag 表中的用户偏好的标签数据，如图 10-33 所示。

user_id	tag_id	tag_name	recommend
5491544555	26cfb189-5629-11e7-a258	历史	21.3
6445416919	26d065f0-5629-11e7-a258	法律	31.4
5664341384	26d36d6a-5629-11e8-a258	云计算与大数据	22.4
4908134420	475514d7-3ee7-11e7-9403	数据分析	36.5
1852359371	4768fe2d-3ee7-14t7-9406	数据开发	25.7

图 10-33 用户偏好标签表

10.5.4 建立群体用户画像

推荐系统需要根据用户的历史行为和兴趣来预测用户未来的行为和兴趣，因此大量的用户行为数据就成为推荐系统的重要组成部分和前置条件。对于在平台上行为很少或初入平台的新用户来说，如何针对其设计个性化推荐内容是冷启动阶段面临的主要问题。

当用户新注册或新登录时，我们不知道用户喜欢什么类型的书籍，只能给他推荐一些热门书籍。但是如果我们知道他是一名青年男性，那么可以给他推荐青年男性都喜欢的书籍，这也是一种个性化推荐。虽然这种个性化的粒度很粗，但是相对于不区分用户类别的方式，这种精度已经大大提高了。这也正是本节讲述建立群体用户画像的初衷。

群体用户画像的建立主要分为三步：第一步需要对用户人群进行分类；第二步

用 TF-IDF 算法计算每类人群的偏好标签；第三步取出某类人群的偏好 top N 个标签，算法应用流程如图 10-34 所示。下面将通过三步详细介绍如何开发群体用户画像。

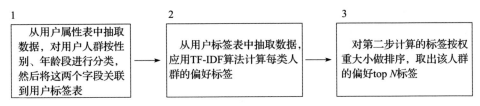

图 10-34　群体用户画像表开发流程

首先确定用户属性表的结构包含哪些字段，这些字段都是什么数据类型，用户属性表创建代码如下：

```
drop table if exists dwd.person_groups_perfer_books;
create table dwd.person_groups_perfer_books    -- 群体用户画像表
    (
        age    string comment '年龄段',
        sex    string comment '性别',
        tag_id string comment '标签id',
        tag_name  string comment '标签名称'
    )
comment '用户画像-群体用户画像';
```

群体用户画像表包括年龄段、性别、标签 id、标签名称几个字段。

Step1：将用户按性别、年龄段划分为不同群体

从用户属性表中抽取用户 id、用户性别、用户年龄字段，将用户的年龄按 0～8 岁、9～16 岁、17～40 岁、41～60 岁、60 岁以上分别划分为儿童、少年、青年、中年、老年等年龄段，建立记录用户年龄段的临时表 person_groups_temp_age，代码如下：

```
drop table if exists dwd.person_groups_temp_age;
    create table dwd.person_groups_temp_age
    as
    select  user_id,
        case when gender_id = 0 then '男性'
            when gender_id = 1 then '女性'
```

```
            else '其他'
        end as user_sex,
        case when age >= 0 and age <= 8 then '儿童'
            when age >= 8 and age <= 16 then '少年'
            when age >= 17 and age <= 40 then '青年'
            when age >= 41 and age <= 60 then '中年'
            when age >= 61 then '老年'
            else '其他'
        end as user_age
    from  dwd.user_profile_basic_informatin      -- 用户属性表
    where user_id is not null
```

创建完用户年龄段的临时表后，通过 select * from dwd.person_groups_temp_age limit 5 查看临时表数据，结果（见图 10-35）显示，需要的字段已经被成功添加到临时表中。

将记录用户年龄段的临时表 dwd.person_groups_temp_age 与用户标签权重表关联，通过每个用户对应的年龄段，找到其对应的标签，代码如下：

图 10-35　用户年龄段分类临时表

```
drop table if exists dwd.tmp_person_groups_prefer_01;
    create table dwd.tmp_person_groups_prefer_01
    as
    select t1.user_id,
           t1.tag_id,              -- 标签 id
           t1.tag_name,            -- 标签名称
           t1.act_weight,          -- 标签权重
           t2.user_sex,            -- 用户性别
           t2.user_age             -- 用户年龄段
    from dwd.person_user_tag_relation_weight t1       -- 用户标签权重表
    inner join dwd.person_groups_temp_age t2          -- 用户年龄分段临时表
         on t1.user_id = t2.user_id
    group by t1.user_id,t1.tag_id,t1.tag_name,
             t1.act_weight,t2.user_sex,t2.user_age
```

Step2：使用 TF-IDF 算法计算不同人群的标签偏好

从用户标签表中抽取全量标签，使用 IDF 公式计算全部用户的所有标签总权重值和每本图书的总权重值，代码如下：

```
-- 使用 TF-IDF 计算用户人群标签总权重
```

```sql
    drop table dwd.tmp_person_groups_man_prefer_sum;
    create table dwd.tmp_person_groups_man_prefer_sum
    as
    select t1.tag_id,
           t1.weight_w_p,              -- 全体用户中某个图书的总权重值
           t1.weight_w_s               -- 全体用户中所有图书的总权重值
    from (
           select tag_id,
                  sum(act_weight) as weight_w_p
           from dwd.tmp_person_groups_prefer_01
           group by tag_id
         ) t1
 cross join (
           select sum(act_weight) as weight_w_s
           from dwd.tmp_person_groups_prefer_01
         )
```

第一层嵌套的 select 用于计算全部标签中每本图书的总权重值；第二层嵌套的 select 用于计算全部用户所有标签的总权重值。

从用户标签表中抽取各人群（如："男性""儿童"）标签，使用 TF 公式计算每类人群的身上每本图书的总权重和每类人群的标签总权重，代码如下：

```sql
-- 使用 TF-IDF 算法计算男性各年龄段的偏好图书标签
drop table if exists dwd.tmp_person_groups_man_prefer_01;
   create table dwd.tmp_person_groups_man_prefer_01
   as
   select t1.user_sex,
          t1.user_age,
          t1.tag_id,                   -- 标签 id
          t1.tag_name,                 -- 标签名称
          t1.weight_m_p,               -- 男性、儿童中某个图书的总权重值
          t2.weight_m_s                -- 男性、儿童中所有图书的总权重值
   from (
          select  user_sex,
                  user_age,
                  tag_id,
                  tag_name,
                  sum(act_weight) as weight_m_p,
          from   dwd.tmp_person_groups_prefer_01
          where  user_age = '儿童'
             and  user_sex = '男性'
          group by user_sex,
                   user_age,
```

```
                    tag_id,
                    tag_name
            ) t1
    cross join (
            select  sum(act_weight) as weight_m_s
            from  dwd.tmp_person_groups_prefer_01
            where  user_age = '儿童'
            and  user_sex = '男性'
            ) t2
```

根据上面两步建立的临时表中，使用 TF-IDF 公式计算每类人群对每本图书的偏好权重值，使用图书 id 进行关联，代码如下：

```
-- 单个图书标签对男性 儿童的相关度
drop table if exists dwd.tmp_person_groups_man_tfidf_prefer_01;
    create table dwd.tmp_person_groups_man_tfidf_prefer_01
        as
    select  t1.user_sex,              -- 用户性别
            t1.user_age,              -- 用户年龄段
            t1.tag_id,                -- 标签 id
            t1.tag_name,              -- 标签名称
            t1.weight_m_p,
            t1.weight_m_s,
            t2.weight_w_p,
            t2.weight_w_s,
            (t1.weight_m_p/t1.weight_m_s)/(t2.weight_w_p/t2.weight_
w_s) as ratio
        from dwd.tmp_person_groups_man_prefer_01 t1
            --t1 记录男性、儿童中某个图书的总权重值及所有图书的总权重值
    left join dwd.tmp_person_groups_man_prefer_sum t2
            --t2 表记录某个图书的总权重值及全部图书总权重值
        on t1.tag_id = t2.tag_id
```

创建完计算每类人群对图书偏好的权重表后，通过 select * from gdw.tmp_person_groups_man_tfidf_prefer_01 limit 5 查看临时表数据，结果（见图 10-36）显示，需要的字段已经被成功添加到临时表中。

user_sex	user_age	tag_id	tag_name	weight_m_p	weight_m_s	weight_w_p	weight_w_s	ratio
男性	青年	26cfb189-5629-11e7-a258	spark快速大数据分析	1	29	2328	159980913	0.1668
女性	青年	26d065f0-5629-11e7-a258	解忧杂货店	1	107	25518	159980913	0.0355
女性	青年	26d36d6a-5629-11e8-a258	追风筝的人	1	4	139416	159980913	0.7649
其他	中年	475514d7-3ee7-11e7-9403	金字塔原理	1	15	52021	159980913	0.2325
女性	青年	4768fe2d-3ee7-14t7-9406	白夜行	1	39	2310	159980913	0.1241

图 10-36 用户各年龄段偏好图书权重

Step3：抽取各人群中偏好前 10 的标签

从上一步建立的人群对图书偏好权重表中抽取数据，按 TF-IDF 计算得出的 ratio 从大到小排序，取前 10 条记录即为该用户群体偏好的前 10 本图书，代码如下：

```
-- 取出男性儿童人群中最偏好的前 10 个图书标签
drop table if exists dwd.person_groups_perfer_books;
    create table dwd.person_groups_perfer_books
        as
    select '儿童' as age,
           '男性' as sex,
           tag_id,
           tag_name
      from dwd.tmp_person_groups_man_tfidf_prefer_01
    order by ratio desc                        -- 按相关度的大小做排序
      limit 10
```

10.5.5 画像效果验收

数据分析团队在完成用户画像的逻辑代码后，需要同步给数据开发团队进一步加工在 Hive 上定时运行的任务。在数据仓库落表后我们需要对其进行数据验收。数据验收分上线前数据准确性验收和上线后应用效果验收两个环节。

用户画像数据开发完成后在正式上线前，数据运营人员需要从数据仓库提取数据，查看各维度数据的数值是否在合理的逻辑范围之内，有无出现明显错误。一方面可通过从数仓提取数据，查看用户的最大、最小年龄是否在合理区间内，查看带有某标签的用户数量与根据日常数据分析经验判断的该类用户数量是否在一个数量级。另一方面可以查看自己身上的标签是否与自己在平台上的行为相关。

数据发布上线后，数据分析人员需要从数据分析的角度建立相关的指标，去查看画像上线后是否有效促进了订单的转化，是否有效识别出潜在流失用户，以提高老用户的复购率。

当然，在实际的用户标签体系开发过程中会遇到许多问题，例如在标签标准化方面，可能会由于公司产品线繁多、数据标准化等原因，导致同一个用户被贴上多个重复标签,这些意义相同却命名不同的标签会为标签权重计算、用户属性归类带来不少麻烦。因为人工筛选的成本很高,所以一般采用机器学习结合人工来处理。

总之,用户画像是需求驱动型项目,以应用为导向来驱动画像的建设工作。从应用的角度来说,标签的个数不是越多越好,单纯为追求标签的个数的庞大而建立成百上千维度的标签会为后期的管理和应用带来影响,使用者将不知道使用哪些标签作为应用重点。

10.5.6 画像数据质量管理

数据质量管理这项工作的重要性不言而喻,所谓"garbage in, garbage out",基础数据的质量如果无法得到保障,后续的推荐、分析等工作将会变为徒劳,推荐出的产品、分析出的结论都将是错误的。因此,对于画像数据需要建立一套完整有效的管理方式。

在建好用户画像模型后,数据仓库的开发人员通过调度任务,每天定时从各业务数据表和日志数据表抽取用户行为数据,对这些数据进行加工后放入用户画像相关表中。对于各种类型的标签,每天要加工的数据有成百上千万条,数据分析人员不会每天对这些数据的质量进行核查,去发现每类标签的数量是否有异常情况。例如在根据日志数据中的链接参数抽取用户浏览类标签时,当目标页面的链接结构发生了变化而对应画像的脚本未做调整(修改解析链接的正则表达式),会导致用户该类行为数据的大量缺失(解析出来的数据为空)。

这里我们通过一个场景进行介绍:如图 10-37 所示,统计 App 上绑定银行卡的用户年龄。从年龄分布可以看出,用户年龄分布在 10～70 岁,但是人群中最小年龄是 –82 岁,最大年龄是 117 岁。显然对于这两种极端值是不符合正常情况的,需要对该类异常数据做问题排查和处理。

为了避免在应用的过程中因异常数据导致推荐、分析结论的错误,需要便捷、有效地建立一种对用户画像数据质量进行管理的方式。数据运营人员可以通过设定画像各类标签数据监控范围。当运行 ETL 出现异常变动时,系统可通过统计每类标签的总量变动范围，自动发送邮件给数据运营人员，运营人员根据邮件查找原因进行问题定位。

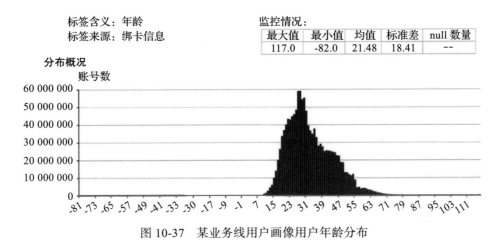

图 10-37　某业务线用户画像用户年龄分布

我们通过某 Python 自动调度的脚本来了解上述检查方式，代码如下：

```
# -*- coding: utf-8 -*-

impala_01 = ''' 删除临时表语句 '''
impala_02 = '''
创建临时表，检查昨日运行产生的各类用户标签数量是否在合理范围内 '''       # 建表语句

impala_03 = ''' 查询 impala_02 语句创建的临时表中的数据量 '''

import smtplib
import os
import datetime
from impala.dbapi import connect
from email.mime.multipart import MIMEMultipart
from email.mime.text import MIMEText
from email.header import Header
from email.mime.image import MIMEImage
import pyhs2

impala_conn = pyhs2.connect(host='10.xx.xx.xx', port=10000,
authMechanism="PLAIN", user='zhaoht',  password='yourpassword',
database='dwd')
    impala_cur = impala_conn.cursor()
```

```python
        impala_cur.execute(impala_01)            # 执行删除临时表的SQL
        impala_cur.execute(impala_02)            # 执行创建临时表的SQL

        try:
            impala_cur.execute(impala_03)
            result_1 = impala_cur.fetchall()
            data_1 = list(result_1[0])           # 将元组数据列表化
            data_1 = int(data_1.pop())           # 将列表数据转化为整数
        except Exception:
            data_1 = 1

        impala_cur.close()
        impala_conn.close()

        sumdata = data_1                         # 各标签加总为0正常

        if sumdata == 0 :       # 如果各标签的数据量正常 则不用发送邮件
            pass
        else:                   # 当标签数据量出现异常时 自动发送邮件
            pwd = 'yourpassword'
            sender_mail = 'sender@mail.com'
            receiver = 'receiver@mail.com'
            mail_content = '''  用户画像维护人员你好，dwd.persona_user_tag_relation_public表中昨日数据发生异常，各类标签数据统计如下：A类标签[3000000-3500000]:{} '''.format(data_1)

            mail_title = '用户个性化标签表异常数据预警邮件'
            date_str = datetime.datetime.strftime(datetime.date.today()-datetime.timedelta(days=1),'%m%d')
            msgRoot = MIMEMultipart('mixed')                # 实例化一个类
            msgRoot['Subject'] = Header(mail_title, 'utf-8')
            msgRoot['From'] = sender_mail
            msgRoot['To'] = receiver
            msgRoot["Accept-Language"]="zh-CN"
            msgRoot["Accept-Charset"]="ISO-8859-1,utf-8"
            content = MIMEText(mail_content,'plain','utf-8')
            msgRoot.attach(content)
            smtp = smtplib.SMTP()
            smtp.set_debuglevel(1)
            smtp.connect('mail.xxxxx.com')
            smtp.login(sender_mail, pwd)                    # 登录发件人邮箱
            smtp.sendmail(sender_mail, receiver, msgRoot.as_string())
            smtp.quit()
```

上面的 Python 脚本通过执行 HQL 语句创建临时表以统计前一日某类用户画像标签所产生的数据。检查是否在合理范围内，若不在，则发送预警邮件到数据运营人员的邮箱；当其数值在合理范围内时，则不发送邮件。在完成上面的 Python 预警脚本后，还需要将该脚本部署到服务器上，通过 crontab 定时调度命令，每天定时检索昨日运营产生的用户画像标签数量，当发生异常情况时及时查看预警邮件（见图 10-38），从而保证第一时间对问题原因进行排查和定位。

图 10-38　用户标签表异常数据预警邮件

用户画像不"生产"数据，它只是各业务数据、日志数据、埋点数据的"搬运工"。通常当用户画像相关表中出现了脏数据、异常数量级的数据时，一般是其上游数据的依赖表中出现了异常。从图 10-37 中可以看到，当用户标签表在 2017 年 11 月 11 日运行产生的数据量不在合理范围内时，画像管理人员在 11 月 12 日的 9:53 分收到了一封异常数据的预警邮件（数据仓库隔日加工前一天的数据）。管理人员可以根据异常数量级的标签对应类型，进一步查找其上游依赖表并定位问题原因。

10.6　用户画像应用方式

用户画像的应用场景主要包括业务精细化运营、数据分析与挖掘、精准营销、搜索和广告的个性化定向推送等。

10.6.1　业务精细化运营

用户在产品上的行为会有很多，可以借助用户画像对用户行为进行分类，然后根据不同群体特征进行精细化运营，促进用户的下单、活跃等。

依据性别、年龄、地域等统计特征为用户分群是较为常见的一种分群方式，而这种分群方式与产品特性并无很大的相关性。通过对用户画像建立的用户属性标签表进行深挖,可以依据用户行为属性划分用户群组,为不同类型的用户定制、推送更适合他们的产品或内容,从而更好地提升用户活跃度、留存率和搜索转化率。

用户画像可帮助运营人员在以下几个方面对用户进行详细洞察:

- ❑ 基础行为分析:通过用户安装、打开 App 的次数、时长、不同时间段使用时长、不同模块的单击 PV、UV、用户下单、付费、风险偏好等数据,直观了解用户在设备里的行为。
- ❑ 路径分析:通过用户在 App 内的单击路径和去向发现用户访问偏好,各板块之间的关联强度。
- ❑ 人口/设备分布分析:通过用户的性别、年龄、机型、设备品牌的分布情况,帮助开发者了解用户特征。
- ❑ 人群分析:在用户画像的系列模型中,可以通过标签组合来圈定人群,从而了解该类标签下人群的使用行为、分布特征。也可以通过对不同价值的人群做划分,从而了解不同价值人群的特征。

在该案例的图书用户画像场景中,为用户浏览、收藏、分享、加入购物车、下单等行为设立权重指数,通过建立用户画像,对用户进行相关商品推荐。一方面可在用户浏览的过程中,针对其特定偏好推送适合其的图书,通过精细化运营的方式,提高用户复购率。另一方面,可根据用户的购买历史、浏览历史、收藏历史,以个性化电子邮件或短信向用户推送相关书籍。

通过多维度对比分析,可以将用户群体的复购率进一步细化,通过图 10-39 所示各渠道复购率对比可以看出 Web 端、微信端、App 端的复购率情况。

通过对不同用户群体进行个性化运营,降低用户流失率、提高用户留存率,增加用户对平台的贡献价值,以期望提高用户营收。在用户画像的基础上建立预警用户的流失机制,可通过模型提前识别要流失的用户,有针对性地提前对这批用户进行挽留。

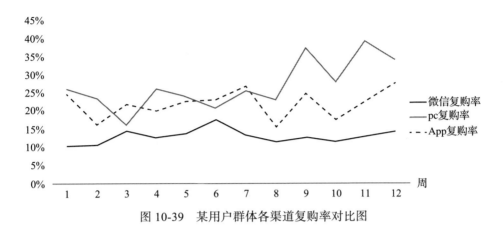

图 10-39 某用户群体各渠道复购率对比图

10.6.2 数据分析

根据建立的用户标签体系，一方面可以针对 App 产品做行业研究报告、用户研究报告等偏宏观统计维度的数据分析报告；另一方面可以对目标客群做多维度分析，为内容推荐、广告的投放提供策略支持。下面我们通过一个场景来了解如何对目标客群做多维度分析。

运营人员需要对某时间段内浏览过某条新闻资讯的客群进行分析，通过在 Web 端后台管理界面中输入该条资讯的链接，设置需要分析的时间段及需要查看的客户群维度（如性别、年龄分布、地域分布、消费偏好等），即可查看浏览过该条资讯的客户群特征（见图 10-40）。这个分析过程是如何实现的呢？由于之前已经对每个用户做了各业务线的画像特征模型，此时只需找到该时间段内浏览过该条资讯的用户 id，与前面建立的各画像表做多表的关联，就可以方便地看到浏览过该资讯的客户群的多维度特征。

10.6.3 精准营销

在活动推广期间，需要根据活动的主题定位目标人群，并使活动讯息触达该类人群，可以结合用户画像字典里面各业务线表快速有效地完成对目标人群的精准筛选。下面我们通过一个场景进行详细说明。

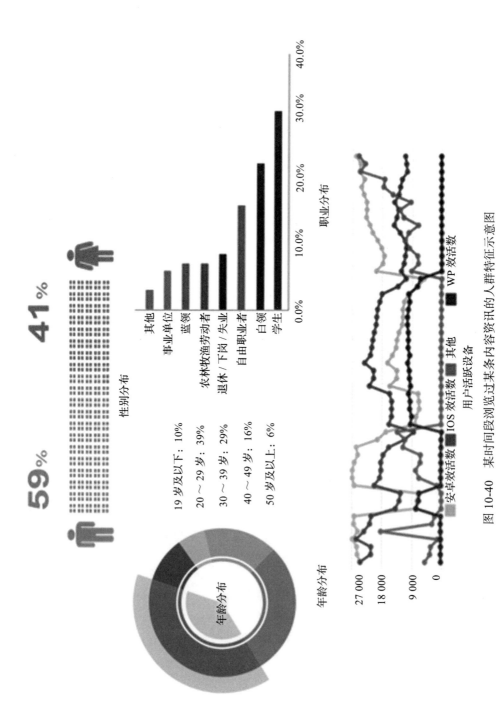

图 10-40 某时间段浏览过某条内容资讯的人群特征示意图

某活动推广期间,运营人员需要对 A 商品进行针对性推广,从而制定短信 / 邮件营销的目标人群策略:

- 近两周有 x 次以上访问 A 商品主页且访问时长合计在 y 分钟以上的女性人群(该策略可筛选出对 A 商品有一定偏好的人群);
- 近两周有 a 次访问 A 同类型商品主页且访问时长合计在 b 分钟以上的女性人群(该策略可筛选出对 A 同类商品偏好的人群);
- 在平台上历史付费大于某金额的人群(该策略可筛选有消费能力的人群)。

以上三条规则中,第一和二条分别与第三条规则取交集可有效筛选出推广 A 商品的目标人群。进一步根据第三规则中不同付费层级将用户分群,针对该不同类人群采用短信、邮件、App 站内信等方式进行营销。

在该案例中,数据分析人员借助用户画像中各业务线的模型表(见图 10-41),通过多表关联,快速筛选出目标营销人群。

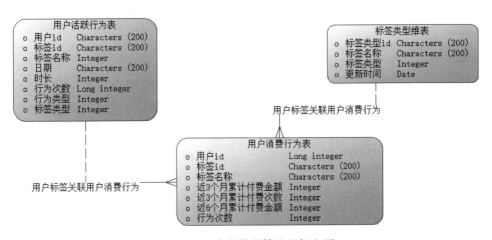

图 10-41　多表关联筛选目标人群

在后续的营销效果追踪中发现,通过用户画像对 60 万潜在消费者形成 4 个精准人群进行投放,单击率是盲投单击率的 10 倍,成交量是盲投成交量的 5 倍。

10.6.4 用户个性化推荐

在如今这个信息过载的时代,用户想要在目标网站里面找到一条适合自己的信息,成本会很高,因此出现了推荐系统。对用户而言,推荐系统能够节省用户的时间,帮助用户快速找到想要的物品;对商家而言,推荐系统能够帮助其更好地卖出产品。

对用户进行内容的精准推送是数据化运营常见的落地方式,个性化推荐系统需要依赖用户的行为数据,通过分析大量用户的行为日志、交易记录,给不同用户提供不同的个性化内容。

这里通过一个例子进一步介绍个性化推荐的应用。图 10-42 展示了两个用户在亚马逊上被推荐的图书列表。从他们的推荐列表中可以看出,用户 A 的兴趣涉及 Spark 及数据开发,而用户 B 的兴趣集中在文学和小说。亚马逊等电商网站做到了实时推荐,即根据用户当前浏览记录实时推荐用户感兴趣的书籍。本章案例中讲到的用户画像是基于 Hive 数据仓库开发的,数据为 $n+1$ 天增量更新,可实现 $n+1$ 天的个性化推荐。而基于 Hbase 和 Strom 可以实现根据用户浏览行为的实时推荐。

图 10-42 亚马逊根据用户查看记录进行相关推荐㊀

㊀ 截取自亚马逊,图中相关内容的著作权归原著作人所有。

10.7 本章小结

本章先介绍了用户画像的应用场景和开发流程；然后通过案例详细介绍了在画像开发的过程中如何给用户行为打标签、如何配置行为权重、如何对画像的数据质量进行管理；最后介绍了用户画像在产品运营中的常见应用方式。在实际应用中，用户标签不是数量越多越好，过量的标签会造成数据分析人员使用时的困难，让数据分析人员抓不到标签的重点，不知道该用哪个。因此标签体系的搭建还是以应用为导向，从业务出发搭建合适的用户画像。

另外本章讲解的用户画像建模是基于统计、规则进行的，在实际应用中对于一些特殊的字段还需要结合机器学习进行画像建模，例如预测类标签、用户流失预警类标签等。关于如何预测用户流失并打上相应标签在第 8 章中有详细介绍。